Coleta de dados

O52c   Olsen, Wendy.
        Coleta de dados : debates e métodos fundamentais em pesquisa social / Wendy Olsen ; tradução: Daniel Bueno ; revisão técnica : Dirceu da Silva. – Porto Alegre : Penso, 2015.
        231 p. : il. ; 25 cm.

        ISBN 978-85-8429-053-6

        1. Metodologia da pesquisa. 2. Pesquisa social. 3. Coleta de dados. I. Título.

CDU 303.1

Catalogação na publicação: Poliana Sanchez de Araujo – CRB 10/2094

Coleta de dados

Debates e métodos fundamentais em pesquisa social

WENDY OLSEN

Tradução
Daniel Bueno

Revisão técnica
Dirceu da Silva
Mestre em Física e Doutor em Educação pela Universidade de São Paulo (USP)
Docente na Universidade Estadual de Campinas (Unicamp)

2015

Obra originalmente publicada sob o título
Data Collection: Key Debates and Methods in Social Research, 1st Edition
English language edition published by SAGE Publications of London,
Thousand Oaks, New Delhi and Singapore, © Wendy Olsen 2012.

Gerente editorial:
Letícia Bispo de Lima

Colaboraram nesta edição:

Editora:
Priscila Zigunovas

Assistente editorial:
Paola Araújo de Oliveira

Capa:
Paola Manica

Imagem da capa:
Shutterstock.com/Ventura, sea shells background

Preparação do original:
Franciane de Freitas

Leitura final:
Cristine Henderson Severo

Projeto gráfico e editoração:
Bookabout – Roberto Carlos Moreira Vieira

Reservados todos os direitos de publicação, em língua portuguesa, à
PENSO EDITORA LTDA., uma empresa do GRUPO A EDUCAÇÃO S.A.
Av. Jerônimo de Ornelas, 670 – Santana
90040-340 Porto Alegre RS
Fone: (51) 3027-7000 Fax: (51) 3027-7070

É proibida a duplicação ou reprodução deste volume, no todo ou em parte,
sob quaisquer formas ou por quaisquer meios (eletrônico, mecânico, gravação,
fotocópia, distribuição na Web e outros), sem permissão expressa da Editora.

SÃO PAULO
Av. Embaixador Macedo Soares, 10.735 – Pavilhão 5
Cond. Espace Center – Vila Anastácio
05095-035 – São Paulo – SP
Fone: (11) 3665-1100 – Fax: (11) 3667-1333

SAC 0800 703-3444 – www.grupoa.com.br

IMPRESSO NO BRASIL
PRINTED IN BRAZIL

A autora

Wendy Olsen trabalha na University of Manchester, Inglaterra. Leciona nas áreas de estudos do desenvolvimento, sociologia, economia do desenvolvimento, estatística aplicada e habilidades de pesquisa. Seus interesses de pesquisa incluem gênero e mercados de trabalho britânicos, aspectos econômicos e sociais dos mercados de trabalho da Índia e do Sul da Ásia, economia moral do trabalho infantil, diferenças de remuneração por gênero e métodos de pesquisa. Suas áreas de especialização incluem regulação dos mercados de trabalho, análises feministas das relações de trabalho, oferta de emprego e métodos mistos que ultrapassem a divisão qualitativo-quantitativo. Suas publicações incluem *Rural Indian Social Relations* (Oxford, 1996), *The Politics of Money*, em coautoria com F. Hutchinson e M. Mellor (Pluto, 2002), e *Realist Methodology* (4 volumes, Sage, 2010). Atualmente está pesquisando sobre análise causal em conjuntos *fuzzy*, causas das diferenças de remuneração por gênero, mudança institucional e *habitus* das pessoas e estratégias de raciocínio moral.

Prefácio

Neste livro, os métodos de coleta de dados são elucidados por meio de uma ampla gama de exemplos. Explico uma variedade de casos típicos e depois os utilizo para examinar os principais conceitos relacionados à coleta de dados. Os exemplos empíricos são provenientes dos Estados Unidos, da África do Sul, do Reino Unido, da Índia e de outros países. Os conceitos-chave abordados apoiam a coleta de dados para todos os tipos de pesquisa qualitativa, pesquisa de levantamento,[*] questionários, pesquisa quantitativa profunda, pesquisa integrada com métodos mistos, interpretação e pesquisa de estudos de caso.

Este livro se distingue de outros por evitar uma divisão rígida entre as diferentes escolas de pensamento na área da metodologia. Questiono, em especial, a utilidade da divisão quantitativo-qualitativo. Os capítulos são organizados para servir àqueles que querem transpor essa suposta segmentação.

Sou muito grata aos diversos leitores que me ajudaram a aprimorar minhas ideias. Agradeço também aos editores e revisores, especialmente a Vince Hunt. Também quero agradecer à University of Manchester, pelo semestre de licença, à University of Göteborg e ao Arnold Bergsträsser Institute for Cultural Studies, da Albert Ludwig University, de Friburgo, Alemanha, que proporcionaram um ótimo ambiente para escrever.

Wendy Olsen

---

[*] N. de R.T.: Nesta obra, o termo inglês *survey* foi traduzido como "pesquisa de levantamento".

Sumário

Introdução 11

PARTE 1
Coleta de dados: uma introdução às práticas de pesquisa

1 Pesquisa e coleta de dados 15
2 Resultados 17
3 Dados 20
4 Causas 29
5 Amostragem 35

PARTE 2
Coletando dados qualitativos

6 Entrevistas 43
7 Transcrições 48
8 Codificação 54
9 Significado 57
10 Interpretação 64
11 Viés do observador 73
12 Representações 80
13 Grupos de foco 85
14 Análise de documentos 87
15 Acurácia 90
16 Aprovação ética 95

PARTE 3
Observação e métodos participativos

17 Participação 103
18 Práxis 110
19 Pesquisa-ação 114
20 Métodos de observação 118
21 Coleta de dados *on-line* 120

PARTE 4
Coleta de dados experimental e sistemática

22 Delineamento de questionários..125
23 Manipulação no tratamento de dados 127
24 A ética dos voluntários 131
25 Técnicas de pesquisa de mercado...133
26 Criando dados de estudos de caso sistemáticos 136

PARTE 5
Coleta de dados na pesquisa de levantamento

27 Operacionalização 143
28 Mensuração...149
29 Causalidade 153
30 Limpeza dos dados 156
31 Extração de dados..161
32 Dados discrepantes 166
33 Subconjuntos de dados 171
34 Ponderação em pesquisas de levantamento 176

PARTE 6
Coleta de dados nos estudos de caso

35 Pesquisa de estudo de caso..185
36 Pesquisa comparativa 188
37 Configurações...191
38 Contingência...196
39 Mecanismos causais...199

PARTE 7
Sugestões finais sobre os conceitos de coleta de dados

40 Fatos..205
41 Realidade 210
42 Retrodução..214

Apêndice..218
Referências 221
Índice...229

Introdução

Como leitor de um livro como este, você pode querer se informar sobre coleta de dados barata e fácil, coleta de dados sofisticada, entrevistas e coleta de dados etnográfica ou, ainda, métodos mistos para coleta de dados. Todas essas formas são mutuamente compatíveis e podem ser prontamente postas em prática. O melhor momento para ler este livro é ao iniciar um projeto de pesquisa, mas, mesmo nas etapas mais avançadas, vale a pena usá-lo como um manual para avaliar o seu progresso e concentrar-se melhor na principal questão de pesquisa, claramente identificada e enfocada.

A Parte 1 descreve o que é uma boa pesquisa: como validar resultados e explorar tópicos importantes. Os conceitos-chave abordados incluem **pesquisa e coleta de dados** (Cap. 1), **dados** (Cap. 3) e **resultados** (Cap. 2). Esses conceitos servem de base para uma abordagem estratégica na coleta de dados.

A Parte 2 explora os métodos de coleta de dados qualitativos, incluindo coleta de dados na internet e reunião de documentos baseados em texto. A Parte 3 aborda a observação e os métodos participativos em coleta de dados. Nessas partes, que abrangem **entrevistas** (Cap. 6), **representações** (Cap. 12), **participação** (Cap. 17) e **coleta de dados *on-line*** (Cap. 21), explico que as "etapas" da pesquisa não seguem uma ordem rígida. Em vez disso, mesmo durante a etapa de análise, é possível retornar à coleta de dados para obter mais dados. É útil considerar a **codificação** (Cap. 8) dos dados porque as intenções em relação à codificação afetam o modo como a coleta será organizada. Use um bom gerenciamento de projeto para garantir que quando cogitar um retorno ao campo você não perca prazos importantes do projeto. Este livro ajuda a focar sua mente nos tipos de dados que lhe proporcionarão representações úteis, discernimentos proveitosos e transcrições aprofundadas do tipo certo.

A Parte 4 trata dos dados experimentais e dos estudos controlados randomizados. A Parte 5 versa sobre pesquisa de levantamento e dados secundários. A coleta de dados aqui inclui desenvolver um questionário, fazer uma **limpeza dos dados** (Cap. 30), ou organizar alguns dados de pesquisas de levantamento de uma fonte de dados públicos maior (**extração de dados**, Cap. 31). Discuto conceitos-chave, como **operacionalização** (Cap. 27) e **mensuração** (Cap. 28), para ajudar o leitor a desenvolver um questionário ou produzir dados de pesquisas de levantamento. Tópicos especiais, como **extração de dados** (Cap. 31), **subconjuntos** (Cap. 33) e **ponderação em pesquisas de levantamento** (Cap. 34), ajudam com o uso secundário de conjuntos de dados de ampla escala. Uma vez que muitos desses conjuntos de dados são gratuitos, o pesquisador só necessita de métodos de acesso rápidos e fáceis, como o NESSTAR,[*] para obter pequenos conjuntos de dados. A partir deles é possível criar gráficos e tabelas. Nesse sentido, entende-se que a "coleta" de dados inclui a reutilização de dados de pesquisas de levantamento secundárias.

Os métodos de **pesquisa de estudo de caso** (Cap. 35) e de **pesquisa comparativa** (Cap. 36) são descritos na Parte 6, que examina uma diversidade de estratégias de delineamento de pesquisa multimetodológica na medida em que elas exigem coleta de dados. Entretanto, este livro pode ajudar o pesquisador multimetodológico

---

[*] N. de R.T.: O NESSTAR é um *software* para a publicação e o compartilhamento de dados na internet. Ver www.nesstar.com.

12 INTRODUÇÃO

a escolher e refinar seus métodos, portanto, não existe um capítulo separado sobre como mesclá-los.

O livro é concluído na Parte 7, com sugestões sobre alguns aspectos práticos de um projeto de pesquisa, como usar cadernos de notas de campo em pesquisa. Aqui as questões profundas de **fatos** (Cap. 40) e ciência são abordadas de forma prática. Aspectos da ética são observados ao longo de todo o livro, com um capítulo especial sobre ética na pesquisa (**aprovação ética**, Cap. 16).

Esta obra se configura como um recurso importante a muitos tipos de pesquisadores: especialistas em avaliação, pesquisadores de *marketing*, estudantes realizando projetos de pesquisa, pesquisadores doutorandos, pesquisadores de administração de empresas e profissionais que trabalham em ambientes de educação que querem pesquisar uma instituição de ensino ou encontrar padrões em conjuntos de resultados de provas.

Pesquisadores das áreas da saúde e da psicologia o considerarão de especial relevância, porque sua base metodológica no realismo é compatível com os métodos tanto das ciências naturais quanto das ciências sociais. Esses detalhes são explicados na Parte 1, sendo tranquilizador o pensamento de que o modelo social de saúde e o modelo biológico de doença podem ser utilizados em conjunto em um projeto de pesquisa.

De acordo com minha abordagem, não há cisão entre as ciências naturais como representações em busca de fatos e as ciências sociais como representações exploratórias. Ambas as áreas oferecem representações que podem ser contestadas, mas também repousam em uma base por meio de sua fundamentação na realidade humana e natural. As diferentes perspectivas que (realmente) existem podem ser conciliadas e toleradas, com uma consciência crescente de quando as pessoas estão de fato promovendo falsidades ou usando referenciais eticamente indesejáveis. Pontos de vista e representações são temas importantes na Parte 2. Assumindo essa postura, como muitos outros realistas, apoio uma abordagem ética forte na escolha dos propósitos e dos métodos de pesquisa.

Meus melhores votos para sua aventura de pesquisa!

Wendy Olsen

parte I

Coleta de dados: uma introdução às práticas de pesquisa

I
Pesquisa e coleta de dados

Fazer pesquisa é muito mais do que apenas reunir informações ou escrever uma descrição como faria um jornalista. Pesquisar consiste em estudar mais intensivamente, geralmente envolvendo a obtenção de informações que surpreenderiam parte do público, e analisar as informações com cuidado antes de redigir os resultados. A melhor pesquisa usa dados de uma forma original ou oferece alguma interpretação nova e empolgante dos dados existentes. Uma pesquisa excelente tem de usar as evidências de maneira muito cuidadosa. A coleta de dados sofisticada oferece formas de planejar e executar os melhores tipos de pesquisa. Muitas produções de pesquisa assumem a forma escrita, mas uma pesquisa excelente também resulta em *sound bites** que podem ser oferecidos ao público experiente ou nos meios de comunicação. Esses *soundbites* (frases de efeito) só têm utilidade se o leitor ou ouvinte puder retroceder aos resultados de pesquisa originais detalhados e talvez até vasculhar e esmiuçar os dados e a análise dos dados. Os melhores pesquisadores desenvolvem uma forte reputação por métodos de pesquisa sistemáticos, lógicos e bem fundamentados.

Algumas pessoas afirmam que a pesquisa científica inclui todos os tipos de pesquisa que usam dados de maneiras sofisticadas. Mas dados não são necessários nem suficientes para que uma pesquisa seja científica. Dados não são suficientes porque é preciso haver um argumento científico cuidadosamente elaborado. Neste livro, maneiras de desenvolver bons argumentos são sugeridas e elas dependem em parte de planejar todo o processo de pesquisa antes de iniciar a coleta de dados. Em algumas áreas de pesquisa, as fases de coleta e de geração de dados são difíceis de distinguir porque os dados podem já existir em jornais

---
* N. de R.T.: *Sound bites* são frases marcantes que guardam uma ideia-chave. Por exemplo, a frase de Vygotsky "o cachorro nasce cachorro, o ser humano se constrói humano" encerra uma ideia-chave do que vem a ser instinto para o ser humano.

ou em publicações governamentais, mas é preciso ser seletivo e propor o uso de parte desses recursos. Dizemos, então, que estamos gerando um conjunto de dados como um subgrupo de informações existentes. Um bom pesquisador científico provavelmente é capaz de gerar ou criar conjuntos de dados que sejam úteis para argumentos científicos. Dados tampouco são necessários para todos os argumentos científicos, pois alguns argumentos tomam a forma de um enunciado normativo ou teórico. Em especial, argumentos dedutivos podem não requerer dados em nenhuma etapa. Este livro se concentra mais em outras formas de inferência científica do que na dedução.

Uma pesquisa tipicamente se inicia com a identificação de um problema. Depois de alguma leitura geral, define-se uma questão de pesquisa estreita que possa ser facilmente abordada durante um período limitado de estudo. Uma revisão da literatura deve ser realizada e ela pode incluir o estudo minucioso dos dados e das análises de dados existentes. O pesquisador então prossegue para a coleta de novos dados ou reanálise e transformação de dados existentes. Para a maioria dos projetos, algumas semanas ou meses de análises adicionais geralmente se seguem. Este livro focaliza mais as etapas de geração de dados e menos a etapa de análise, mas as duas são um pouco difíceis de separar por causa do planejamento envolvido.

A sistematização é comum em pesquisa. Coletar dados sistematicamente pode significar realizar uma série de entrevistas paralelas em dois locais ou conduzir vários grupos de foco sobre o mesmo tema. A escolha do tema de pesquisa e de uma questão de pesquisa restrita é crucial. Alguns pesquisadores em áreas da sociologia ou da filosofia podem ter sucesso simplesmente pensando sobre as questões e obras de pensadores anteriores. Mas mesmo neste caso, contudo, as obras de autores anteriores aparecem como um tipo de dado para o analista. A maioria dos outros pesquisadores de ciências sociais e administração, medicina e pesquisa em saúde, psicologia e outros temas precisa coletar e gerenciar dados como um elemento crítico de seu esforço de pesquisa. Fazer pesquisa pode requerer a produção de um projeto de pesquisa para a solicitação de financiamento em algum órgão de fomento. A coleta de dados pode surgir a partir da proposta do projeto ou pode ocorrer por meio de um conjunto mais amplo de atividades que poderíamos chamar de programa. Por exemplo, um laboratório ou instituto pode enfocar em como utilizar um conjunto longitudinal de dados ou um conjunto de casos oriundos de encontros clínicos com pacientes. O programa de pesquisa então envolverá tipicamente uma série de projetos menores. A pesquisa de doutorado muitas vezes se encaixa em programas de pesquisa mais amplos. O título de doutor é conferido à pesquisa acadêmica que contribui com novo conhecimento em uma determinada área disciplinar. Esse título requer entre três e sete anos de estudo. Outros projetos de pesquisa tomam apenas semanas ou meses de trabalho.

Essas breves observações sobre pesquisa não fazem justiça ao imenso debate sobre o que conta como pesquisa científica. Aqui, procurei apresentar os diversos papéis que a coleta de dados pode desempenhar dentro de todo o processo de pesquisa.

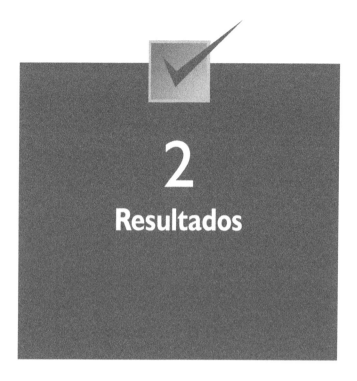

2
Resultados

Quando um projeto de pesquisa é escrito e se aproxima da conclusão, com frequência existe um momento de ansiedade e preocupação sobre os principais resultados. Alguns dos empecilhos nesta etapa de um projeto podem se concentrar no que dizer, que nuances dar aos diferentes resultados, quem assume a responsabilidade por esses resultados e como integrar o trabalho em equipe em um documento ou apresentação de comum acordo. A etapa final precisa ser antevista durante a etapa de coleta de dados, de modo que, quando surgirem dúvidas, exista algum recurso aos dados ou aos artefatos da análise de dados. Talvez os dados sejam um pouco como o mapa que ajuda a ajustar o rumo de um barco. O comandante e a tripulação decidem aonde querem ir, depois usam o mapa para certificarem-se de escolher uma maneira razoável e sensata de chegar à segurança do porto e completar a jornada. Evitar falsidades, superar dificuldades de compreensão e traduzir entre diferentes dialetos ou expressões idiomáticas leigas são modos importantes pelos quais os "dados" podem ajudar o pesquisador ou a equipe de pesquisa a evitar terminar como o *Titanic* – ou seja, no fundo do oceano.

Os resultados de um bom estudo geralmente podem ser representados de maneira concisa em uma única página em um diagrama ou enunciado de síntese (como aconselhado por Miles e Huberman, 1994). Esse conselho dado por Miles e Huberman foi dirigido apenas a pesquisadores qualitativos, mas é uma boa orientação para todos os tipos de pesquisadores sociais. Ele ajuda a pensar que esse objetivo requer concisão, foco e uma certa estreiteza do principal tópico de pesquisa. A maioria dos pesquisadores baseia seus "resultados" rigorosamente em sua questão de pesquisa (ver Wisker, 2008: Cap. 5). Alguns, entretanto, revisam sua questão de pesquisa à medida que avançam. Essas pessoas tendem a enfrentar dificuldade ao redigir porque pode não ficar claro no que exatamente elas estão focando. Portanto, ao relatar seus resultados, uma boa orientação é primeiro responder à questão de pesquisa original e depois fazer comentários adicionais sobre aspectos exploratórios dos resultados e novas propostas para futura pesquisa.

Muitas vezes é mais fácil que um autor solitário obtenha uma boa redação ou apresentação, porque não precisa ser monitorado ou influenciado pelos outros. Por outro lado, o autor solitário corre o risco de criar argumentos que os outros acharão ridículos ou infundados. É sempre uma boa ideia, ao desenvolver um rascunho, pedir ao menos a três pessoas que o leiam desde cedo. Para os que trabalham em equipe, os indivíduos podem redigir rascunhos e seções e fazê-las circular. Diretrizes para coautoria podem estabelecer os papéis que os membros da equipe podem desempenhar (British Sociological Association (BSA), 2002). Por exemplo, uma pessoa poderia ser um escritor fantasma* e não querer atribuição, ao passo que outra que coleta dados pode querer ser um coautor nomeado. Em geral, a BSA tende a desencorajar a escrita fantasma e sugere que o autor principal tenha alguns coautores nomeados, incluindo um redator remunerado, que então reivindicam autoria conjunta e assumem um papel mais ativo na finalização do relato. A BSA também encoraja que coletadores de dados e entrevistadores tornem-se autores nomeados. As diretrizes afirmam que para ser um coautor nomeado, cada pessoa precisa estar ciente dos argumentos de todo o trabalho e ter examinado integralmente o texto em detalhe em uma etapa avançada para fazer comentários, inserções e correções. Contanto que isso tenha acontecido, alguns coautores podem ter um papel relativamente menor na elaboração do texto, mas podem ter tido papéis importantes durante a coleta de dados.

Alguns resultados provavelmente vão "emergir" de um estudo sem serem esperados ou previstos de antemão. Os resultados "esperados" podem seguir o padrão usual da ciência normal. "Ciência normal" é uma expressão especial que se refere ao uso de métodos padrão pré-planejados sobre um tópico de estudo rotineiro para obter resultados que, em alguma medida (em linhas gerais), poderiam ter sido previstos desde o início. Kuhn (1970) via a ciência normal como bastante convencional e assinalou que a melhor ciência vai além da ciência normal. Anomalias e situações que são novas, singulares ou difíceis de explicar fazem os cientistas buscarem explicações ou interpretações novas, criativas e inovadoras. Assim, o mesmo conjunto de dados poderia servir de base para um novo conjunto de resultados! Esse emocionante panorama, exposto por Kuhn como uma mudança de paradigma, mas também estudado por muitos outros autores desde a época de Kuhn (Fuller, 2003), oferece aos pesquisadores um amplo leque de maneiras de distanciar-se da ciência normal.

Embora existam conexões (e enraizamentos) entre os dados coletados e os resultados, não existe um mapeamento único de um para o outro. Se mantivermos nossa analogia da navegação, existem muitas maneiras de chegar ao outro lado do oceano. Arquivos de ciências sociais (nos quais os dados são guardados para futuros usuários) oferecem oportunidades para reanalisar dados mais antigos, comparando-os com novos dados e talvez aplicando novas estratégias interpretativas. Portanto, não há apenas um conjunto único de resultados de um estudo. Tolerância, pluralismo e imparcialidade são necessários quando compreendemos que diferentes pesquisadores poderiam desenvolver diferentes resultados a partir do mesmo conjunto de dados.

De acordo com Kuhn (1970), a tradição da testagem de hipóteses levou a uma grande simulação de tentativas de falseabilidade ou refutação* quando, na verdade, as

---

* N. de R.T.: Escritor fantasma (*ghost writer*) é um tipo de profissional que escreve no lugar de outro e não é citado na obra.

---

* N. de R.T.: O critério de falseabilidade foi proposto por Popper como premissa básica de uma ciência, isto é, um conhecimento, para ser científico, deve permitir ser refutado ou mostrar por outras evidências que é falso.

premissas teóricas básicas subjacentes nunca foram questionadas. Como consequência, alguns cientistas atualmente evitam a metodologia de testagem de hipóteses. Ofereço várias abordagens dessa questão neste livro. Por exemplo, você poderia ser um pesquisador qualitativo desenvolvendo novas hipóteses. Você, naturalmente, as testaria e ao mesmo tempo ofereceria alegações sensatas. Mas nenhuma pesquisa quantitativa estaria envolvida. Se você tivesse realizado uma pesquisa de levantamento quantitativo, poderia testar uma ampla gama de hipóteses e contar ao leitor o que descobriu. Um pesquisador multimetodológico tem de tramar delicadamente uma rota entre essas opções. Alguns pesquisadores agora fazem um pouco de ambas. Grosso modo, podemos chamar a primeira de resultados "exploratórios" e a segunda de resultados "testados" ou simplesmente "testagem de hipóteses". Para que faça sentido fazer ambas, é preciso abandonar a tradição descrita por Popper em que a falsidade ou refutação desempenhava um papel central. É preciso assumir a responsabilidade pela escolha de teorias e decidir com qual conjunto de suposições básicas trabalhar. Kuhn argumentou corretamente que a falsidade ou refutação não era neutra de valores em geral (Fuller, 2003, 2005). Os pesquisadores de hoje, tais como autores de livros didáticos sobre delineamento de pesquisa, veem os métodos mistos como altamente viáveis e desejáveis (De Vaus, 2001; Teddlie and Tashakkori, 2009; Creswell and Plano Clark, 2007; Creswell, 2003, 2009). O aconselhamento tende a se distanciar da separação tradicional entre um método de pesquisa de levantamento neutro de valores e um método qualitativo saturado de valores.

Eu me pergunto se a palavra "resultados" tende a sugerir um conjunto consensual de conclusões e assim nega a possibilidade de contestar os resultados. Em anos recentes, tornou-se claro que muitas das palavras e expressões básicas usadas em ciências sociais são essencialmente contestáveis. Exemplos como direitos humanos, sociedade civil, escolha racional e ideal de mercado são obviamente controversos para aqueles que aderem (ou não) aos valores subjacentes que eles implicam. A ciência social de modo geral não é mais considerada neutra de valores. Sentenças concretas específicas podem ser factuais, mas um argumento global geralmente possui valores (sejam explícitos e/ou implícitos), um propósito, suposições subjacentes e uma conotação persuasiva (Olsen, 2009).

A escrita mais empolgante certamente possui um propósito. Este capítulo sobre resultados visa empolgá-lo ante a perspectiva de fazer pesquisa, mesmo sabendo de antemão (com apreensão) que os resultados serão contestáveis! Tendo esse claro propósito, posso escrever de um modo bem-informado, focado e informativo: uma boa pesquisa é assim também. Os pesquisadores usam evidências como parte de seus argumentos, mas de um modo que outros textos não fazem. Portanto, existem ligações necessárias entre o plano de coleta de dados e a meta ou o horizonte dos tipos de resultados que são esperados de seu estudo.

Para resumir: os resultados de pesquisa podem ser controversos, mas precisam se encaixar em um argumento que seja claramente enunciado, calcado em evidências e adequado para adicional discussão e desenvolvimento por outros. Os dados de pesquisa podem ser colocados em um arquivo para permitir que os resultados iniciais sejam reavaliados posteriormente. Usando tolerância, equipes do pesquisador podem desenvolver resultados de comum acordo, mesmo não sendo unânimes em relação a alguns aspectos da política ou dos valores. Usando pluralismo (que será discutido em maior detalhe posteriormente), os pesquisadores podem explorar a utilidade e a validade de teorias concorrentes em um ambiente que aceita que mais do que apenas uma teoria pode ter um "ponto de apoio" nos fatos ou algo revelador a oferecer. A testagem e a falseabilidade ou refutação de hipóteses não são o pão com manteiga da ciência social, mesmo que ocasionalmente sejam muito importantes.

3
Dados

Dados são informações desencarnadas, e não o mesmo que conhecimento. Meu tipo predileto de dados é o de transcrições de entrevistas. Apesar de serem brutas e cruas – com frequência constrangedoras –, elas revelam muito sobre um cenário para o leitor atento.

O tipo de dados que uso com mais frequência é o de dados de pesquisa de levantamento. Exemplos desses dois tipos, exibidos na Tabela 3.1 e no Quadro 3.1, ilustram como os pesquisadores de alta qualidade no Reino Unido enquadram esses dois tipos de dados.

☑ TABELA 3.1

Dados do British Household Panel Survery com identificação, idade, sexo, estado civil e horário flexível – amostra de seis filas

Identificador	Idade	Feminino	Casado	Horário flexível
167020423	25	sim	sim	0
958518444	51	sim	sim	0
168083472	45	sim	sim	0
520740483	44	sim	sim	1
971938955	45	sim	sim	0
115014131	49	sim	não	0

Nota: Os dados foram anonimizados aqui.

☑ QUADRO 3.1

Excerto de uma transcrição de uma entrevista tríplice

Tema: Termos contratuais no ramo de telecomunicação

Extensão: 18 páginas em espaço simples

Entrevista na Empresa ITV em 15/03/2000

Entrevistados:

Pessoa 1: Pesquisador no ramo de televisão, sexo feminino, 22 anos. Recentemente diplomada em Cambridge com boa qualificação em política. Contrato de curto prazo.

Pessoa 2: Pós-produção/biblioteca de videoteipes, sexo masculino, 43 anos. Casado, com um filho. Funcionário permanente no ramo de televisão.

"Eu" é a entrevistadora Valerie Antcliff.

Eu: A primeira coisa que eu gostaria de perguntar é o quanto você se sente segura em seu atual emprego?

Pessoa 1: Não muito! Eu me formei no ano passado e, assim, este é o meu primeiro emprego, digamos, adequado pra começar... bom, é isso que acontece: Você está com um contrato de três meses, quero dizer, recém me disseram que meu contrato termina no fim de abril e o próximo vai até o fim de junho, então é isso, basicamente a partir de junho eu vou estar desempregada. É que a série na qual trabalho vai terminar em junho, mas outras coisas vão aparecer em que posso participar que vão durar até o verão, mas não é garantido e na verdade é uma sensação meio estranha, sim, tecnicamente posso estar desempregada em junho. O modo como tenho encarado isso, bom, gosto do que faço, mas se outra coisa aparecer, não estou presa, pois não assinei um contrato de um ano inteiro como fizeram muitos dos meus amigos que conseguiram emprego depois que se formaram. Eles assinam esses contratos grandes, longos, tipo para ficar ali para sempre, e eu, eu meio que estou na direção contrária. Mas é um pouco enervante porque tem aquela coisa que você fica pensando se eles me acharam péssima, bom, eles vão me mandar embora de uma hora para a outra.

Eu: Então você acha que isso poderia funcionar a seu favor? Se surgir um emprego melhor...

Pessoa 1: Funciona a meu favor porque começo neste emprego sabendo que não vou ficar nele por muito tempo...

Esses dois exemplos foram escolhidos para ilustrar os dois extremos de dados "duros" e dados "macios". As pessoas costumam chamar de duros os tipos de dados de questionários altamente estruturados. A dureza provém de as respostas serem rigorosamente colocadas em categorias, como vemos na Tabela 3.1. Essas categorias são definidas para terem o mesmo significado em toda a amostra. No caso do British Household Panel Survey (BHPS), isso seria em todo o Reino Unido (Taylor, 2001). Pouca adaptação é possível dentro da tabela, chamada de "matriz de dados", para levar em conta possíveis variações no País de Gales ou na Escócia em relação à Inglaterra ou à Irlanda do Norte. Assim, presume-se uma espécie de universalismo de significado dentro da população nos chamados "dados duros".

Os "dados macios" da entrevista são organizados sequencialmente por um delicado ato de equilíbrio de três atores – a entrevistadora Valerie Antcliff, a entrevistada e o entrevistado. Todas as entrevistas variam em conteúdo, e não se presume que as palavras tenham um significado específico (estipulado). Mesmo uma entrevista semiestruturada como no Quadro 3.1 tem uma "maciez" na correspondência entre palavras e significados. Em vez de universalismo, existem suposições, como especificidades locais concretas, variações subjetivas de sentido e exploração de significados tácitos na construção da entrevista. As entrevistas têm uma sequência flexível para que qualquer ideia ou alegação possa ser explorada. No exemplo, vemos que a ideia de segurança no emprego está sendo explorada pelos entrevistados.

Uma entrevista é uma construção mútua. Por contraste, o conteúdo de um questionário altamente estruturado – e seu fluxo – é dominado pelas pessoas que o construíram.

Na entrevista, qualquer tentativa de mudar de assunto, dominar o fluxo dos temas ou insistir em um determinado assunto será evidentemente "conduzida" por alguém. É um negócio muito pessoal, desordenado, interativo. Em uma pesquisa de levantamento, a "condução" é feita na instituição na etapa de preparação do questionário. Essa "condução" geralmente é administrada por meio de pilotos (i.e., entrevistas) em torno de blocos de perguntas de rascunho. Quando o questionário é impresso, as perguntas e o fluxo que afastam de certos temas são fixos para todos os entrevistados. Para um entrevistado, a condução é invisível. Ela "endureceu" em instruções impressas que podem parecer meio autoritárias. Para o "enumerador" do questionário ou entrevistador face a face, existe bem pouco espaço para manobra.

O método de pesquisa de levantamento também não é "macio" no modo como é aplicado. As pesquisas muitas vezes são entregues em mãos e depois coletadas por correio ou inclusive realizadas pela internet. Mas os melhores dados de pesquisas de levantamento, como os do BHPS, são coletados em mãos durante uma entrevista face a face. Essa entrevista está tão estabelecida que parte dela atualmente é imediatamente capturada em um computador portátil. O método face a face permite que o entrevistador ajude o entrevistado a orientar o fluxo da pesquisa. O interrogador também pode esclarecer as eventuais ambiguidades que possam surgir. A ideia básica de uma pesquisa de levantamento, contudo, é que o ponto de vista do entrevistador (enumerador) não pode tingir o modo como as perguntas são apresentadas. Essa suposta ausência de subjetividade do enumerador ajuda a assegurar a homogeneidade nacional ou até internacional dos dados registrados. A homogeneidade do sentido só é válida, evidentemente, se for tanto viável como realista usar uma única pergunta para explorar uma área de experiência em todo o espaço que está sendo amostrado. O método de pesquisa de levantamento depende muito desse pressuposto de homogeneidade. Em contraste, os métodos de entrevista são robustos para variações locais de sentido. As entrevistas também podem lidar com a situação em que as pessoas possuem visões contraditórias em um mesmo momento. Em uma pesquisa de levantamento, em contraste, como todo mundo sabe, espera-se que o entrevistado apresente uma autoimagem coerente. Os dados simplesmente registram aquela imagem.

Esses dois tipos de dados – de pesquisas de levantamento e transcrições de entrevistas – às vezes são confundidos porque com frequência usamos uma entrevista para preencher um questionário. O modo usual de distingui-los é dizer que entrevistas estruturadas são usadas nas pesquisas de levantamento através de questionários, mas entrevistas semiestruturadas e não estruturadas são usadas para gerar transcrições de entrevistas. Para uma entrevista não estruturada, você pode inclusive nem produzir uma transcrição, preferindo em vez disso seguir um tema por meio de uma série de visitas a um ou mais entrevistados.

Existem muitos tipos de arquivos de dados que correspondem aos diferentes tipos de dados. Eis alguns deles:

- ✓ documentos, com extensões de arquivo .doc, .rtf ou .txt, para transcrições de entrevistas;
- ✓ imagens, com .jpg, .tif ou .wmf, para fotos;
- ✓ dados em planilhas, com .sav, .dat ou .xls, para dados de pesquisas de levantamento;
- ✓ som e vídeo, com .mp3 ou .mpg, para arquivos de áudio de entrevistas.

Farei uma breve descrição desses tipos de dados. Observe, contudo, que existem muitos outros tipos que não são computadorizados! Exemplos incluem mapas feitos a mão, gravações em fita de grupos de foco, desenhos produzidos por crianças, memorandos de intervalo de pesquisa-ação e cadernos de notas de campo. À medida que este livro for avançando, a maioria desses tipos de dados será discutida.

O formato .rtf é um substituto de um documento do Word, da Microsoft. RTF é a abreviatura de *rich text format* (formato de texto rico). Esse formato é transferível entre programas de computador e pode manter algumas imagens gráficas, tais como logotipos, mesmo quando se abandona o *software* original. Existem alguns formatos para os quais um arquivo .rtf não pode ser transferido, tais como o formato .pdf do Adobe Acrobat, sem adquirir o *software* proprietário que corresponde àquele formato. Os arquivos em formato .pdf do Adobe Acrobat são capazes de apresentar elementos gráficos, margens de página, fonte e notas de rodapé de maneira uniforme, independentemente do computador em que se abra o arquivo. O arquivo .pdf é altamente portátil porque o usuário não precisa ter o *software* Word, da Microsoft. Na verdade, o usuário tipicamente não pode editar um arquivo .pdf, sendo um leitor passivo em vez de um coautor do documento. Consequentemente, o formato .pdf é muito comum, mas geralmente não é um formato desejável para dados. O formato .txt padrão, mais antigo e básico, é mais indicado. Um arquivo .txt é simplesmente um arquivo de texto incapaz de conter elementos gráficos ou logotipos. O Word, da Microsoft, pode criar um arquivo de texto, mas perderá formatações complexas, tais como números de páginas ou notas de rodapé. A partir de um arquivo-fonte .pdf, usando cortar e colar, é possível criar um arquivo .txt contendo dados aproveitáveis. Dados "aproveitáveis" são facilmente editados, transferidos, traduzidos, comentados, e assim por diante: ele é um arquivo que pode ser lido e alterado. O formato .doc geralmente serve para arquivos de texto. Para usuários de *software* de código aberto, diversos outros tipos de arquivos também podem ser usados.

As imagens obtidas com câmeras digitais são mescladas com logotipos e outras ilustrações e elementos gráficos computadorizados no formato .jpg. Existem muitos outros tipos de arquivo para imagens, incluindo arquivos *bitmaps* (.bmp) e *tagged image format* (.tif).

Os cientistas sociais com frequência aprendem a usar uma planilha durante seu treinamento básico. A planilha é uma tabela com colunas numeradas rotuladas de A a Z e AA, AB, AC, e assim por diante. Potencialmente, várias centenas de colunas e muitas linhas podem ser preenchidas com dados detalhados, que podem ser palavras ou números. Essas planilhas têm um formato especial na ciência social, em que os dados numéricos podem ser localizados por meio de um esquema de codificação para atribuir a cada valor uma palavra ou expressão como seu rótulo de valor. Por exemplo, "sim" seria 1 e "não" seria 0. No exemplo na Tabela 3.1, a variável horário flexível ("esquema de trabalho de horário flexível em emprego remunerado") é codificada desta forma. O sistema de codificação para gênero (feminino = 1 e masculino = 0) e o sistema de codificação para casamento foram registrados no computador usando palavras na tabela, mas com números armazenados na planilha do computador. Nesse caso, usei o *software* STATA (ver Hamilton, 2004; STATA, 2003). Uma vez que o sistema de codificação para horário flexível ainda não foi registrado na máquina, os valores numéricos aparecem na tabela. Posso declarar os rótulos de valor, e a tabela então parecerá como mostra a Tabela 3.2.

Um dicionário resumindo a codificação pode ser produzido com *software* especial, tal como o SPSS (Field, 2009). Uma das tarefas simples que esse programa faz é produzir uma lista dos nomes ou rótulos das variáveis – que não são o mesmo que rótulos de valor –, como mostra a Tabela 3.3.

Arquivos de som e vídeo podem ser mantidos temporariamente em um tocador de minidiscos ou de MP3. Aparelhos de gravação digital podem ser usados para gravar

TABELA 3.2

Dados do BHPS após codificação

Identificador	Idade	Feminino	Casado	Horário flexível
167020423	25	sim	sim	não
958518444	51	sim	sim	não
168083472	45	sim	sim	não
520740483	44	sim	sim	sim
971938955	45	sim	sim	não
115014131	49	sim	não	não

Nota: A última coluna agora mostra os rótulos de valor, e não os valores de código brutos.

TABELA 3.3

Segmento de um dicionário de dados

Nome da variável	Rótulo da variável
Identificador	Identificação pessoal
Idade	Idade na data da entrevista
Feminino	Feminino
Casado	Casado/vivendo como casal/parceria
Horário flexível	Regime de trabalho: horário flexível

o som. Arquivos de som MP3 ou de outros tipos podem posteriormente ser transferidos para um computador. Outra alternativa é colocar um microfone na tomada de entrada de áudio de um computador e fazer uma gravação diretamente em um computador pessoal. Isso geralmente aparece como um arquivo no formato .mp3. Arquivos de vídeo podem ter muitos formatos, e os pesquisadores que usam câmeras digitais podem optar por fazer breves filmagens usando o formato .mpg para capturar um relance dos entrevistados – com permissão prévia deles, evidentemente. Estudos de observação podem usar o formato .mp3, .mp4 ou .mpg para manter um registro detalhado em vídeo, incluindo som, de diversas atividades, também com permissão prévia. Discos compactos (CDs) geralmente usam um formato de arquivo diferente, tais como o

.cda. O material em CDs pode ser copiado e convertido para produzir um arquivo .mp3. Se os dados da fonte são falas registradas em CD, uma simples operação de computador pode rapidamente criar arquivos .mp3 a partir dos arquivos originais. De modo semelhante, o som de discos de vinil ou fitas cassetes pode ser convertido.

Durante um projeto de pesquisa, os arquivos de dados de computador geralmente são complementados por "cadernos de campo" escritos a mão, os quais são gradualmente preenchidos por cada pesquisador no decorrer do projeto. Cadernos de campo se acumulam com o passar dos anos e formam uma cópia de segurança dos dados brutos, dos endereços de contato e das ideias iniciais do pesquisador. Eu costumo iniciar um caderno de notas de campo colocando meu nome e endereço na frente para que, caso ele se perca, ele e as notas de pesquisa cruciais, os números de telefone e as ideias que anotei no caminho possam ser devolvidos. Depois escrevo a "questão de pesquisa" – aquela que identifica o que é realmente especial e único neste estudo. A seguir, começo a fazer listas de contatos e o que eles fazem e onde, quando e como encontrá-los. Quando visito um "informante", abro o caderno e digo que ali é onde faço minhas anotações. Caso ele queira manter o anonimato, uso um pseudônimo nas páginas das notas. Guardo uma lista com os pseudônimos e seus correspondentes nomes reais em um lugar separado secreto. O caderno de notas de campo pouco a pouco vai sendo preenchido com notas e reflexões. O plano de entrevistas é anexado ao caderno, e as entrevistas que são gravadas não vão para o caderno, mas anoto o número da fita cassete ou o nome do arquivo MP3 e com quem falei, quando, e assim por diante. O caderno pode então ser usado como fonte de perguntas e não é mais necessário tomar notas depois que os dados estão registrados em áudio.

Um exemplo de um plano de entrevistas é mostrado na Figura 3.1. Este plano é muito conciso e seria colocado no caderno e distribuído aos entrevistados. Dados deste plano em especial foram usados para escrever vários artigos curtos. Havia quatro entrevistadores: três falantes nativos da língua telugu e eu. Não procuramos tornar as entrevistas iguais, mas tentamos cobrir todos os temas mostrados na Figura 3.1 e no Quadro 3.2 em cada entrevista. Discutirei melhor este exemplo posteriormente.

Nota: *gutta* = arrendamento de terras com base em dinheiro; *kouru* = arrendamento de terras com base na colheita; *kuulie* = espécie de trabalho temporário na Índia.

FIGURA 3.1

Plano de estrevista semiestruturada.

✓ QUADRO 3.2

Plano de entrevista usado na zona rural da Índia

EXCERTOS DO PLANO DE ENTREVISTAS

Você concorda que gravemos sua entrevista para que Wendy possa aperfeiçoar seus conhecimentos do Telugu e também escrever sobre a situação nas aldeias?
_____ Muito obrigado.

Houve dúvidas sobre as decisões tomadas no ano passado sobre o arrendamento de terras?

Como e quando a escolha das culturas foi feita da última vez para colocar as culturas na terra arrendada? Isso pode referir-se ao *kharif* do ano passado ou à atual temporada de *rabi*.

Basicamente por que você arrenda terras?

(ou por que você quer arrendar, se você tem dúvidas sobre arrendar?) [oito perguntas omitidas]

Pense em uma situação em que alguém quis fazer trabalho *kuulie* [remuneração casual] e houve discórdia sobre isso. Conte-me sobre isso.

Pense em uma situação em que é rotineiro fazer trabalho *kuulie*. Conte-me quem decide sobre isso. [sete perguntas omitidas]

Estimular o entrevistado até que algumas discórdias sejam descritas e alguns acordos em nível domiciliar sejam descritos.

[três possíveis perguntas complementares omitidas] Fim.

Nota: O plano de entrevista foi abreviado por uma questão de concisão. *Kharif* e *rabi* referem-se às temporadas de plantio do inverno e da primavera, respectivamente.

Para discutir "dados" em um nível mais abstrato, considerarei agora a imparcialidade e a validade. A imparcialidade é importante, porque a maioria das pessoas pensa que dados duros criam uma fonte de informações imparcial e isenta. Isso geralmente não é verdade. Sendo registros desencarnados, os "dados" possuem três qualidades que os tornam menos pessoais do que a entrevista face a face normal:

1. Confiabilidade. Independentemente de quem fez as perguntas, as respostas se harmonizam em torno dos mesmos sentidos essenciais.
2. Validade. Durante pilotos, verificou-se cuidadosamente que os sentidos sejam consistentes ou homogêneos entre diferentes subgrupos da população, por exemplo, jovens e velhos, Norte e Sul e diferentes grupos linguísticos.
3. Autenticidade. Existem artefatos históricos desencarnados verificáveis que registram o que "foi realmente dito":

a) A vantagem do método de pesquisa de levantamento é que sabemos exatamente o que foi registrado. X por cento dos entrevistados disseram *isto* em resposta a *este* estímulo. $100 - X$ por cento não disseram *isto*.

b) A desvantagem do método é que não podemos ter certeza do que eles quiseram comunicar dando ou escolhendo aquela resposta. Perguntas fechadas com múltiplas respostas são as principais culpadas aqui.

Dados como artefatos históricos possuem grandes vantagens para o estudo das mudanças ao logo do tempo. Mas em um estudo de revisitação ou "estudo longitudinal", as perguntas teriam de ser formuladas da mesma maneira na segunda vez para que a comparação de respostas ao longo do tempo seja válida. Validade e confirmação são áreas importantes para a pesquisa de levantamento. A confiabilidade tem um significado específico no contexto da pesquisa social. Significa que os resultados de um estudo seriam os mesmos se ele tivesse sido executado por outra pessoa. Existem dois níveis de confiabilidade: a confiabilidade dos dados e a confiabilidade dos resultados da pesquisa de levantamento.

Ao considerar a confiabilidade dos dados, o método de pesquisa de levantamento ajuda a garantir harmonização e homogeneidade. Os métodos de entrega também ajudam. Fazer os entrevistados completarem seus questionários é um método útil, denominado "autopreenchimento". Caso haja entrevistadores, eles não devem ser intervencionistas e nem variar as palavras das perguntas. Eles não devem dar suas opiniões entre as perguntas ou nas etapas do questionário. Caso o façam, isso reduzirá a confiabilidade dos dados. Os dados obtidos de cada aplicação do questionário não devem variar de um enumerador para outro.

A questão da confiabilidade dos resultados da pesquisa de levantamento, por outro lado, é muito mais problemática. A partir de uma única tabela de dados de uma pesquisa de levantamento, cada autor diferente poderia escrever temas e resultados divergentes. Suas diferenças poderiam ser oriundas de diferenças teóricas, suposições culturais ou uso seletivo de diferentes partes dos dados. Iniciantes muitas vezes pensam que os achados ou resultados deveriam ser confiáveis. Eu diria que essa posição reflete uma incompreensão da ciência social. Os resultados poderiam ser confiáveis entre diferentes analistas, mas isso não é necessariamente algo positivo. Quando surge uma nova interpretação, ela pode ser revigorante, democrática, interessante, inovadora, útil e criativa! Por isso, não idealizo a "confiabilidade dos resultados" da mesma forma que a maioria dos pesquisadores que usam a técnica de pesquisa de levantamento visa à "confiabilidade dos dados".

Validação não deve ser confundida com confiabilidade. Duas formas de validade são frequentemente aludidas em uma pesquisa de levantamento. Primeiro, ocorre validade interna quando as medidas se conformam aos sentidos estipulados que os pesquisadores pretendem associar às palavras utilizadas. A validade interna pode ser desenvolvida mediante um argumento convincente sobre como as perguntas usadas se relacionam com a questão de pesquisa e com o tema da pesquisa em geral. A validade interna também exige consistência entre os escritos de uma equipe de pesquisa. O sentido das palavras-chave não deve ser alterado no meio do caminho.

A validade interna contrasta com a validade externa. Aqui, os dados devem ser construídos de tal forma que tenham um significado consistente tanto para os pesquisadores quanto para os entrevistados. Também é importante que o público-alvo da pesquisa compreenda os conceitos centrais de forma consistente. É difícil obter validade externa em um universo de conceitos contestados, tais como "capital social" e "valores culturais". Algumas disciplinas de ciências sociais, como psicologia e administração, atribuem maior valor à validade externa do que o fazem outras disciplinas. Sociologia e política são principalmente propensas a levar em conta múltiplas interpretações dos mesmos dados. Se múltiplas interpretações são possíveis, e os diferentes pontos de vista de interpretação possuem seu próprio modo de construir sua validade interna, a expressão "validade externa" não fará muito sentido. Nessas disciplinas e para pesquisadores qualitativos de modo geral, às vezes, existe impaciência com as generalizações abrangentes feitas por pesquisadores que usam a técnica de pesquisa de levantamento. Não obstante, mesmo pesquisadores qualitativos possuem conceitos de validade. Eles são descritos em outras partes deste livro.

Após essa breve consideração da confiabilidade e validade, voltamos ao conceito essencial básico dos "dados" em pesquisa social. Dados são artefatos. Conjuntos de dados são como minimuseus. Se cuidadosamente construídos, administrados e exibidos, os dados podem ser um valioso recurso tanto para o conhecimento quanto para a imaginação.

O arquivamento de dados ajuda a conservar esses artefatos de dados para as futuras gerações e para o uso de forasteiros. Muitos países mantêm um arquivo nacional de dados. No Reino Unido, as instituições incluem o Economic and Social Data Service (www.esds.ac.uk) e o UK Data Archive (www.data-archive.ac.uk). O Censo dos Estados Unidos é mantido em um arquivo de dados (www.archives.gov). Organizações internacionais, como o International Labour Office (ILO) e outras divisões das Nações Unidas, gerenciam a divulgação de dados como parte regular de suas operações. Os dados da ILO podem ser acessados na internet em www.ilo.org. Esses arquivos são criteriosamente gerenciados para que preservem ligações entre a documentação da pesquisa de levantamento, a validação ou as atividades piloto e os métodos de amostragem utilizados e os conjuntos de dados propriamente ditos. O arquivamento de dados de pesquisas de levantamento ajuda a garantir que se possa preservar o anonimato dos entrevistados mesmo a despeito de tentativas de vincular conjuntos de dados para descobrir os endereços ou as identidades das pessoas.

No aspecto qualitativo, também, novos arquivos de dados foram criados para permitir a retenção e reutilização de dados de entrevista e de outros tipos de dados qualitativos. Tanto arquivos de dados qualitativos quanto quantitativos oferecem alguns recursos gratuitos para usuários acadêmicos. Usuários comerciais e aqueles que desejam dados em mídia dura e outros serviços pagam taxas em torno do custo de produção. Nos dias de hoje, os custos podem ser minimizados com transferências de dados via internet. Um método comum, conhecido como protocolo de transferência de arquivo (FTP), permite que o usuário tenha acesso temporário ao arquivo por um período limitado, por exemplo, uma semana, usando uma senha enviada por correio eletrônico. O usuário simplesmente baixa o arquivo da internet, não tendo liberdade para copiar ou repassar os dados para outras pessoas. Uma assinatura geralmente é requerida para garantir que eles concordam com todas as restrições ao uso dos dados. Usar FTP significa que a transferência de dados pode ser extremamente rápida, mas poderia ser precedida por um período de uma semana ou algo assim durante o qual mensagens de correio eletrônico e documentos assinados são trocados entre usuário e provedor.

Até aqui, discuti o gerenciamento e a validade de alguns tipos de dados. Não existem leis absolutas sobre a validade dos dados, e, portanto, "a beleza está nos olhos de quem vê". Cada pesquisador terá de desenvolver seu próprio ponto de vista sobre a validade e o conhecimento que podem ser adquiridos a partir de pesquisa usando dados. Dentro de uma equipe, pode até haver divergências sobre o conhecimento. De modo ideal, cada pesquisador terá visões bem desenvolvidas sobre ele.

4
Causas

Para alguns pesquisadores, o planejamento de um projeto de coleta de dados gira principalmente em torno de noções sobre como explicar certos desfechos. Uma explicação envolve relações de causa e efeito. Tanto dados de pesquisas de levantamento quanto de entrevistas podem nos ajudar a aprender sobre causas e seus efeitos. Na pesquisa social, tanto quantitativa quanto qualitativa, existem ocasiões em que não queremos estudar as coisas causalmente: podemos apenas querer explorar um fenômeno ou considerar todos os aspectos dele. Mas, quando realmente queremos considerar as causas das coisas, fica complicado bem rapidamente.

Neste capítulo, definirei uma causa e darei alguns exemplos de causas e fatores causais. Depois ilustrarei os dados que coletamos sobre tais situações e levantarei algumas implicações da "falácia epistêmica", para que você não seja pego baseando em demasia um argumento em uma correlação espúria.

Um modo de definir causas é reconhecer que a vida social está mudando com o tempo e que todos os novos eventos têm suas origens no passado. Chamamos alguma coisa de causal se é um dos fatores que contribuíram no passado ou no presente para um evento no presente. Condições causais incluem fatores estruturais, como a classe social na qual você nasceu e, talvez, ainda esteja; política e instituições governamentais; e o tipo de cidade na qual você vive. Além disso, em qualquer cadeia de acontecimentos, existem fatores causais diretos e indiretos.

Existem surtos de crescimento, e o alimento é causal para isso. Existem instituições recém-criadas, e a história institucional faz parte da causalidade das novas. Existem eventos únicos e novos, e a criatividade do inventor pode ser causal para eles. Existem obstáculos a certos desfechos, e o que quer que remova o obstáculo é a causa do desfecho. Por fim, existem fatores capacitantes. Estes são causas, mas com frequência só funcionam na presença de outros fatores. Como você pode ver, existem muitos tipos de causas. Algumas pessoas gostam de pensar em causas profundas, causas indiretas, diretas e aproximadas. Destas, a causa aproximada é aquela mais próxima do desfecho no tempo ou no espaço. Mas, na verdade, é difícil distinguir esses tipos de causas porque algumas causas são simplesmente fatores históricos que coexistem com eventos causais específicos e, portanto, os antecedem e sucedem. Pode ser difícil dizer qual é mais importante. O discernimento de causas possui um elemento subjetivo.

Para mim, uma causa é interessante se ela não for necessária nem suficiente para o desfecho. Para alguns empiristas, é o contrário: para eles, uma causa só é interessante se for provado que ela é uma causa por ser tanto necessária como suficiente para o desfecho. Considero esta questão separadamente e com mais profundidade no capítulo sobre **mecanismos causais** (Cap. 39) na Parte 6. Se alguma coisa é sempre necessária e suficiente para um desfecho, ela é apenas parte do padrão daquele desfecho: "deixar que os leões entrem no picadeiro" é causal para "ter uma apresentação de leões no circo". Isso não explica de fato por que um circo tem um número com leões e outro não. Tomando o divórcio como exemplo, o casamento é uma condição necessária para o divórcio, mas não é realmente um fator promovedor, pois o casamento simplesmente está no contexto de todos os casamentos, quer eles tenham terminado em divórcio ou não. O tipo de casamento, a data do casamento, o modo de casar, e assim por diante, são modos muito mais interessantes de explicar os divórcios. Os documentos do divórcio não são tampouco uma causa muito interessante do divórcio. Eles são os papéis que um cônjuge recebe, geralmente por correio, para informá-lo dos procedimentos judiciais que estão acontecendo. Eles são, evidentemente, uma causa, que é tanto necessária quanto suficiente para "causar" o divórcio, porém os documentos são uma parte inerente ao divórcio. Eles não são absolutamente um fator dependente. Devo assinalar que esse exemplo do divórcio se baseia nos sistemas judaico-cristãos ocidentais, onde o divórcio passa por um tribunal, não em sistemas islâmicos, onde a documentação não é tão importante. Em resumo, as causas mais interessantes são causas dependentes, não fatores contextuais inerentes. Uma vez que as causas são dependentes e os desfechos podem ocorrer acidentalmente, imprevisivelmente ou apenas em certos padrões ou mesclas de causas, discernir causas a partir de dados empíricos é bastante traiçoeiro. Mesmo quando as causas A, B e C são reais, elas não operam em conjunto o tempo todo para resultar em Y. Portanto, as evidências sobre a ocorrência concomitante de A e Y podem ser enganosas quanto a se A causa Y. Mesmo que A realmente cause Y, ele pode não ocorrer concomitantemente com Y em todas as situações. Se existe uma associação parcial de A e Y, será que isso significa que podemos refutar que A pode causar Y? Acho que não. Mas, por outro lado, dados sobre a associação de A e Y também não "provam" que A causa Y. É difícil desenvolver provas de causalidade.

Para ser realmente inequívoco em relação a isso, vamos considerar três exemplos de causalidade. Primeiro, o câncer de mama nem sempre leva à morte, mas ele pode causar a morte. Por isso, digo: "O câncer tende a causar a morte". Isso coloca a causalidade como uma tendência do câncer, não como uma afirmação determinista ou como um fato sobre todos os casos de câncer. Fatores intervenientes, tais como descobertas, tratamento, alimentação, saúde prévia e concomitância de outro câncer, são causais relevantes. Isso torna complexa a tarefa de coleta de dados para estudos sobre morte por câncer de mama. Os estudos de epidemiologia – a causalidade das doenças – enfatizam que, para estudarmos com êxito e a fundo a causalidade, precisamos incluir sobreviventes do câncer de mama em nosso estudo, além daqueles que morreram (Kreiger, 1994). Estudar a causalidade da morte por câncer de mama pode levar a uma maior ênfase aos estilos de vida saudáveis, pois os sobreviventes podem ter um fator em comum, tais como estilos de vida saudáveis ou uma atitude saudável em relação a seus corpos. Como exemplo disso, mulheres com estilos de vida saudáveis sobrevivem melhor à quimioterapia do que mulheres com problemas de saúde prévios. As mulheres que examinam seus seios com frequência têm mais chance de detectar um câncer pequeno antes que ele se torne potencialmente fatal.

Em segundo lugar, na assistência social, observa-se com frequência que maus resultados escolares estão associados a famílias desestruturadas e a privações econômicas. Mas o que é causal nas circunstâncias sociais dessas crianças? O "nexo" de seu condicionamento é complexo e desenvolveu-se ao longo de muitos anos. Sua interação com os professores é influenciada pela experiência delas com as escolas locais. Talvez os professores sejam a causa dos maus resultados escolares dessas crianças. Talvez os professores causem alguns desfechos, e as crianças também, mas os maus desempenhos são os mesmos. Torna-se difícil isolar e mensurar qualquer desfecho em particular.

Alguns estudos afirmam que o divórcio prejudica a escolaridade das crianças, enquanto outros dizem que o casamento é certamente favorável à escolaridade. É importante compreender que esses são argumentos diferentes, não opostos meramente simétricos. Por outro lado, também existem evidências de que crianças com pais mais abastados ou do setor de serviços saem-se bem mesmo na ausência de um dos pais. (Uma ilustração detalhada é apresentada por Fuller et al., 2002.) O assistente social quer saber se intervenções na vida de uma criança podem melhorar os resultados escolares. Mas as próprias intervenções são únicas, pessoais, interpessoais, difíceis de registrar (detalhadamente) e, com frequência, não são gravadas. A pesquisa de levantamento com questões fechadas pode não ser capaz de captar aspectos da evolução dos processos de interações entre crianças e assistentes sociais e apontar apenas causas espúrias, tais como os pais obterem um bom emprego, as quais na verdade aparecem (também) como resultados das intervenções dos assistentes sociais. Há, portanto, complexidade.

Especular sobre todas essas causas é, na verdade, uma ótima maneira de planejar e prosseguir com a ampliação do processo de coleta de dados. Dessa forma, nenhum fator importante será ignorado. Pesquisadores qualitativos tendem a alegar que o acompanhamento de casos individuais ao longo do tempo é uma excelente forma de compreender quais fatores são transformativos. Para eles, a causalidade que importa é a que transforma uma criança "por dentro" e a que faz uma família começar a funcionar de maneira mais funcional (i.e., ser menos disfuncional). Essas coisas são únicas. Eles também querem compreender a dinâmica das salas de aula e não pensam que isso possa ser reduzido ao "tamanho de classe" ou ao "regime curricular e de provas".

Em terceiro lugar, na economia obtemos noções de causalidade em outros níveis; isto é, além do indivíduo. Aqui você pode verificar que a falência de um único banco causa um temor de recessão, que esses medos então provocam uma forte recessão e que isso gera desemprego e redução nos salários. A causalidade não pode operar no sentido contrário, diria o economista. Mas o argumento sobre a causalidade da recessão ainda é contestado. A mesma recessão poderia ser atribuída a diversos fatores: política monetária, política industrial, competição global ou uma política comercial protecionista sobre importações e exportações. Na economia, como em outras áreas da vida, existem tantas causas possíveis que argumentos explicativos são altamente contestados. O papel dos mercados, a emergência de novas características nos mercados e, em geral, as propriedades "agregadas" ou sociais dos mercados em ampla escala são oferecidos como alternativas à explicação individualista (Lawson, 1997). Alguns economistas por fim se comprometem em reduzir tudo à ação individual, reconstituindo fenômenos de ampla escala até que alguma ação individual seja encontrada. Por exemplo, uma má decisão de empréstimo de um banqueiro poderia ter indiretamente feito o banco falir, ou uma má política de gerenciamento de risco por um estrategista do banco poderia ter contribuído para a onda de medo, e assim por diante. Mais uma vez, a complexidade aparece, pois vimos muitos atores diferentes em diversos níveis. Na economia, como na saúde e na assistência social, existem múltiplas etapas em vez de um único drama com poucos atores.

Esses três exemplos mostram que muitas causas contribuem para os desfechos e que focalizar em um desfecho e em suas causas leva-nos a estudar a história da época presente. Vemos também que existem fatores em muitos níveis que contribuem para as configurações – ou situações – que estamos tentando explicar (Lawson, 1989).

Em última análise, é melhor pensar uma "causa" como um mecanismo que tem a capacidade de gerar algum desfecho. Essa capacidade é uma tendência, mas nem sempre é ativada. Outros mecanismos causais, tais como estruturas sociais e fatores institucionais, também intervêm. Portanto, o contexto faz parte de como um mecanismo causal realmente gera um determinado desfecho. Para leituras adicionais sobre causalidade e sua mensuração, recomendo Pawson e Tilley (1997) e Pawson (1998). Este último critica bastante a mensuração por pesquisa de levantamento. Argumentos resumidos podem ser encontrados em Byrne (2002). Não obstante, o consenso é que causalidade existe.

No British Household Panel Survey, numerosos incidentes na vida de uma pessoa são registrados ano após ano por meio de uma série de visitas domiciliares anuais. A primeira visita inclui uma breve história de vida da experiência de emprego da pessoa, a segunda visita consolida esta história e, depois, visitas anuais criam um conjunto longitudinal de dados no formato de pesquisa de levantamento padrão. O BHPS não é usual por ter diferentes segmentos – alguns realizados como entrevistas face a face, alguns usando entrevistas assistidas por computador e outros usando questionários de autopreenchimento em casa. As fileiras de dados – uma fileira por caso – são computadorizadas e anonimizadas. Podemos então rastrear as sequências de eventos de 1997 a 2007 nas vidas de quaisquer dos milhares de entrevistados. Se você é estudante,

professor ou pesquisador, visite www.esds.ac.uk para acesso gratuito. Usuários comerciais precisam pagar uma taxa.

É assim que podemos organizar os dados do BHPS presumindo que as variáveis podem atuar como sinais de causas reais. As colunas do BHPS são as variáveis, e posso listar diversos tipos de variáveis causais a partir do BHPS (Tabela 4.1). A causalidade de um desfecho, como divórcio ou mau desempenho escolar, poderia ser construída examinando todos os outros fatores explicativos apresentados. O desfecho poderia ser causado não apenas por fatores pessoais, mas também institucionais e sociais assim listados.

Assim, se propusermos a um entrevistado a pergunta "Em que medida você concorda com a afirmativa de que uma criança pequena sofre se sua mãe sai para trabalhar?", precisamos nos preparar para uma análise muito mais ampla. Não podemos apenas escolher ao acaso as causas que quisermos. Precisamos reunir dados sobre causas estruturais, institucionais (p. ex., afiliação) e baseadas em eventos das diferentes atitudes ao responder esta pergunta (ver Crompton et al., 2005; Crompton and Harris, 1998).

A falácia epistêmica é a tendência de confundir os dados com a realidade. Essa falácia muitas vezes se inicia por um método estatístico que se concentra em determinados dados e não coleta dados primários. Estando restrito nas variáveis disponíveis, o pesquisador tende a considerar somente estes para obter as respostas a uma pergunta explicativa. A falácia aparece quando a causa é atribuída ao que está presente (p. ex., etnicidade), e não aos fatores não registrados mais profundos (p. ex., discriminação). Na pergunta sobre a "criança sofrer se a mãe sai para trabalhar", a causa registrada de uma forte crença de que as crianças sofrem poderia ser encontrada na variável "idade", quando a verdadeira causa é muito mais profunda, i.e., crenças sobre ser dona de casa que foram ensinadas à geração mais velha quando era jovem. Aqueles que têm novo treinamento ou novas ideias tenderão a discordar da afirmativa, e aqueles que conservam su-

COLETA DE DADOS **33**

☑ TABELA 4.1

Tipos de variáveis retiradas do BHPS

Fatores estruturais	Fatores institucionais	Fatores pessoais
✓ classe social do pai	✓ se o empregador é sindicalizado	✓ se o entrevistado é membro de sindicato
✓ classe social do entrevistado	✓ carga horária de trabalho semanal	✓ se a pessoa quer trabalhar mais horas semanais do que atualmente trabalha
✓ emprego na classe de serviços	✓ horários de trabalho flexíveis ou não	✓ gênero
✓ renda familiar	✓ se o empregado tem aposentadoria	✓ resposta a uma pergunta de atitude sobre manejo do cuidado infantil nos primeiros anos de vida
✓ grupo etário	✓ se frequenta a igreja	✓ divisão do trabalho doméstico
✓ estado civil	✓ se é membro de uma organização voluntária	
✓ grupo étnico	✓ se é autônomo	
✓ região		
✓ rural/urbano		
✓ proprietário ou inquilino		

---

as crenças durante um longo período podem tender a concordar com a afirmativa. Atribuir a causa simplesmente à "idade" é especificar a causa erroneamente. Imputa-se a Bhaskar (1989) a rotulação disso de falácia epistêmica. Sua contribuição foi mostrar que a retrodução pode compensar os perigos da falácia de usar apenas dados predeterminados. Seguindo vagamente a linha de pensamento de Bhaskar, podemos aconselhar que a retrodução desempenha um papel na pesquisa científica usando um projeto ou protocolo experimental típico (exibido no Quadro 4.1)

Esse protocolo para testagem de hipóteses dentro de uma metodologia retrodutiva descreve com precisão o que muitos pesquisadores fazem, quer utilizem dados de pesquisas de levantamento ou não. Ele encoraja todos os pesquisadores a reconhecerem sua busca de ampla qualificação e de conhecimento qualitativo e teórico. Obter mais conhecimento (no meio de um projeto) é obviamente desejável à medida que o processo de aprendizagem avança. Mesmo sem dados de pesquisa individualizados, podemos estudar a história e os documentos para compreender as reais causas por trás de um padrão. Desembaraçar a falácia epistêmica foi uma contribuição importante para o aperfeiçoamento dos projetos experimentais que procuram explicar

---

☑ QUADRO 4.1

Um protocolo para testagem de hipóteses dentro de uma metodologia retrodutiva

- ✓ Enuncie a teoria ou as teorias.
- ✓ Liste a hipótese ou hipóteses.
- ✓ Colete e analise os dados.
- ✓ Teste as hipóteses.
- ✓ Colete mais dados para explorar a situação.
- ✓ Reflita por um instante.
- ✓ Formule novas hipóteses.
- ✓ Reconsidere teorias existentes e tire conclusões.
- ✓ Inicie o próximo projeto.

desfechos sociais. Mais detalhes sobre "obter os dados" são apresentados nos outros capítulos deste livro.[1] Ver também Capítulo 35 sobre **pesquisa de estudo de caso** e o Capítulo 42 sobre **retrodução**.

NOTA

1. Alguns leitores podem questionar se hipóteses são necessárias para um projeto de pesquisa. Elas não são. Todos os projetos precisam ter uma questão de pesquisa inicial, mas ela pode ser modificada e está sujeita à mudança. Mas ter hipóteses ou testar hipóteses não é adequado para todos os projetos. O protocolo no Quadro 4.1 é oferecido principalmente para ajudar aqueles que desejam estudar por meio do uso de hipóteses, de modo que o façam bem. "Fazer bem" pode envolver fazer perguntas objetivas sobre de onde os dados estão vindo, que processos ou estruturas causais poderiam ter feito os dados aparecerem como aparecem, se a hipótese é refutada, e assim por diante. A coleta de dados não esgota o processo de pesquisa, e os dados por si sós não podem garantir uma boa pesquisa.

5
Amostragem

Amostragem é uma maneira econômica de criar conjuntos de casos. Por exemplo, você pode amostrar domicílios aleatoriamente em uma cidade e depois selecionar de forma não aleatória indivíduos destes domicílios. Se você estivesse fazendo um estudo de jovens, você poderia, por exemplo, escolher apenas aqueles entre as idades de 16 e 30 anos. Os dois principais métodos de amostragem, aleatória e não aleatória, só podem ser combinados ao custo de que o resultado geralmente é considerado não aleatório. Entretanto, a amostragem não aleatória desempenha um papel importante em tantas pesquisas sociais que eu me proponho a discuti-la primeiro. Então, quando se descreve a amostragem aleatória, a possibilidade de amostragem em múltiplas etapas faz todo o sentido. O capítulo é concluído sugerindo maneiras de usar pesos se o esquema de amostragem não se adequar à população de casos que você quer que os dados representem.

A seleção não aleatória de casos não pode, de forma alguma, ser chamada de amostragem. Em vez disso, usamos a palavra "seleção" e uma série de decisões estratégicas são normalmente tomadas. Por exemplo, pode-se decidir *a priori* quantos casos são desejados, qual é a área geográfica, que unidade será considerada um caso e se os casos devem ser vistos em seus locais de aninhamento dentro de unidades maiores.

O primeiro método de seleção não aleatória de casos é a amostragem em bola de neve. A amostragem em bola de neve refere-se à ampliação da rede de casos conhecidos externamente usando contatos indicados por aqueles que estão na amostra existente. Para estudos pequenos, a amostragem em bola de neve pode ficar dentro de uma área geográfica restrita. Vamos supor que você estivesse estudando acidentes de patinação na neve. Você poderia selecionar alguns casos de um ginásio de patinação fechado e depois pedir a indicação de outros patinadores. Por telefone ou correio eletrônico, você tentaria contatar esses patinadores e pedir-lhes, entre outras coisas, mais contatos. Durante esse processo, você normalmente faria uma lista contendo os detalhes básicos sobre cada caso (pessoa, patinador). Se você decidisse usar o "acidente" em vez de usar a "pessoa" como o caso, você corrigiria as notas para adequá-las às características da nova unidade de caso. Os acidentes geralmente estão aninhados dentro de patinadores. Em alguns casos, um patinador pode fornecer os detalhes de contato de outro patinador envolvido no mesmo acidente. Criando uma relação *N-para--N*, em que N representa qualquer número acima de 1, faz-se uma relação não aninhada entre patinadores e acidentes. Sua tarefa na pesquisa qualitativa geralmente é focar em um ou em outro destes. Para pesquisas de levantamento, pode ser mais fácil insistir em uma relação de 1-para-N, consequentemente uma relação aninhada, em que cada patinador pode ter múltiplos acidentes, mas cada acidente está associado a apenas um dos casos de patinador. A amostragem em bola de neve não fornece uma representação aleatória da população. Na verdade, as características (e a localização) da população não precisam sequer ser conhecidas.

Um exemplo de amostragem em bola de neve (Eldar-Avidan et al., 2009) mostra que, selecionando-se 22 entrevistados, é possível alegar ter atingido uma ampla variedade de grupos na sociedade. O estudo em pequena escala de Eldar-Avidan e colaboradores concentrou-se em adultos cujos pais tinham se divorciado quando eles eram jovens. No delineamento da amostra, eles escrevem:

Participaram deste estudo 22 jovens adultos israelenses de 20 a 25 anos de idade (média: 23 anos) cujos pais se divorciaram antes de eles terem completado 18 anos. ... Os participantes foram escolhidos para garantir variabilidade, e a amostragem foi encerrada quando se atingiu saturação... Obteve-se heterogeneidade em relação à idade (dentro da faixa etária predefinida), idade na época do divórcio, tempo desde o divórcio, educação, ocupação, atual estado civil dos pais, número de irmãos e local de domicílio. Assim, alguns eram de cidades grandes, outros de cidades pequenas, aldeias ou *kibbutzim* (povoamentos coletivos); alguns ainda estavam cumprindo o serviço militar, enquanto outros estavam trabalhando, estudando, ou ambos. Alguns participantes foram indicados ("bola de neve") por colegas ou outros jovens (Eldar-Avidan et al., 2009: 2).

O que está se alegando aqui não é que a amostra é representativa. Para um N de apenas 22, só pode haver um ou dois dos vários grupos que são mencionados. Seria difícil justificar a alegação de que esta é uma amostra representativa no sentido estatístico usual de permitir inferências da amostra para a população. Contudo, por trás dessa estratégia de amostragem há uma ligeira suposição de que a maioria dos jovens israelenses, na faixa etária de 20 a 25 anos, cujos pais se divorciaram, apresentaria alguma homogeneidade em algumas das características relevantes. Entretanto, os autores são receptivos à diversidade; nos resultados, há mais do que uma sugestão de que explorar um subgrupo, tal como residentes israelenses rurais, com apenas um punhado de casos trará informações interessantes e talvez até representativas sobre eles. O texto evita corretamente fazer generalizações entre amplas camadas de israelenses. Em vez disso, a maioria das afirmativas gerais no trabalho é simplesmente sobre os 22 jovens entrevistados. Como a maioria da teoria fundamentada, o trabalho é altamente concreto, e os resultados são específicos aos casos selecionados escolhidos.

Nas conclusões do estudo, faz-se de certa forma uma distinção entre três tipos de jovens: aqueles que ficam mais vulneráveis depois do divórcio, aqueles mais resilientes após o divórcio e aqueles que são sobreviventes do divórcio. Os resultados desse estudo são cuidadosamente expressos em teoria fundamentada como um método de reunião e análise de dados. Na teoria fundamentada, a amostragem gradativa intencional anda de mãos dadas com o desenvolvimento de uma teoria sobre desfechos. Neste caso, a amostragem gradativa incluiu um pouco de "bola de neve" e um certo desvio intencional para grupos contrastantes. A palavra "saturado" é usada na teoria fundamentada quando a seleção da amostra é considerada completa e o desenvolvimento da teoria se iniciou com firmeza, mas os dados ainda estão sendo coletados e analisados.

A amostragem em bola de neve também pode ser feita pela internet. Grupos e *sites* da internet, tais como *sites* de namoro, oferecem oportunidades adicionais para seleção de amostras qualitativas. Outra forma de seleção de amostras não aleatórias qualitativas, a amostragem por quotas, depende de tomar algumas decisões sobre os tipos de entrevistados que se quer, fazendo uma grade das características básicas e distribuindo o tamanho de amostra desejado entre elas, e depois sair para uma área específica (ou na internet) e encontrar pessoas ou outros casos dos tipos desejados. A amostragem por quotas com frequência é confundida com amostragem aleatória pelos menos iniciados. É fundamental compreender que, ao preencher uma quota – das ruas, dentre os alunos em uma sala de aula, dentre os visitantes a grupos de discussão ou em qualquer parte –, existe uma forte tendência de aparecer um viés na seleção da amostra a partir dos casos disponíveis. Esse viés vai diferir para diferentes pesquisadores; para dar dois exemplos, mulheres jovens poderiam evitar homens mais velhos altos em um contexto, enquanto pesquisadores de um grupo linguístico como o francês poderiam evitar falantes de outro grupo linguístico em algum outro cenário. A tabela de quotas poderia especificar qual sexo e grupo etário escolher e qual categoria ocupacional aceitar para cada cota. Se ela especificar as áreas que estão em risco de viés, a tendência ao viés pode ser compensada. Se ela não especificar, esse risco de viés permanece.

A amostragem aleatória, por outro lado, procura evitar viés pedindo aos enumeradores ou pesquisadores que selecionem casos específicos de uma lista de casos disponíveis. Um exemplo óbvio é usar o registro eleitoral (que contém os adultos que estão registrados para votar em uma área geográfica específica e seus endereços), selecionando uma determinada amostra aleatória de páginas e depois uma amostra aleatória de cada página. Pode-se gerar números aleatórios no Microsoft Excel com =RAND(). Por exemplo, usando o Excel, pode-se gerar 60 números aleatórios de 1 a 12 usando a fórmula =INT(RAND ( )*12+1. (A função se inicia em 0 automaticamente, sendo então necessário acrescentar 1 para obter números inteiros.) Se o registro tem 96 nomes por página, pode-se escolher nomes contando para baixo usando o primeiro número aleatório de um nome e depois o seguinte; por exemplo, 6 linhas abaixo e depois 4 linhas abaixo. Para cada página, serão escolhidos, em média, 8 números. Se, para começar, 7 páginas tivessem sido selecionadas aleatoriamente, então 7 x 8 = 56, ou seja, este seria o tamanho da amostra obtida (quase 60). Ajustando-se à fórmula, uma amostra de qualquer tamanho que se queira pode ser obtida. Dos 56 indivíduos, apenas uma fração muito pequena estará morando junto no mesmo domicílio. Diz-se, então, que essa estrutura de amostragem é uma lista de indivíduos, não uma lista de domicílios. Se a lista for ordenada aleatoriamente, um método mais simples chamado amostragem sistemática pode produzir uma amostra aleatória. Tome-se todo enésimo nome, por exemplo, todo décimo segundo nome, em cada página selecionada.

Depois de produzir a estrutura de amostragem, calcula-se a fração de amostragem como n/N, onde n é o número na amostra total e N é o número na lista que está sendo tomada como a população. A fração de amostragem é irrelevante para o grau de significância estatística que você terá ao calcular as estatísticas do estudo. O que realmente importa é a não resposta (em que casos não estão disponíveis ou indivíduos se recusam a responder) e o tamanho absoluto da amostra final. A taxa de não resposta é o número de recusas dividido pelo n total na amostra desejada. Precisamos denotar o real tamanho da amostra por n', indicando que n' é menor do que n pelo número de recusas, e a efetiva fração de amostragem é n'/N em vez de n/N. Em ciências sociais, uma fração de amostragem de 85% é considerada boa; e de 95%, excelente, ao passo que, em pesquisa de mercado e estudos empresariais, algumas frações de amostragem mais baixas são consideradas aceitáveis. Pesquisas postais e projetos em que se considera que os respondedores provêm de uma população homogênea são áreas em que uma fração de amostragem mais baixa é considerada mais aceitável. Se há suspeita de viés na taxa de não resposta, a taxa deve ser alta. Se viés não é considerado um problema, talvez por causa da homogeneidade, pode-se permitir que a taxa de não resposta seja baixa. Homogeneidade dos casos poderia existir, por exemplo, se todas as papilas gustativas funcionassem da mesma forma geral e os consumidores estivessem sendo testados para quão doces eles consideram determinados alimentos. A homogeneidade que importa é somente sobre todas as características que importam para um dado estudo. Se, em vez disso, estivermos considerando as preferências dos consumidores por bebidas com alto e baixo teor alcoólico e o teor alcoólico não seja facilmente perceptível e esteja sendo adivinhado, usando sugestões nos rótulos e experiência anterior, teríamos, então, de presumir uma população heterogênea e tentar obter uma amostra com uma alta taxa de resposta e nenhum viés de seleção do pesquisador.

A amostragem de agrupamentos refere-se à escolha de casos de determinados lugares ou grupos que são nomeados e listados antes de montar a etapa de amostragem seguinte. Se houvesse 30 clubes de boliche em uma região e os casos desejados fossem os frequentadores das noites de sábado, poderíamos escolher cinco clubes de boliche aleatoriamente e passar para uma estratégia de amostragem de segunda etapa nas noites de sábado: de tomar todos os jogadores em três pistas ao acaso em cada clube uma vez por hora, das 7h às 11h da noite. Na estratégia de amostragem de agrupamentos, a etapa seguinte pode em vez disso abranger a população inteira em cada agrupamento, por exemplo, todos os jogadores de boliche presentes em uma noite de sábado durante um período de três

semanas. A amostragem de agrupamento corre o risco de perder heterogeneidade nos agrupamentos não escolhidos. Ela também depende de algumas informações prévias, tais como uma lista de clubes de boliche. Geralmente considera-se que a amostragem de agrupamento causa intervalos de confiança maiores quando se permite que um *software* estatístico integre as informações sobre agrupamento com o resto dos dados detalhados da pesquisa de levantamento. Entretanto, para alguns estudos, a amostragem de agrupamento é um modo altamente eficiente de dirigir as visitas dos pesquisadores para áreas específicas e, por essa razão econômica, ela é desejável mesmo que acarrete um risco de má representação de uma região geográfica global.

A amostragem estratificada é mais complicada. Para estratificar uma amostra, primeiramente decide-se sobre o tamanho da amostra global, depois decompõe-se este n em subgrupos. Informações prévias sobre a prevalência de certas características, pertinentes ao estudo, em cada subgrupo são usadas para decidir sobre a porcentagem de casos que devem provir de cada estrato. Os estratos podem ser de diferentes tamanhos, e um tipo simples de amostragem estratificada é usar o inverso da proporção no grupo para determinar a proporção de n que estará naquele estrato. Assim, estratos menores obtêm melhor representação; e estratos grandes, pior representação do que na amostragem aleatória simples. Pode-se provar que se os estratos são montados para encorajar grandes estratos somente quando existe homogeneidade dos casos em características relevantes, a amostragem estratificada tenderá a fornecer uma melhor representação do que a amostragem aleatória simples sobre a população escolhida. Entretanto, com frequência ocorrem dificuldades para obterem-se as informações relevantes. Depois que os estratos estão montados, também é possível manipular os tamanhos das amostras e fazer um ajuste de pesos pós-amostragem (ver Cap. 34 sobre **ponderação em pesquisas de levantamento**) para fornecer médias imparciais e outros resultados estatísticos para todo o n global. A atribuição de pesos em pesquisa de levantamento após a estratificação também pode ser um modo de ajustar para a não resposta e leva à inferência estatística baseada em delineamento. A amostragem de agrupamento pode ser usada em conjunção com a amostragem estratificada. Quando a amostragem de agrupamento reduziu a precisão geral de uma amostra de pesquisa, a estratificação dentro de cada agrupamento pode tentar aumentá-la e assim aperfeiçoar a precisão novamente. A combinação de amostragem de agrupamento com amostragem estratificada costuma ser chamada amostragem de múltiplos estágios.

Se a amostragem de múltiplos estágios inclui um estágio não aleatório, tal como em bola de neve, o método de amostragem geral não é considerado aleatório. Se ele não é aleatório, as generalizações baseadas na amostra n não devem ser consideradas para aplicação à população mais ampla da qual a amostra foi extraída. É preciso cautela para não confundir essas regras básicas, caso a amostragem aleatória seja considerada desejável. Em geral, a amostra aleatória é mais cara do que a seleção de casos não aleatória. Entretanto, a pretensão geral de um estudo – sua extensão geográfica e social – é um fator fácil de variar, caso seja necessário economizar. No caso de Israel, por exemplo, seria possível realizar um estudo exclusivamente urbano com um maior número de casos com os mesmos custos.

Se a amostragem não aleatória é usada, incluindo estratégias de amostragem cuidadosamente manipuladas, tais como amostragem de agrupamentos e amostragem estratificada, uma média ponderada dos dados nas fileiras pode ser usada para obter uma estimativa da média geral em uma amostra como uma representação da média na população. O erro nesta estimativa tenderá a ser maior onde a amostragem de agrupamentos é usada, mas, por outro lado, o erro será menor onde a amostragem estratificada é usada. O pesquisador que tem amostragem ou de agrupamento ou estratificada pode optar pelo uso de pesos após a estratificação. Esses pesos impli-

cam inferência baseada em delineamento. Além disso, aqueles que têm uma taxa de não resposta perceptível podem criar e aplicar pesos após a amostragem comparando a amostra real com uma fonte de dados padrão-ouro, tal como censo ou registros hospitalares completos. Pesos pós-amostragem geralmente são chamados de ponderação pós-estratificação, mas existem três subtipos destes pesos. Um é o identificador de cada agrupamento; o segundo é o identificador de cada estrato e, além disso, um peso vinculado ao estrato que compensa maior ou menor amostragem naquele em relação ao geral; e em terceiro lugar os ajustes de ponderação de não resposta. Todos os pesos resultam em 1 e podem ser multiplicados um pelo outro. O resultado é o peso geral dado a cada caso para inferência baseada em delineamento. Por exemplo, isso produziria a média de idade para a amostra com um intervalo de confiança de 95%.

A inferência baseada em modelo é ligeiramente diferente da inferência baseada em delineamento. Um pesquisador que tem acesso a variáveis suficientes relacionadas direta ou indiretamente aos principais eixos do viés de amostragem, e que deseja usar regressão ou outra técnica de modelagem multivariada, pode evitar o uso de pesos pós-estratificação. Por exemplo, os dados poderiam ter uma grande proporção de estudantes, e então a variável "estudante" é colocada no modelo e assim controla-se a variação de acordo com isso. A variação restante em um desfecho é examinada em relação a como varia com outra variável – talvez o tamanho corporal ou o treinamento anterior. A eliminação de fontes subjacentes de variação em um enquadramento baseado em modelo é com mais frequência empregada em contextos econométricos e de dados longitudinais (Greene, 2003; Wooldridge, 2002). Pode ser reconfortante saber que é possível examinar dados experimentais ou outros dados de pesquisa sem amostragem aleatória. Em geral, é melhor fazer isso apenas depois de fazer várias suposições explícitas sobre a natureza e a diversidade dos casos e da população. Deve também haver casos suficientes na amostra *n*. Outra abordagem seria fazer afirmativas puramente descritivas da amostra real, mas essa postura interpretativa não envolveria inferência. Define-se inferência como fazer uma afirmativa válida sobre uma população com base em uma amostra aleatória daquela população.

Leituras adicionais para a Parte I

É difícil separar reunião de dados e análise de dados. Os trabalhos que eu sugeriria para leitura adicional também vinculam essas tarefas, de modo que o pesquisador não pode simplesmente automatizar um processo de coleta de dados ou seguir um conjunto de regras rígidas. Em vez disso, as pessoas tendem a pensar sobre como podem atacar um problema, desenvolvem uma questão de pesquisa em torno dele, planejam a coleta e a análise de dados, empreendem a coleta de dados – talvez com um estudo piloto – e depois reveem os estágios anteriores antes de completar a etapa de coleta de dados inteira.

Blaikie (2000) e Danermark e colaboradores (2002) apoiam vigorosamente essa abordagem global integrando a coleta de dados com um projeto de pesquisa holístico bem gerenciado. Blaikie (2000) conduz o leitor por todas as etapas do delineamento de pesquisa. Danermark e colaboradores (2002) forneceram um protocolo para pesquisa que oferece um mapa abrangente dos contornos do progresso por meio de um projeto. Um livro útil de escopo comparável, com mais detalhes técnicos e menos no aspecto metodológico, é DeVaus (2001). Layder (1993) aborda as questões com uma linguagem muito direta, adequada para estudantes de graduação e os recém-chegados na cena de pesquisa. Este livro lúcido ajuda o leitor a escolher os métodos adequados para seus tipos particulares de tópicos de pesquisa.

Para os que trabalham no terceiro mundo ou em contextos comparativos, Laws (2003) oferece um livro sobre coleta de dados e métodos. Nesta área geral, existem duas fontes completas de orientação mais concreta, ambas muito lúcidas e úteis. Uma é escrita integralmente por uma autora (Mikkelsen, 1995; 2005). Ela leva em conta a dificuldade de separar pesquisa do desenvolvimento e prática do desenvolvimento. Embora ela analise a prática da coleta de dados primários quantitativos e qualitativos com algum pormenor, ela também tem uma maravilhosa seção sobre coleta de dados participativa e de incentivo a combinar métodos.[*] Uma coletânea sobre pesquisa do desenvolvimento como uma forma de prática é reunida por Thomas e colaboradores (1998).

A participação em pesquisa é explicada em detalhamento técnico por Mikkelsen (1995). Recomendo o volume organizado por Carroll e colaboradores (2004) para os que desejam fazer pesquisa engajada, ou pesquisa participativa ou pesquisa-ação em qualquer contexto social. O apanhado geral de Flyvbjerg (2001) diz muito menos sobre métodos práticos, mas é realmente útil por dar sentido ao cenário inteiro, apresentando os pesquisadores como pessoas com um propósito inseridas em uma paisagem social e política.

Ver também Barnett (2002) sobre amostragem.

---

[*] N. de R.T.: Métodos mistos refere-se ao uso de técnicas qualitativas e quantitativas na mesma pesquisa. Para mais informações ver: Creswell, J.W. & Plono-Clark, V.L. (2013). *Pesquisa de métodos mistos*. Série Métodos de Pesquisa. 2ª Edição. Porto Alegre: Penso.

parte 2

Coletando dados qualitativos

6
Entrevistas

Entrevistar envolve uma interação entre no mínimo duas pessoas. O programa de entrevistas semiestruturadas gira em torno do conceito de estímulo. Neste capítulo discutirei estímulos e alguns outros detalhes sobre entrevistas semiestruturadas. Depois passarei para as outras duas principais fontes de dados de entrevista: entrevistas não estruturadas e entrevistas estruturadas. Questões sobre a prática de construir e digitar as transcrições são tratadas separadamente sob aquele título (ver Caps. 7 e 15).

Já dei um exemplo de uma entrevista semiestruturada (ver Cap. 3). Aquela entrevista foi planejada de antemão junto com o resto da pesquisa de doutorado de Antcliff (ver também Antcliff, Saundry e Stuart, 2007). Um breve excerto da entrevista, apresentado a seguir, ajuda a ilustrar como uma entrevista semiestruturada prossegue de um tópico para o seguinte. Os dois tipos de declaração feitos pelo entrevistador são perguntas e estímulos. As perguntas são planejadas de antemão (ver também Caps. 3 e 10) e tendem a ser perguntas abertas, como, por que, o que, quem, onde ou mesmo perguntas menos estruturadas. Exemplos poderiam incluir afirmativas como: "Diga-me como você começou a pensar em dar um passo em direção ao divórcio" ou "Por que você começou a pensar em mudar de emprego naquele momento?". Os estímulos são ainda menos definidos; uma lista de estímulos é valiosa ao planejar e se preparar para fazer uma entrevista:

"E por que isso?"
"Fale mais."
"Você se lembra de mais alguma coisa sobre isso?"
"E depois?"
"E aí?"
"E quem mais e por quê?"

É útil simplesmente encorajar o entrevistado (e depois ficar em silêncio), como em:

"Entendo..."

"É mesmo..."
"Parece ser assim para você..."
"Na época você via isso dessa forma..."

Esses estímulos tranquilizam o entrevistado de que você está ouvindo, mas eles não desviam a conversa. O uso de perguntas está reservado para o início da entrevista e para os momentos em que, em virtude do tempo e do plano da entrevista, o entrevistador acha que é importante passar adiante.

Uma entrevista desse tipo é chamada "semiestruturada", porque a estrutura básica que preenche o tempo alocado é definida previamente. Entrevistas não estruturadas apenas possuem um tema. Elas geralmente não têm limite de tempo porque uma segunda visita é possível e inclusive provável. Nada é registrado. Anotações são feitas somente posteriormente, de memória. Se uma entrevista não estruturada é registrada, será difícil localizar os segmentos importantes e distingui-los de segmentos sem importância. De modo geral, a entrevista semiestruturada é um método mais sistemático e ligeiramente mais pré-planejado do que a entrevista não estruturada.

As narrativas sobre escravos que eu discuto no capítulo sobre **transcrições** (Cap. 7) são entrevistas não estruturadas.

Por outro lado, a entrevista estruturada geralmente é um encontro face a face apoiado por um questionário. Este questionário é minuciosamente planejado. Em métodos de pesquisa de levantamento típicos, o questionário teria muitas perguntas fechadas e talvez alguns cartões para exibição ou opções de resposta pré-codificadas (ver também os Caps. 15 e 27). Os métodos de entrevista em pesquisas de levantamento exigem muita prática, controle minucioso do tempo, orientação explícita ao respondente e seguir à risca as orientações aos entrevistadores. O entrevistador tende a ser chamado de enumerador porque seu propósito é capturar principalmente respostas quantificáveis (facilmente registradas). (Enumerar significa literalmente contar.) O uso de enumeradores no contexto de pesquisas de levantamento harmonizados permite que diversos funcionários em lugares diferentes executem uma pesquisa semelhante em lugares comparáveis, assim gerando dados harmonizados (ver Caps. 3, 27 e 28). Em geral, no contexto da pesquisa de levantamento, o enumerador tenta não influenciar e não pode usar estímulo, porque ele está capturando respostas a perguntas abertas. O enumerador tem de seguir uma rota padronizada por meio do questionário e tentar tratar cada entrevistado da mesma maneira. Desse modo, as respostas vão corresponder às mesmas perguntas. Essa é a própria essência da "entrevista estruturada". Não obstante, eles podem ser chamados de "entrevistador", e pode gerar confusão o fato de que tanto as entrevistas estruturadas quanto as semiestruturadas às vezes são realizadas pela mesma equipe. Se você pretende fazer uma entrevista semiestruturada, não crie um questionário para ela. Não a planeje de antemão ao ponto de não haver liberdade no padrão de resposta (ver Caps. 3 e 7, nos quais planos de entrevista são descritos). Em anos recentes, alguns pesquisadores de métodos mistos aventureiros mesclaram aspectos de entrevista não estruturada, semiestruturada e estruturada. Um caminho é ter perguntas abertas (e um dispositivo de gravação) no meio ou perto do fim de uma pesquisa de levantamento com perguntas fechadas. A pessoa que está administrando a pesquisa não é mais apenas um enumerador, pois está fazendo uma entrevista tanto para preencher a pesquisa de levantamento quanto para obter alguns dados textuais. Pode ser sensato fazer uma série de perguntas abertas em um grupo e também manter as perguntas fechadas em um grupo coerente. A entrevista precisa ter um minucioso controle de tempo e planejamento para assegurar que ela não se prolongue muito.

A entrevista semiestruturada produz uma transcrição que pode variar de seis a 40 páginas de extensão. Digitar uma transcrição é uma tarefa extensa cuja dificuldade varia conforme os idiomas, as gírias e os dialetos usados, bem como a qualidade da gravação. Sem fazer uma gravação em áudio, a análise de entrevistas semiestruturadas é significativamente limitada. A narrativa original em primeira pessoa é corrompida quando é convertida para a narrativa em terceira pessoa de notas breves. É comum que metáforas, expressões idiomáticas, abreviaturas e omissões da linguagem sejam alterados quando o entrevistador as escreve posteriormente. Se elas puderem ser recordadas ao pé da letra, a tomada de notas é um bom substituto para a gravação. Se a entrevista for longa demais para ser recordada, a tomada de notas é um mau substituto para uma transcrição. A transcrição da entrevista permite a compreensão de mecanismos, processos, razões para ações e estruturas sociais, bem como muitos outros fenômenos. A introdução à entrevista conduzida por Antcliff (2000; ver também Antcliff e Saundry, 2005) era mais ou menos assim:

> Eu: A primeira coisa que eu gostaria de perguntar é o quanto você se sente segura em seu atual emprego.

Aqui a transcrição omite as apresentações que antecederam o início da gravação. Essa pergunta indica claramente uma tentativa de obter comentários sobre segurança no emprego e a duração do atual contrato. Lembre-se de que o primeiro entrevistado (chamado Pessoa 1) é uma jovem funcionária com contrato de experiência, e o segundo entrevistado (chamado Pessoa 2) é um funcionário muito mais velho com contrato permanente. A entrevista continua:

> Eu: Então você acha que só foi contratado por causa das habilidades que tinha aprendido em outro lugar?
>
> Pessoa 2: Ah, sim. Primeiro eu não aceitei, mas depois eles me fizeram uma proposta que eu não podia recusar. Eles me pagam um salário bom e me incluíram como funcionário com direito ao plano de aposentadoria da empresa...
>
> Pessoa 1: Para mim foi o contrário. Pelo que me disseram, mil pessoas se candidataram para a vaga. Isso dá a eles muito espa-

ço de manobra. Eles me ofereceram um salário ridiculamente baixo comparado com o de outras pessoas... Você assina um contrato que estipula que você vai trabalhar altas horas sem benefícios, você assina a Diretriz Europeia de Tempo de Trabalho...

> Eu: Então, na verdade, você abre mão deste direito?
>
> Pessoa 1: Sim, você abre mão dele...
>
> Eu: Então vocês estão em posições completamente opostas (referindo-se a ambos os entrevistados).
>
> Pessoa 1: Eu tinha mais direitos quando tinha um contrato temporário. (...)
>
> Pessoa 2: ... Estranho.
>
> Pessoa 1: É como eu digo: isso me faz sentir que, bom, eu posso sair e fazer outras coisas, pois não estou em dívida com eles, já que eles não estão investindo em mim, nem eles estão dizendo que vão te treinar em todas estas coisas de TV...
>
> Pessoa 2: [risos] Verdade, é um problema. E o problema é que existe uma diferença bem grande de conhecimentos e isso está ficando cada vez pior. Se você olhar as pessoas que estão sendo chamadas para fazer os grandes programas, elas são todas freelancers, não são mais contratadas... (conta uma história). As vagas ainda estão indo para essas pessoas (freelancers), e as pessoas não estão sendo treinadas, há uma diferença de conhecimentos tão grande...
>
> Pessoa 1: Meu chefe me diz que eu sou boa no trabalho, mas que não há razão para eu ficar... Eu acho que qualquer um quer ficar em um lugar onde, sabe, existe um investimento e que você seja valorizado. Você não é realmente valorizado e recebe uma ninharia... Você chega às 6h da manhã pensando – por que é mesmo que eu estou neste emprego?
>
> Eu: Então, você não recebeu nenhum treinamento?

Neste excerto, o entrevistador, designado como "Eu" na transcrição, revelou dois interesses – primeiro na habilidade que trouxe para o emprego, e segundo pelo treinamento no emprego. O entrevistador usa um "estímulo" para demonstrar interesse no contraste entre o primeiro e segundo entrevistados. O entrevistador tem o cuidado de não falar demais. Contudo, seus estímulos fazem a entrevista avançar.

O uso de uma abordagem de entrevista semiestruturada neste caso em particular permitiu a pesquisa de um foco conjunto na organização e na carreira de cada funcionário. Uma entrevista conjunta é uma variação interessante no método usual de entrevista face a face. Sem dúvida a utilização de uma entrevista a três tem custos e benefícios em termos do quanto as pessoas falam, sobre o que escolhem falar e como questões delicadas são tratadas.

No caso particular do exemplo de transcrição sobre trabalhar com contratos por tempo determinado ou permanente no ramo da televisão, grande parte do conteúdo da entrevista é sobre relações sociais dentro de grandes empresas, incluindo o papel dos subcontratantes. Além disso, a carreira do funcionário júnior (que é um subcontratado e trabalha em uma série de contratos por tempo limitado) torna-se parte do tema central da pesquisa. A subjetividade da funcionária torna-se muito importante. Se a entrevista sobre carreira na TV estivesse sendo codificada de acordo com temas, como em análise do conteúdo, os códigos poderiam incluir dinheiro, conhecimentos, triagens para empregos, poder, contratos ocasionais, contratos permanentes, flexibilidade do empregado, flexibilidade do empregador, gênero, termos do contrato. Se ela estivesse sendo analisada usando análise do discurso, alguns desses tópicos estariam subordinados a categorias mais amplas, tais como suposições de poder, relações hierárquicas, redes sociais, agentes de manejo de contratos de trabalho, e assim por diante. No método de análise do discurso, pode-se usar códigos mais detalhados para metáforas específicas. Utilizando um excerto mais longo, observei alguns dos detalhes que precisariam ser codificados:

✓ verbos – impor condições, pedir ajuda, sugerir treinamento, atrair *freelancers*;
✓ substantivos arquetípicos – *freelancers*, funcionários efetivos;

✓ expressões idiomáticas – você recebe uma ninharia, trabalhar altas horas, pessoal adequado;
✓ sarcasmo – bom, isso é mesmo muito legal, lembre-me de novo por que eu estou neste emprego;
✓ metáforas – funcionários centrais e periféricos, dádiva de Deus, aqueles que são cuidados pela empresa;
✓ exageros – eles estão lá dia e noite para nada (referindo-se a estagiários jovens baratos).

Se mais entrevistas fossem estudadas, um leque mais amplo desses pequenos elementos seria codificado e padrões poderiam ser discernidos. Por fim, os principais discursos tornar-se-iam evidentes para o analista. Poderíamos encontrar um "discurso do trabalho flexível" e um discurso de "atmosfera corporativa de pessoal permanente", talvez. Poderia haver também um discurso de "resistência ao trabalho flexível".

Durante o planejamento de entrevistas, todos esses diferentes tipos de questões de análise devem ser considerados minuciosamente. Uma entrevista piloto pode ser uma base útil para ensaiar todos os procedimentos de pesquisa (i.e., primeiro a transcrição, depois a codificação e a análise) planejados. Não é bom fazer entrevistas sem saber que tipo(s) de método(s) de análise será(ão) usado(s). Por outro lado, não há necessidade de se limitar a apenas um método de análise. Para entrevistas, há pelo menos sete métodos disponíveis:

✓ fenomenologia (o estudo de como um conjunto de eventos acontece e como ele é ou funciona por dentro);
✓ interpretação;
✓ análise de conteúdo temático;
✓ análise de discurso;
✓ análise crítica de discurso;
✓ análise de narrativa;
✓ análise de conversação.

A mera descrição dos eventos sobre os quais o entrevistado falou não é um "método". Um "método" é uma técnica para revelar novos conhecimentos a partir do material da entrevista. Uma metodologia é um conjunto muito mais amplo de asserções, tais como asserções construtivistas ou realistas. Assim, neste capítulo, apresentando um exemplo e alguns casos de "codificação", ilustrei o "método" de analisar entrevistas sem especificar quais dos diversos métodos poderiam ser usados.

7
Transcrições

A criação de uma transcrição envolve escrever ou digitar o texto de uma entrevista ou outro arquivo de áudio. Transcrições de grupos de foco, transcrições de grupos de discussão de pesquisa de mercado e transcrições de entrevistas semiestruturadas são apenas três dos muitos tipos possíveis. As transcrições podem ser digitadas no idioma original ou traduzidas. Tratarei primeiramente da criação básica de uma transcrição e depois abordarei algumas questões de tradução a fim de destacar o papel crucial que metáforas e expressões idiomáticas desempenham no modo como as pessoas falam sobre o mundo. O capítulo será útil para a pesquisa internacional, assim como para a pesquisa local, pois as expressões de origem local ou de dialetos são prevalentes na maioria das situações da linguagem leiga. Na transcrição, pode ser importante usar abreviaturas e pseudônimos. Isso precisa ser considerado do ponto de vista da legislação de proteção de dados do país e do consentimento informado ético que você desenvolveu com os entrevistados. Um nome abreviado pode ser dedutível às pessoas envolvidas e assim não proteger adequadamente o sigilo dos entrevistados. Portanto, decida desde o início se pseudônimos serão usados ou não. Se você usar pseudônimos, não use abreviaturas. Insira o pseudônimo no início de cada segmento da entrevista com aquela pessoa. Além disso, atente para as outras pessoas em sua área ou empresa que eles mencionam pelo nome. Elabore uma lista de pseudônimos "mais ampla" que inclua essas pessoas caso sejam mencionadas múltiplas vezes. Sua lista de pseudônimos principal pode também conter números de caso, números de entrevista, identificadores de cassetes e uma lista de arquivos de som MP3. A lista de pseudônimos precisa ser manuseada com cuidado como um artefato confidencial. Crie pastas protegidas por senha em seu computador e armazene essas informações ali.

Não use pseudônimos sem necessidade. Eles são difíceis de lembrar e criam um desafio de estilo e criatividade para evitar a reutilização de nomes existentes. Assim, se alguém se chama Patrick, não é sensato usar "Patrick" como um dos pseudônimos pelo risco de fazer alguém pensar que este é o segmento da entrevista do verdadeiro Patrick. Se você usar pseudônimos, informe-se localmente para garantir que eles tenham nuances sensatas. Muitos nomes possuem conotações religiosas ou regionais. Procure escolher pseudônimos mais inócuos. Assim, "David" ou "Patrick" podem ser pseudônimos mais adequados na Irlanda, mas "Skip", "Felix" ou "Trig" podem ter as conotações erradas. (Skip soa como nome de cachorro para algumas pessoas; Felix é o nome do personagem de um gato em um desenho animado; e Trig é o nome do filho da política Sarah Palin.)

Se pseudônimos não estão sendo usados, abreviaturas podem ser úteis. Minha experiência pessoal é que usar "P": e "R": (pergunta e resposta) em toda uma entrevista gera confusão. É melhor abreviar o nome de cada entrevistado e repetir isso regularmente ao longo do texto da entrevista. Essas abreviaturas podem ser usadas posteriormente se você precisa vascular documentos em busca de passagens relevantes. Você também pode decidir assegurar-se de que cada abreviatura seja única na pesquisa. Assim, "Th" para Theodore, e "Tr" para Tracy. Isso permite futuras buscas em computador para localizar cada entrevistado com êxito.

Silverman (2000, 2001) ofereceu muitos conselhos detalhados para a criação de transcrições. O livro de Bauer e Gaskell (2000) é outra fonte útil para o manuseio de dados, e o de Lewins e Silver (2007) ajuda com a transferência de uma transcrição para um programa de computador. As transcrições normalmente são criadas com pontuações detalhadas para mostrar as palavras exatas. Por exemplo, use "... (3)" para uma pausa e sua extensão. Entretanto, isso não deve ser confundido com a omissão de um segmento, onde também usamos reticências (...) para indicar a omissão de material contíguo.

Observar um de dois conjuntos interessantes de transcrições (de tipos muito diferentes) pode dar uma ideia da extensão de uma transcrição e da sua potencial complexidade. O primeiro conjunto de transcrições apresenta materiais de uma aula expositiva em um formato de transcrição sem nenhum formato de pergunta e resposta. O *site* BASE (British Academic Spoken English) e do projeto BASE Plus Collections (ver http://www2.warwick.ac.uk/fac/soc/al/research/collect/base/) apresenta as transcrições usando a notação de pausa [1,2] para uma pausa de 1,2 segundos e muito pouca formatação além desta. Os arquivos .txt brutos, tais como o de uma aula de economia do desenvolvimento, ilustrados a seguir, não foram pontuados conforme a gramática, porque o objetivo do projeto é analisar a estrutura da linguagem falada sem forçá-la em formatos padronizados.

as mesmas coisas estão acontecendo em Gana no início dos anos de 1980

[0.7] então [0,7] o funcionamento de sua grande [0.2] paraestatal [0,5] é uma sinuca

a economia inteira [0,9] há toda uma série de efeitos perversos aqui [0,5]

os quais nos empurram para uma confusão cada **vez** maior [0,7] não surpreendentemente [0,6] o

FMI e o Banco Mundial olharam para esse tipo de coisa e disseram [0,3] pelo amor de Deus

privatizem estas empresas estatais [0,6] há [0,2] elas não estão ajudando em nada [0,7] há [0.2] são provavelmente ineficientes [0,5] há [0.3] bem não é óbvio

que elas eram todas ineficientes, mas o sentimento geral era de que o governo era

ineficiente [0,4] e elas estão atrapalhando a sua economia em muitos tipos de aspectos [0,9]

eles também queriam reformas nas principais instituições econômicas [0,6] e isso incluía o sistema fiscal

Nesse exemplo, vemos que as sentenças corridas são usadas para enfatizar certas expressões e deixar o ouvinte pensar sobre certas ideias que o orador está apresentando. Uma aula de 1 hora sobre este tipo de material poderia resultar em uma transcrição de cerca de 35 ou 40 páginas em espaço duplo e fonte de 12 pontos, pois o orador passa rapidamente de uma ideia para outra e fala profusamente. Para entrevistas com entrevistados relutantes, ou nas quais esteja ocorrendo alguma tradução ou existem pausas, o mínimo por hora de som é 20 páginas em espaço duplo. Com base nessas estimativas de extensão, é possível calcular o custo de transcrever cada entrevista. Por exemplo, se cada entrevista dura 45 minutos e os entrevistados são loquazes (fluentes) e se o digitador é capaz de produzir tranquilamente 8 páginas por hora (250 palavras por página em espaço duplo), o tempo para transcrever cada entrevista é de aproximadamente 3,7 horas (30 páginas por entrevista/8 páginas por hora). Uma estimativa inferior a duas transcrições por dia seria razoável para um digitador com essa produtividade se incluirmos a edição final, o uso de pseudônimos e a inserção de nomes substitutos para lugares identificáveis. Um digitador menos experiente levará muito mais tempo.

Um segundo exemplo é do *site* Slave Narratives (http://xroads.virginia.edu/~hyper/wpa). As histórias orais de mais de 2 mil pessoas que foram escravas nos Estados Unidos durante as décadas de 1850 e 1860 foram transcritas e colocadas em uma área de recursos *on-line* sem usar pseudônimos. O *site* Slave Narratives dá acesso a esses materiais. Uma história oral é um método de coleta de dados que envolve entrevistas relativamente não estruturadas, e o pesquisador geralmente se encontra com os entrevistados várias vezes e realiza um amplo trabalho de pesquisa contextual tanto antes quanto depois das entrevistas. O material da entrevista com escravos apresenta um forte dialeto oriundo tanto do tempo quanto do local das entrevistas. Coloquei três das entrevistas no programa de computador NVivo e comecei a codificar os momentos em que os ex-escravos falaram sobre seus senhores naquela época. Eles se referem principalmente ao comportamento de seus senhores pouco antes e durante a Guerra Civil. Nos próximos parágrafos, apresento um excerto de uma pesquisa de codificação no NVivo. Uma pesquisa de codificação é um modo de acessar excertos de texto que foram anteriormente codificados pelo pesquisador. O nó de codificação foi Falar Sobre Senhores de Escravos. Três entrevistas foram estudadas em pormenor. O excerto dos resultados mostrado no Quadro 7.1 contém um excerto de uma entrevista. A utilidade do NVivo é que as várias transcrições podem ser estudadas comparando o que cada escravo, como, por exemplo, Walter Calloway, falou sobre seu senhor, vendo também o modo como as transcrições foram preparadas. Nenhuma das declarações dos entrevistadores aparece aqui, porque elas se limitaram a estímulos inócuos.

No excerto, vemos que muitas palavras são pronunciadas de modo atípico, como ilustrado por apóstrofos e "erros ortográficos". O excerto ilustra a importância da transcrição literal. Se as palavras tivessem sido convertidas para o inglês corrente, elas seriam muito diferentes e teriam menos autenticidade. O conteúdo das informações é realçado pelas palavras e expressões idiomáticas que são relatadas. Por exemplo, Fountain Hughes usou a palavra "lawdy", que é uma forma abreviada de "Lord!" ou "Good Lord!" como poderia ser expresso agora. Fountain Hughes usou uma forma fortemente sulista dessa expressão. Simplesmente por sua pronúncia sabemos que esta é uma citação do extremo Sul dos Estados Unidos. Especialistas podem também discutir o modo como diferentes origens de classe social e étnicas influenciam a pronúncia. Outro exemplo de transcrição exata é "Ole Marse" (falado por Tempe Durham). Essa expressão poderia ser reescrita como "Old Master". Ela não significa "Mister", mas é uma abreviação do termo empregado pelos escravos para se referirem a seu "Master", embora essas duas palavras tenham íntima ligação. A história do título "Mr." poderia ser investigada por um pesquisador que quisesse analisar a hermenêutica ou os significados da relação senhor-escravo do ponto de vista do escravo.

Os excertos acima mostram como o NVivo pode ser usado para organizar uma comparação direta dos segmentos de narrativa entre transcrições extremamente longas. A comparação direta que criei so-

COLETA DE DADOS   **51**

☑ QUADRO 7.1

Ex-escravos falam sobre senhores*

<Internos\3.Narrativa Fountain HughesRaw> – § 4 referências codificadas [12% de cobertura]
Referência 4 – 2% de cobertura

Now, if, uh, if my master wanted sen' me, he never say, You couldn' get a horse an' ride. You walk, you know, you walk. An' you be barefooted an' col'. That didn' make no difference. You wasn' no more than a dog to some of them in them days. You wasn' treated as good as they treat dogs now. But still I didn' like to talk about it. Because it makes, makes people feel bad you know. I could say a whole lot I don' like to say. An' I won't say a whole lot more.

<Internos\3.Narrativa TempeH DurhamRaw> – § 6 referências codificadas [41% de cobertura]
Referência 6 – 8% de cobertura

Freedom is all right, but de niggers was better off befo' surrender, kaze den dey was looked after an' dey didn' get in no trouble fightin' an' killin' like dey do dese days. If a nigger cut up an' got sassy in slavery times, his Ole Marse give him a good whippin' an' he went way back an' set down an' 'haved hese'f. If he was sick, Marse an' Mistis looked after him … Maybe everybody's Marse and Mistis wuzn' good as Marse George and Mis' Betsy, but dey was de same as a mammy an' pappy to us niggers.

<Internos\3.Narrativa Walter CallowayRaw> – § 2 referências codificadas [30% de cobertura]
Referência 1 – 20% de cobertura

Marse John hab a big plantation an' lots of slaves. Dey treated us purty good, but we hab to wuk hard. Time I was ten years ole I was makin' a reg'lar han' 'hin de plow. Oh, yassuh, Marse John good 'nough to us an' we get plenty to eat, but he had a oberseer name Green Bush what sho' whup us iffen we don't do to suit him. Yassuh, he mighty rough wid us be he didn't do de whippin' hisse'f. He had a big black boy name Mose, mean as de debil an' strong as a ox, and de oberseer let him do all de whuppin'. An', man, he could sho' lay on dat rawhide lash. He whupped a nigger gal 'bout thirteen years old so hard she nearly die, an' allus atterwa'ds she hab spells of fits or somp'n. Dat make Marse John pow'ful mad, so he run dat oberseer off de place an' Mose didn' do no mo' whuppin'.

Fonte: Projeto NVivo criado por Wendy Olsen a partir do texto do *site* Slave Narratives (http://xroads.virginia.edu/~hvper/wpa). Os excertos foram encurtados. Nota: "Referência" significa uma citação codificada. "Cobertura" é a proporção do texto na referência em relação ao texto em um grupo mais amplo de fontes (ou uma entrevista ou todas as fontes para um caso). "Interno" refere-se às fontes que são mantidas no projeto do NVivo. "Marse" significa *master* (mestre).

---

bre os escravos falando sobre os senhores facilita muito o pensamento sobre semelhanças e contrastes. O NVivo ajuda a dar uma medida do quanto cada citação ocupa a transcrição de cada entrevista. Essas medidas percentuais eram corretas quando a busca foi executada, mas tornam-se imprecisas quando abrevio a citação usando reticências (...). De qualquer forma, em pesquisa qualitativa, porcentagens são apenas aproximadas e indicações prontas da prevalência do aparecimento de um nodo codificado, porque as extensões das transcrições são afetadas por muitos fatores, tais como interrupções, conversas paralelas irrelevantes e de que forma os temas da entrevista variam de um entrevistado para outro.

---

* N. do T.: As transcrições apresentadas neste exemplo não foram traduzidas porque o foco aqui é justamente tentar transmitir na linguagem escrita das transcrições as características peculiares da linguagem oral dos entrevistados, o que em tradução se perderia. Além disso, ao comentar sobre as transcrições, a autora alude a palavras específicas empregadas pelos entrevistados.

A disponibilidade de material histórico oral como as narrativas dos escravos está aumentando. Materiais muito antigos estão agora amplamente disponíveis na internet sem o preenchimento de formulários de licença. A razão disso é que é improvável que os entrevistados sejam prejudicados pelo uso contemporâneo de dados reunidos anos atrás. Os materiais de dados presentes que são guardados em "arquivos de dados" são protegidos com muito mais cuidado, quer por um sistema de pseudônimos ou por um sistema de formulários de permissão que esclarecem os termos que o usuário precisa cumprir para usar os dados. Se você está curioso para exercitar suas habilidades com transcrições, releia os excertos no Quadro 7.1 e veja se você consegue localizar as expressões idiomáticas e as metáforas usadas pelos três entrevistados. Aqui está a minha lista de tropos (isto é, figuras de linguagem) que eles usaram:

✓ comparar escravos a animais, comum nos tempos de escravatura nos Estados Unidos (ver as referências a cães e gado nesses excertos);
✓ escravos imitando as cerimônias e os rituais de seus senhores, valorizando rotineiramente o que os senhores possuem (anel, vestido e luvas brancas) – a expressão "um anel bonito" aqui significa muito mais do que ele ser fisicamente atraente.

Metáforas são um subtipo de tropos, e é possível identificar metáforas específicas examinando o texto com atenção. Expressões idiomáticas são figuras de linguagem embutidas na linguagem usual e usadas rotineiramente em diversas situações, e não apenas criadas "na hora" por um entrevistado. As expressões idiomáticas usadas aqui incluem *worth a heap*. Embora um dos sentidos de *heap* seja o de pilha, isso também poderia ser uma referência aos montes de produtos agrícolas que estavam sendo produzidos nas fazendas. Examinar com atenção a transcrição com esses títulos em mente é um bom exercício que nos obriga a estudar a narrativa pormenorizadamente. Também queremos examinar a sucessão de temas em cada texto. O estudo de narrativas inclui tanto o conteúdo como as características processuais de como um texto está estruturado.

Com um conjunto de textos como aqueles no Quadro 7.1, podemos tirar proveito da extensão e da natureza fluida da conversa para examinar os temas gerais propostos pelos diferentes entrevistados. Um tema sobre o qual poderíamos escrever é se os escravos confiavam em seus senhores. A confiança pode ser decomposta em diversas subáreas. Podia-se confiar que os senhores puniriam os escravos de uma maneira justa e consistente? Isso era percebido como justo pelo entrevistado? Banquetes eram fornecidos sempre que os escravos os desejavam? Havia confiança de que se um escravo se comportasse bem ele seria recompensado?

Uma boa análise do texto não se limitaria à estrutura narrativa ou às características linguísticas em pequena escala. Ela seria também um comentário social sobre como os senhores eram percebidos do ponto de vista dos escravos. Contudo, adentrar o ambicioso âmbito do significado de cada texto será mais fácil se atentarmos para as diminutas unidades do texto, tais como as expressões idiomáticas, antes de considerarmos o quadro geral. Não há garantia de que uma generalização, como "os escravos nos Estados Unidos nos anos 1860-1865 achavam que os senhores eram dignos de confiança", surgiria. É mais provável que um rico conjunto de afirmativas gerais contrastantes sobre os diferentes subgrupos *dentro do grupo entrevistado* fosse válido. Essas alegações de base empírica poderiam posteriormente compor uma teoria da relação senhor-escravo da época.

Um exemplo que ilustra a criação de abreviaturas únicas pode ser encontrado no *site* BASE em sua seção de entrevistas (http://www2.warwick.ac.uk/fac/soc/al/research/collect/base/interviews/ireland.doc). Eis um segmento de uma transcrição literal de uma entrevista gravada com o Dr. Stanley Ireland:

Abreviaturas: TK = Tim KELLY

HN = Hilary NESI

SI = Dr. Stanley Ireland

HN: Gostaria de começar perguntando: "Em sua opinião, para que serve um seminário?"

SI: Bem, em muitos aspectos um seminário não tem apenas uma finalidade. Eu acho que essa é uma das primeiras coisas que você tem que entender. Meio como palestras não têm uma única finalidade.

Nesse excerto, podemos ver que uma pergunta oriunda do plano de entrevista é apresentada entre aspas. O resto da conversa é registrado literalmente. Mesmo que uma sentença esteja gramaticalmente incompleta, ela é registrada palavra por palavra exatamente da forma como foi falada. Isso só é possível com gravações de áudio. Repetindo a gravação, é possível criar uma transcrição literal exata. Resumos de terceiros, como "SI disse que seminários não possuem uma finalidade única", não são adequados para futura pesquisa. Transcrições literais são exatamente isso: palavra por palavra, mesmo que o falante saia do assunto por algum tempo. A função do entrevistador em uma entrevista semiestruturada é levá-lo de volta ao tema principal ou chamar sua atenção para a próxima pergunta da entrevista. Estímulos podem ser usados para lembrá-lo do tema principal ou corrente.

O transcritor ou entrevistador pode querer acrescentar comentários na transcrição. As sugestões de sinais para comentários incluem [ ], { } ou / /. No Microsoft Word, os comentários podem ser inseridos, mas pode ser difícil removê-los posteriormente e tendem a apinhar o texto na página criando uma margem direita muito larga. Anotações são outro mecanismo especializado do Word para colocar notas sobre um texto que podem aparecer (ou não) quando o texto for impresso, dependendo das configurações de impressão. Se um projeto é iniciado usando as ferramentas de Comentários ou de Anotações, será muito difícil convertê-las de volta para .txt ou para componentes de arquivo de texto básicos como notas / / posteriormente. É por isso que os caracteres básicos que aparecem no teclado do computador podem ser preferíveis às anotações específicas do *software*. Caracteres que são úteis para notas de transcrição incluem * * (para interjeições de forasteiros desconhecidos), " " para palavras de línguas estrangeiras (aspas invertidas podem ser preferíveis a itálicos porque os itálicos podem se perder ao converter de um formato para outro), ! e ? para indicar a ênfase apresentada pelo falante e finalmente as teclas #~+&@ para representar palavrões sem detalhá-los. Sugiro evitar ( ) porque parênteses não serão fáceis de compreender. Pode parecer ambíguo se os parênteses se referem a um comentário incidental feito pelo falante ou são inserções feitas posteriormente pelo transcritor. A única exceção é (*sic*), que é uma indicação padrão que significa "exatamente assim". Sou da opinião de que [*sic*] é um modo de destacar a observação "exatamente assim". Dessa forma, fica claro que ninguém realmente disse "sic". [*sic*] seria usado se o falante cometeu um erro que queremos preservar e apontar. Em uma discussão sobre a indústria nuclear, alguém poderia dizer "Eu acho que a energia nuculear é útil". A transcrição seria:

Eu acho que a energia nuculear [*sic*] é útil.

A pronúncia incorreta agora está disponível para análise. Mais uma vez, os itálicos são opcionais, pois os colchetes são suficientes para indicar que se trata de uma inserção.

8
Codificação

Codificação refere-se à construção de uma base de dados a partir das conexões entre vários termos e itens de dados selecionados de todo o corpo de evidências. Antes de codificar, você pode ter desenvolvido um caderno de notas de campo, uma pesquisa de levantamento, um plano de entrevista, alguns cartões de nota sobre literatura relacionada e outros tipos de evidências. Talvez você possua também uma pesquisa de levantamento pequena ou grande (talvez na forma de uma pilha de questionários, todos com seus devidos números de identificação escritos, ou em forma de matriz baseada em dados de casos existentes) ou arquivos de entrevistas no formato MP3. Fazer a "codificação" significa tomar a versão baseada em computador de alguns dados e aplicar códigos a ela.

Um código é um termo sucinto que ajuda a recuperar ou acessar alguns dos dados de uma maneira altamente útil. Existem muitos tipos de códigos. Já expliquei como os dados das narrativas de escravos poderiam ser codificados (ver Cap. 7). É possível usar sistemas de codificação muito básicos e muito avançados. Na maioria dos projetos, o esquema de codificação é original. Consequentemente, existem livros inteiros para orientar o planejamento da codificação (Lewins and Silver, 2007; Gibbs, 2002; Richards and Morse, 2007). O objetivo do presente capítulo é mostrar como os planos de codificação afetam o estágio de coleta de dados. Existem pontos específicos relacionados a dados qualitativos, de estudos de caso e de pesquisas de levantamento em especial. Nada substitui um planejamento antecipado. Em primeiro lugar, se você deseja criar uma lista detalhada de todas as palavras que são usadas em seu conjunto de dados computadorizados, você pode analisar o material textual. No *software* NVivo (visite www.qsrinternational.com), por exemplo, a análise oferece uma contagem de cada palavra. As palavras no conjunto de dados poderiam ser usadas como códigos, que então serão chamadas nodos no NVivo, mas não seria eficiente ter números iguais de códigos e palavras. Em vez disso, pode-se escolher as palavras usadas com mais frequência como principais códigos. Se você estiver realizando uma análise de conteúdo, você acrescentaria a essa lista os temas que não são explicitamente citados no texto, mas que estão claramente presentes em frases ou no significado do texto. Usando métodos computadorizados, você pode automatizar a codificação do conjunto de dados fazendo buscas de frases explícitas e literais nos dados. Vários pacotes de *software* podem servir a essa finalidade, incluindo MaxQDA, ATLAS.ti, NVivo e Ethnograph. Esses pacotes diferem ligeiramente nas funções mais avançadas. O livro de Lewins e Silver (2007) ajuda a escolher que *software* usar.

A codificação de dados qualitativos deve ser feita com cuidado para que não se torne uma atividade exaustiva. É útil planejar três tipos de codificação e focar especialmente no segundo tipo como o momento de criatividade no estudo dos dados. O primeiro tipo é a codificação de recuperação, como descrita anteriormente. Os códigos são principalmente usados para podermos acessar diretamente conjuntos de textos que são extraídos precisamente, porque correspondem à palavra código. Navegar em um código clicando sobre ele nos levará a um documento conciso que reúne esses segmentos ou citações. Códigos de recuperação são úteis quando estamos em busca de citações que lembramos e queremos usar em uma peça escrita. Ao ser recuperado, o segmento do texto incluirá os detalhes de sua fonte documental.

O segundo tipo de codificação é mais interpretativo Aqui estamos montando o código para resumir o significado de uma sentença ou expressão. A análise de significados tem sido abordada de modo geral de três formas: etnograficamente, por meio de teoria fundamentada e por meio de análise do discurso. (Existem muitas variantes em cada um desses métodos.) Em minha experiência, foi fundamental escolher apenas um método de análise a fim de conduzir o método muito bem. Para a etnografia, devemos mergulhar na cena que estamos observando, e as notas de campo podem ser codificadas, porque são muito importantes. Para a teoria fundamentada, procura-se ter um método de codificação em duas etapas: primeiramente, codificar os temas básicos encontrados; e, em segundo lugar, usar codificação axial que concilie, em uma estrutura explicativa ou relacionada a processo, uma teoria que se relacione com os dados. Por exemplo, um teorista fundamentado poderia interpretar o processo de ir em direção ao divórcio. Essa não é apenas uma explicação do divórcio, mas uma interpretação de como as frases usadas se relacionam com o desfecho e como o desfecho é alcançado. Um teorista fundamentado poderia usar documentos jurídicos juntamente com entrevistas ou com outras fontes (ver também o útil livro de Scott, 1990, sobre análise documental). A codificação para teoria fundamentada poderia consistir de dois grupos de códigos: os códigos iniciais e os códigos de grupo para uma determinada teoria. É possível copiar alguns códigos iniciais para um grupo que pode ser chamado de árvore. Esses códigos selecionados tornam-se os subtítulos dessa árvore. O uso de árvores é apenas um dispositivo de agrupamento dentro do *software*. É útil que a árvore possa ser criada em uma etapa tardia na pesquisa. A árvore é semelhante a fazer uma pilha de cartões de indexação compostos de dois ou três cartões de cada uma de várias pilhas anteriores. Os nomes das pilhas anteriores são os subtítulos da árvore. Se houver menos de 20 páginas de texto, você pode não precisar de um computador para essa tarefa. Vinte páginas são cerca de 5 mil palavras. Além desse tamanho, os conteúdos de sua base de dados logo tornam-se difíceis de lembrar. A teoria fundamentada ajuda a produzir uma síntese dos resultados.

O terceiro tipo de codificação poderia ser para a análise de discurso. Aqui existem muitas opções, tais como análise crítica do discurso ou o estudo das regras internas que intrinsecamente fazem parte das práticas textuais. Em minha experiência, foi útil ter uma árvore para cada discurso importante invocado por cada falante. Em um estudo, eu tinha encontrado seis discursos sobre bancos rurais. Havia um discurso de disciplina, um discurso de prudência e quatro outros. Códigos iniciais nomeando os temas sobre os quais as pessoas conversaram, tais como disciplina, podiam ser copiados e passados para cada discurso como subtítulos. Em cada subtítulo o computador sabia dos segmentos de texto que eu tinha sublinhado no início. De modo geral, o método computadorizado cria uma base de dados complexa que é útil quando você está pronto para escrever.

O impacto retroativo dos planos de codificação na coleta de dados surge se os planos de codificação têm implicações para o modo como você monta entrevistas ou grupos de foco e como você cria as transcrições. A codificação de casos é usada se você quer relacionar múltiplos materiais para cada caso juntos. Cada caso pode ser um código. *Casing* é o processo de estabelecer um arcabouço conceitual que separa os casos e lhes dá limites flexíveis, porém claros (Ragin, 2009). Depois de fazer o *casing*, você agrupará o material sobre os casos e pode inclusive unir os materiais de discussões de grupo identificando cada falante como um caso. Em cada vez você deve sublinhar um segmento de texto (usando clicar e arrastar com o *mouse*), depois indicar a qual caso ele pertence. Na tabela de casos, que resume todos os casos e seus atributos, cada caso parece ser mutuamente excludente, mas, na verdade, o programa do computador não faz objeção ao uso múltiplo de um determinado segmento de texto. Um documento de referência poderia se relacionar a todos os casos, por exemplo, e cada foto de pequenos grupos tirada em agências bancárias poderia ser codificada para vários

casos. Ao montar o material do estudo de casos, você pode usar casos aninhados. No NVivo, você pode ter casos aninhados usando novamente a estrutura em árvore. Suponhamos que você tenha seis bancos em seu estudo. Em três desses bancos, duas agências foram abordadas. Você lista as várias agências como subcasos de bancos. Depois de entrevistar os gerentes, você codifica o material textual às agências sobre as quais eles estão falando, e não simplesmente à agência em que eles trabalham.

Até aqui mostrei que o propósito específico da etapa de codificação analítica afeta a forma como você monta os códigos de recuperação iniciais. É inclusive útil codificar os elementos do discurso, tais como metáforas e tropos, se você pretende fazer análise do discurso. Assim, é útil ser inteligente ao planejar um estudo para que ele possa ser concluído dentro de prazos razoáveis. Portanto, seu método de codificação pode ter implicações para o número de entrevistas que sejam praticáveis. Mais codificação pode implicar menos entrevistas ou entrevistas mais curtas.

Por outro lado, uma ideia central na coleta de dados em pesquisas é que a codificação torne os dados altamente eficientes e possa permitir um tamanho de amostra grande. Codificação aqui é o processo de estabelecer códigos numéricos para representar temas ou respostas. Mais uma vez, os planos para codificar os dados possuem certo efeito retroativo em como você planeja a coleta de dados (ver Cap. 28 e 30). A codificação de dados assim se aplica a uma diversidade de contextos de pesquisa – contextos qualitativos, de estudos de caso e de pesquisas de levantamento.

9
Significado

A busca de significado na vida humana ocorre tanto por meio de introspecção quanto de discussão. Às vezes refletimos de modos não muito cognitivos sobre o sentido da vida (p. ex., durante cultos religiosos). Mas encontrar significado nos "dados" e então planejar como coletar mais dados de forma a poder extrair significado deles posteriormente é uma atividade artificial e construída. Contudo, pode haver algumas conexões entre sua busca pessoal de significado e sua pesquisa sobre significados. Antes de mais nada, permitam-me estipular um significado dos significados e um contexto para que eles sejam importantes. Depois examinarei o que a hermenêutica (o estudo dos significados) tem a nos oferecer e, por fim, tratarei de como diferentes disciplinas coletam dados quando estão tentando estudar significados. Ao abordar meu assunto dessa forma, estou me recusando a concordar com a abordagem em profundidade, meramente antropológica, da imersão total. Estou, em vez disso, defendendo a coleta de dados sobre significados e permitindo que esses dados sejam o tema de adicional consideração reflexiva – ou seja, "além da experiência, podemos dedicar tempo à análise da experiência?". Em outras palavras, virar nativo não será suficiente. Temos de estar prontos para discutir o que aconteceu durante nosso contato etnográfico (ou de outro tipo). Os dados facilitam essas discussões.

Estipular um significado para "significado" é difícil. Tentativa: "os pontos essenciais que vêm à mente quando uma palavra ou expressão é proferida". Isso é o que os dicionários tentam apontar com precisão. Na busca de significado, o contexto de uma palavra ou frase é importante. O significado pode variar, dependendo do contexto. Isso implica que uma única palavra ou locução não possui necessariamente um único significado. Além disso, observe que abanar a mão, brandir o punho ou bater palmas enquanto se usa uma certa palavra ou construção de palavras também têm um significado

– o que pode mudar o sentido. E essa ideia de significados "virem à mente" – à mente de quem estamos nos referindo?

Vamos iniciar, então, com uma ideia de significado como um ponto de referência socialmente normal para um ato comunicativo. Um ato significa o que é socialmente construído por algum grupo para tomar como referência. Ele pode se referir a outro evento, a uma regra, a uma emoção, a uma pessoa ou a outro agente, a um conceito abstrato, a alguma lei matemática ou a outra afirmativa. Para mim, significados são uma questão de referência. Eles nos ajudam a nos referirmos a uma coisa nomeando-a ou fazendo alguma outra ação.

Assim, um livro ou um filme pode ter um significado geral; o significado de uma palavra pode mudar dependendo de seu emprego e de quem está ouvindo; uma resposta a uma pergunta pode significar muitas coisas de uma só vez. A extensão dos significados das palavras em um dicionário depende das restrições de número de páginas das editoras. O *Oxford English Dictionary* tem diversos volumes e apresenta os significados históricos de palavras e expressões, bem como seus significados correntes. A maioria dos vocábulos também possui uma data e um idioma de origem. Usando palavras para prover os significados das palavras, os dicionários desenvolvem uma teia ou rede de significados. Os significados contidos nas palavras muitas vezes possuem conotações negativas ou positivas, mais uma vez em determinados contextos. Essas conotações são muito sutis e podem incluir nuances de relações de poder, assim referindo-se a situações historicamente específicas cuja interpretação vai mudar com o passar das décadas.

O contexto de descobrir o que os outros querem dizer quando dizem ou escrevem coisas é sempre um contraste de culturas. A cultura deles e a nossa cultura entram em contato. Não existe apenas uma única cultura; temos muitos subgrupos, incluindo intelectuais, jovens, classes, grupos étnicos e grupos de linguagem. Às vezes, quando você tenta definir o significado de alguma coisa, é preciso dedicar tempo para descrever o grupo ou contexto ao qual você está se referindo. Talvez ao chegar perto desse grupo – inclusive ingressando nele temporariamente –, você como pesquisador se coloque em uma área fronteiriça onde você é em parte daquele grupo e em parte do seu próprio grupo. Lembre-se, também, de que os grupos se sobrepõem. O seguinte exemplo pode ajudar a ilustrar isso.

Compare os dois excertos abaixo. O primeiro (de Olsen, 2007a) encontra significado em um estudo de caso de Yasmeen, uma indiana do meio rural, por meio da interpretação dos dados em termos de uma nova teoria. Aquela teoria se baseia em outra teoria, como é explicitado no restante do artigo. Assim, em certo sentido, obrigo as respostas da entrevista de Yasmeen a interagirem com o teorista social mais velho e comigo mesma.

Estratégias são geralmente definidas como a orientação que um agente tem em relação a futuras possibilidades em que ele declara um objetivo principal e compreende que vários eventos subordinados devem ou podem ocorrer, antes daquele evento, para fazê-lo acontecer. A declaração ou proposição explícita de uma estratégia requer algum conhecimento do que faz o desfecho ocorrer, do que tal desfecho é ou *seria*, e requer uma disposição para engajar-se em ações a curto prazo que – pensamos – levarão àquele desfecho. Consequentemente, as estratégias possuem uma qualidade visionária.

Ao final da entrevista, [Yasmeen] nos contou que quer ver seus netos em bons empregos e não se importaria de sair da aldeia para unir-se a eles na cidade (*Notas de campo, WO, 2007*).

A visão de Yasmeen inclui deixar a aldeia algum dia. Mas, de modo geral, nem todo mundo pode ou fala claramente sobre toda estratégia que adota: o que comer, onde comprar comida, como ir ao trabalho e que tipo de vaca comprar. O conceito de *habitus* de Bourdieu toca na natureza habitual e socialmente normalizada de muitas práticas sociais.

O segundo extrato (Olsen and Neff, 2007) é uma discussão de nossas percepções do que Girija e Gopal, um casal da zona rural, queriam dizer quando descreveram a natureza do trabalho não remunerado que eles fazem para o senhorio.

As notas de Dan Neff após a entrevista afirmavam que quando eles arrendavam terras: "O senhorio fornece a terra, a água e eles dividem a produção meio a meio, mas o proprietário decide o que será cultivado. Eles trabalham sem remuneração para o senhorio lavando roupas, irrigando as plantações ou juntando lenha". Em outras palavras, Dan observou, esperava-se que Girija desempenhasse várias tarefas sem remuneração, como descrito por Ramachandran (1990) nos casos de Tamil Nadu.

A: Há seis anos você arrendou terras. Você fez algum trabalho não remunerado para o proprietário?

Gopal: Sim, fiz. Se fizermos esse tipo de serviço sem cobrar, eles nos arrendam as terras.

A: Que tipo de serviço? Por favor, explique.

Gopal: Visitar arrozais, ir aos campos de cana de açúcar na época da moagem durante a preparação da *jagra* (açúcar mascavo) trabalhar na fazenda do senhorio, etc.

Girija: Isso significa varrer as casas deles, lavar louça e lavar roupas. Se fizermos esse tipo de serviço eles nos arrendam a terra; se não, eles dizem que vão arrendar para outra pessoa.

Gopal: Temos que fazer esse tipo de trabalho forçado se não eles arrendam para outras pessoas. Neste caso nós paramos e fazemos outros serviços *kuulie*.

... Às vezes, os tipos de serviços descritos como trabalho não remunerado de um criado permanente são listados de uma maneira estilizada como aqui. O homem descreve as tarefas do estereótipo masculino, a mulher descreve as tarefas do estereótipo feminino. Aqui, essas não são tarefas que eles estão fazendo atualmente para seu senhorio, mas que eles faziam regularmente seis anos atrás.

Neste segundo excerto, primeiramente colocamos a citação em contexto, fornecendo alguns detalhes sobre a família (fazendo referência a outros pesquisadores, i.e. ao nosso "próprio" grupo), e depois apresentamos as citações selecionadas tanto da mulher quanto do seu marido com os estímulos do entrevistador e, por fim, também apresentamos um parágrafo interpretativo. Tentamos explicar quais obrigações existiam naquela época, pois a expressão "trabalhos forçados" geralmente parece implicar servidão de maior longo prazo ou até permanente. Contudo, no caso presente, a servidão era no passado e não existia atualmente. Para explorar mais a evolução desse tipo de relacionamento, seria necessário realizar uma segunda entrevista e tomar mais notas. Toma muito espaço explicar o significado de excertos, mesmo curtos como esses, do interior da Índia. É difícil descrever o contexto com precisão, suficientemente e de uma maneira sensível e ao mesmo tempo sem estereotipias. Foi-me um grande desafio escrever essas entrevistas das aldeias no interior da Índia. Trabalhei com uma equipe de aproximadamente nove integrantes. Alguns fizeram entrevistas na aldeia, alguns fizeram trabalho de transcrição em Telugu e depois de tradução para inglês, outros ajudaram a passar o texto em inglês para o computador, uma pessoa se dedicou a anonimizar todos os nomes, e eu fiz um pouco de tudo. Também tínhamos um fotógrafo circulando pela aldeia. Nossa base de dados inclui fotos e arquivos de gravação de som em formato MP3 para consultas quando estamos recordando o cenário da aldeia.

O ato de descrever os significados de outras pessoas faz parte da arte de ser um bom etnógrafo. Bons pesquisadores qualitativos escrevem livros inteiros explicando os significados do que eles ouvem durante entrevistas. Um exemplo é o livro de Lamont, *The Dignity of Working Men* (2000). Lamont usou entrevistas telefônicas semiestruturadas e algumas entrevistas face a face para estudar homens empregados no Nordeste dos Estados Unidos. O trabalho dela descobriu certos tipos de estereótipos raciais e étnicos que os homens usavam habitualmente. Ela alega que existe racismo lá, mas que grande parte dele não é intencional e – importante – não visa causar dano. Em vez disso, argumenta ela, os comentários de natureza racista têm como principal propósito ajudar o homem a construir uma imagem de si mesmo – uma identidade, se você preferir – como um homem sadio e moralmente honrado. Ela afirma que sem esta "outra" identidade da personalidade, seria difícil para o homem construir quem é este "Eu Bom". Foi preciso um livro inteiro para explicar um conjunto de entrevistas.

Proveitoso para nós como candidatos a pesquisadores, Lamont também descreve seu método de entrevista e seus métodos de amostragem em um pequeno apêndice. Embora o contexto seja diferente de meus excertos da Índia, as questões de manejo de dados são as mesmas. Existe a tomada de notas; os dados sobre o contexto sociodemográfico; o processo de anonimização; o trabalho em equipe envolvido – e depois transcrição, análise, interpretação e redação. Lamont também teve de estudar a história e a composição social de seus estados selecionados antes de poder escrever seu livro. Para nós, como leitores, é uma excelente introdução à socioeconomia e à cultura de uma parte dos Estados Unidos.

Até aqui, estipulei o significado da palavra "significado" e dei três exemplos de como os pesquisadores explicam significados. O estudo do significado é também chamado de "hermenêutica". A hermenêutica reconhece que o significado pretendido pelo autor de um texto pode não ser aquele compreendido por um determinado público. Uma exegese[*] da Bíblia ou do Alcorão seriam exemplos-chave. Rastrear o autor e o tradutor faz parte do trabalho de decifrar os significados originais. A imersão em uma sociedade antiga por meio de documentos históricos ou da história oral é útil como forma de compreender os significados pretendidos. Todos os textos podem vir a ser contestados. A contestação é uma parte importante do que os especialistas em hermenêutica (os intérpretes) fazem. Em hermenêutica, distingue-se o significado ético do significado êmico[**] de alguma coisa. A abordagem ética consiste em assumir a visão de alguém de fora e explicar o significado de alguma coisa para outras pessoas de fora. Isso é muito difícil. Afinal de contas, essa abordagem pode não ser precisa se simplesmente continuarmos sendo de fora. Por outro lado, a abordagem êmica consiste em adentrar uma cultura ou um grupo e "saber" sobre significados dos termos fazendo, sendo, descansando, conversando e interagindo com aquele grupo. Viramos nativos.

Mas isso também tem seus problemas. Pode ser difícil transmitir nosso conhecimento para forasteiros. O conhecimento pode tornar-se tácito,[*] podemos aprender segredos – que podem estar em um novo idioma. O ato da tradução é um ato de ligar significados êmicos (de pessoas de dentro) a significados éticos (de pessoas de fora). A tradução com frequência também é contestável. A hermenêutica é a bagunça da comunicação humana sobre a sociedade humana.

Uma famosa teoria da hermenêutica, conhecida como "círculo hermenêutico", criou uma dúvida fundamental sobre a validade dos significados que você explica a partir de um dado ato comunicativo. O círculo hermenêutico se inicia com você interpretando o outro. Você acha que sabe o que eles querem dizer. Você os ouve ou os vê, você faz algo cognitivo em sua mente, você fala. Entretanto, o passo cognitivo é amortecido, moldado, aromatizado e fortemente condimentado por sua própria experiência pessoal. Essa experiência é altamente social, assim como o é sua socialização. As associações anteriores de uma palavra fazem parte do que você responde quando você a ouve. Você pode interpretar mal o outro por interpretá-lo em seus próprios termos. Observe as conexões que são criadas na Figura 9.1. Podemos apresentar isso de uma forma circular reconhecendo que tanto falante quanto ouvinte estão realmente fazendo referência ao que consideram significados normais. Mas o que sei sobre o que eles es-

---

[*] N. de R.T.: Interpretação crítica de um texto religioso.
[**] N. de R.T.: Termo associado aos valores próprios ou internos de um grupo social.

---

[*] N. de R.T.: Conhecimento tácito é aquele que não está registrado, que é acumulado por experiência própria.

tão se referindo pode ser limitado demais. Portanto, minha interpretação do seu significado tende a ser falsa comparada com seu real significado. A Figura 9.2 ilustra.

Na antropologia, houve uma vez uma tentativa de obter conhecimento válido (supostamente verdadeiro) sobre outros em lugares que hoje são conhecidos como países pós-coloniais. Mas, em décadas recentes, a antropologia tornou-se muito mais respeitosa ao reconhecimento ponderado que todos devem dar ao conhecimento dos outros. Os "Outros" não são apenas indígenas em reservas tribais em florestas ou em outros lugares não urbanos. Os "Outros" estão em nosso própria casa quando entendemos mal as pessoas. Os adolescentes, por exemplo. O mistério do que um chefe quer dizer quando franze a testa ou sorri nos acompanha diariamente. Significados são um mistério. Explicá-los é um ato de intervenção social. Criamos a base para a sociedade do amanhã por meio de nossas interpretações hoje.

Na administração e nas ciências da saúde, na sociologia e na psicologia, as tentativas de alcançar uma interpretação válida dos significados têm dependido fortemente de dispormos de bons dados. A teoria fundamentada, a análise do discurso e outras escolas de pesquisa interpretativa requerem a capacidade de recordar, rever, discutir e reanalisar os dados qualitativos. A experiência é importante, mas a discussão e reflexão também. A teoria fundamentada, em especial, valoriza a obtenção de uma transcrição detalhada. Algumas pessoas inclusive empreendem análises do conteúdo

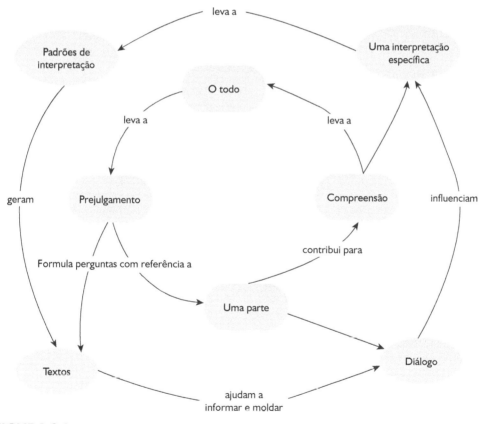

FIGURA 9.1

O círculo hermenêutico: significados no diálogo com agente (adaptado de Danermark et al., 2002, p. 160).

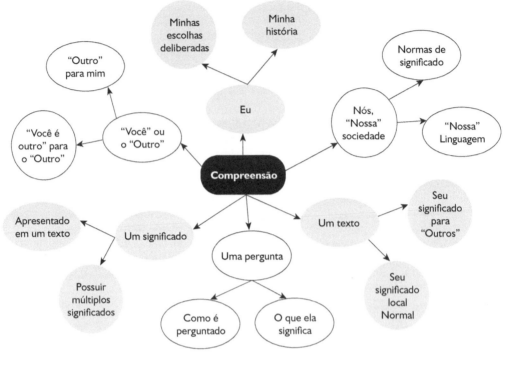

FIGURA 9.2

Os elementos complexos da compreensão. *Nota:* Os círculos indicam unidades conhecidas ou itens de significado que podem ser conhecidos. As setas indicam algumas das muitas inter-relações que existem.

para contar o número de vezes que diferentes temas aparecem em um trabalho. Todas essas subescolas de pesquisa social diferem da antropologia. Elas procuram tornar o estudo dos significados mais "científico". Tenho argumentado que o próprio círculo hermenêutico torna difícil interpretar a pesquisa "científica" como impessoal ou fora de um contexto social. Tampouco a hermenêutica pode ser factual. A hermenêutica é uma busca pelo significado sem ter um único significado constante simples ao qual se possa fazer referência. Como o cientista cujo instrumento perturba o átomo que ele está tentando estudar, o pesquisador hermenêutico tem de fazer o significado. Mas eles fazem algo novo que não é nem êmico nem ético – nem o que pessoas de dentro ou de fora quiserem realmente dizer – quando tentam uma interpretação.

A natureza comunicativa do conhecimento é amplamente aceita na antropologia de hoje. Na verdade, na maioria das ciências sociais, o pesquisador é aconselhado a ser reflexivo em seu trabalho de descobrir significados. Sua reflexividade é a própria antítese da "ciência objetiva" ou da abordagem empirista factual. Não falamos mais sobre vieses, pois estudar suas próprias predileções faz parte de um bom método científico. Assim, no excerto de Olsen (2007a), tive de explicar por que estava tão preocupada em usar um contexto teórico bourdieuviano[*] para explicar o que as pes-

---

[*] N. de R.T.: Relativo à teoria do sociólogo francês Pierre Bordieu.

soas no contexto indiano quiseram dizer. Se essa foi uma boa estratégia de pesquisa está nos olhos de quem vê. Para um empirista, ela poderia ser considerada tendenciosa. Para um teorista fundamentado, poderia haver excessiva teoria apriorística; alguns defendem a indução pura. Mas para mim ela estava certa. A teoria foi transposta, mas não imposta sobre a nova situação com que deparamos.

Desenvolvendo meu tema, cheguei a um certo tipo de conhecimento: que bons dados qualitativos nos ajudam a desenvolver. Esse conhecimento é pessoal mas também social; reflexivo mas também emocional e às vezes visceral. Ele é cuidadosamente construído mas ainda socialmente construído. Ele é contextualizado em um contexto triplo: nós, o(s) público(s) e o outro. Reunimos esses três contextos tanto duran-te as etapas de pesquisa quanto de elaboração do texto. Os dados são o artefato crítico que media esse processo. Normalmente os dados são passivos, mas os entrevistados são muito ativos. A maioria dos etnógrafos hoje recomenda rever os entrevistados para assegurar que se trave um diálogo sobre os significados que você está atribuindo aos agentes. Não obstante, as pessoas não têm que concordar com você. Eu muitas vezes discordo dos meus entrevistados na interpretação de suas palavras! Por exemplo, pensava que as pessoas eram exploradas pelos agiotas mesmo depois de elas me contarem que o credor era uma figura endeusada caridosa para eles. Não podemos reduzir o mundo a um único ponto de vista quando estamos fazendo pesquisa qualitativa. Portanto, significados contestados são uma situação normal, boa e saudável.

10
Interpretação

Depois de obter alguns dados brutos ou outras evidências qualitativas, você está pronto para interpretar os dados. O ato de interpretação pode, em certa medida, ser planejado. Portanto, o modo como você espera interpretar os dados vai influenciar como você os coleta. Neste capítulo, explicarei como funciona a interpretação primeiramente discutindo a hermenêutica – o estudo do significado – pela consideração de algum material de entrevista como exemplo. Depois passarei para duas áreas práticas: como a análise de conteúdo geralmente é feita e como os analistas de discursos interpretariam dados qualitativos. Em todos os três casos, o pesquisador pode retornar ao campo, buscar outras fontes, discutir seu conhecimento nascente, talvez fazer codificação computadorizada e aprimorar de modo geral o conjunto de dados antes de chegar à conclusão do projeto. Assim, o que se faz não é simplesmente coletar dados, interpretá-los e concluir. A partir de atos de interpretação, retornamos de tempos em tempos à coleta de dados, de acordo com a conveniência.

Antes de definir a hermenêutica, é útil tentar definir a "interpretação" em si. Interpretar não significa simplesmente descrever o que as pessoas disseram. Se a pesquisa apenas reproduzisse suas fontes, haveria pouco ou nenhum valor acrescentado. Neste caso, não haveria essa coisa de conhecimento sociológico ou conhecimento científico. O especialista ou pesquisador social sofisticado pode sondar os dados de modos que levem a novas conclusões, a novos resultados de pesquisa ou a propostas de política. O *insight* é um componente importante do ato de interpretação. Ele surge em parte da obtenção de uma visão global de perspectivas e pontos de vista conflitantes e em parte da leitura de história e comparação de descrições leigas com descrições oficiais ou com a teoria social. Existe também um sutil senso do significado conotativo[*] subjacente de expressões que você desenvolve no campo. Interpretar é representar alguma coisa de um modo que comunique um novo significado. A interpretação da arte pode ser um modelo para interpretar dados sociais. Em diversos aspectos, a interpretação é um modo complexo e sutil de processar seus dados. A "mera descrição" não é suficiente para resultados de pesquisa (ver Cap. 2).

Já discuti a hermenêutica no capítulo sobre **significado** (Cap. 9), em que salientei que existe um significado interno em cada ato comunicativo, mas que pessoas de fora podem *entender seu significado* de uma maneira diferente de acordo com seus antecedentes. A ideia de um significado socialmente normal ou combinado é altamente contestada na ciência social nos dias de hoje. Por causa de todas as diferenças de circunstâncias sociais nas sociedades complexas, os seres humanos são muito diferenciados. Além disso, nossas expectativas de vida jamais foram tão longas. Portanto, agora temos uma chance de mudar a nós mesmos consideravelmente depois de considerar com muito cuidado que tipo de pessoas queremos ser. Consequentemente, o próprio conceito de um significado "normal" pode ser contestado sob a alegação de que sua aplicabilidade poderia ser extremamente estreita. Eis um par de exemplos sucintos.

Será que mãe e filho interpretariam a palavra "perigo" da mesma forma? Dois adultos concordariam sobre o significado da palavra "casamento"? Posteriormente usarei o exemplo da pobreza para mostrar três construções sociais diferentes, profundamente divergentes, de uma palavra comum. A ideia de resolver o problema hermenêutico simplesmente fazendo referência a um objeto externo com frequência não o resolve (ver Caps. 3 e 37).

---

[*] N. de R.T.: Uso de palavras com sentido diferente do usual. P. ex.: "no calor da hora".

Tomemos novamente o exemplo da mãe e do filho. Vamos supor que a palavra em questão fosse "papai". Eles teriam o mesmo ponto de referência, portanto, o mesmo significado para a palavra? Talvez. Mas e o papai da mãe? E o que dizer de situações como uma maternidade, onde muitos papais estão presentes ao mesmo tempo? E se o papai não estiver presente, as imagens evocadas pela palavra "papai" na criança com certeza não serão as mesmas que as evocadas pela palavra "papai" na mãe. Essas imagens são importantes. Elas não são o mesmo que um objeto de referência. A riqueza das imagens, como você pode imaginar, faz algumas pessoas duvidarem de que existe realmente um objeto de referência quando usamos a linguagem para nos "referirmos" às coisas.

Você pode estar pensando não em "papai" no sentido de um determinado homem, mas "o pai" como uma imagem arquetípica ou estereótipo da masculinidade adulta. Neste caso, seria possível novamente argumentar que existe um ponto de referência normal ao qual "o pai" se refere. Esse ponto de referência ou norma é específico a uma localidade, a um período de tempo, como, por exemplo, uma década, e a grupos sociais menores, tais como um agrupamento religioso ou um subgrupo cultural. O fato de que imagens icônicas ou significados da expressão "o pai" são diversos não quer dizer que não exista um ponto de referência. Significa que não podemos ser simplistas sobre avaliar a que a expressão "o pai" se refere. Assim, na prática, quando uma mulher diz alguma coisa sobre "papai", ela pode fazer referência a um determinado homem ou a uma concepção, e ambos podem ser reais, muito embora apenas um deles (o homem) seja material. O impacto de haver uma concepção de "pais" em uma sociedade é tão real quanto o impacto de haver um determinado homem em uma sociedade. Na verdade, uma prova rápida de que coisas imateriais podem ser reais ainda que elas não sejam objetos físicos é observar que se um homem morre, e ele é pai, a palavra "papai" ainda se refere a "ele". Essa referência à nossa ideia "dele" é um ponto de referência real (mas não físico). A interpretação da palavra "papai" precisaria levar em consideração todas essas possibilidades.

É uma questão na filosofia se existe um objeto ao qual fazer referência. De modo geral, os "realistas" poderiam sugerir que existe (mas ainda não quer dizer que a palavra "papai" tem um único significado normal em seu contexto); os idealistas poderiam sugerir que não existe; e algumas outras escolas de pensamento são agnósticas[*] sobre essa questão. As posições construtivistas às vezes são confusas. (Aqui não há espaço para abordar essas posições, veja o texto de Sayer, 2000, para uma discussão.) A posição idealista é interessante. Um idealista poderia dizer que, de qualquer forma, só estamos lidando com palavras e imagens. Não podemos provar que estamos lidando com outra coisa. Eles afirmam que ninguém pode provar a ligação entre uma expressão e seu(s) ponto(s) de referência. Infelizmente, uma abordagem assim pode rapidamente levar a diferentes tipos de relativismo e a uma certa relutância em responsabilizar-se por quaisquer alegações verdadeiras ou alegações de veracidade. Poderíamos chamar isso de niilismo[**] sobre o conhecimento. Pode não ser educado dizer a uma pessoa que ela é niilista em relação ao conhecimento – ela simplesmente não aceita que possa existir algo como conhecimento verdadeiro. Para ela, só existem "alegações". Alguns pós-modernistas assumem essa posição geral em que a validade não tem fundamento. Mas às vezes é verdade que a metodologia de uma pessoa – sendo talvez pós-moderna ou baseada em ideias ou demasiado circular em seu raciocínio – as leva a não acre-

ditar realmente em nada. Isso é perigoso para o estudo do significado. A hermenêutica não precisa levar a esse lamaçal. Existem duas saídas e numerosos procedimentos (como análise do conteúdo e análise do discurso) para realizar pesquisa usando estas vias (ver Caps. 6 e 7 para exemplos de interpretação).

É possível se argumentar que alegações podem ser testadas e, caso não sejam refutadas, podem ser deixadas de lado por um tempo até serem novamente questionadas. Esse é o ponto de vista popperiano que está bem estabelecido nos Estados Unidos e em algumas comunidades de ciências sociais de outros países; ver Popper (1963) ou Fuller (2003) para um resumo. Lamont (2005) analisou as diferentes culturas das ciências sociais dos Estados Unidos, da França e do Reino Unido. Seu trabalho estudou padrões de revisão de pares[*] para descobrir o que era diferente em relação às normas de trabalhos publicados geralmente aceitas. Nos Estados Unidos, fatos são valorizados e colegas ajudam a reconhecer verdades por meio de refutação (Lamont, 2005). Na França, a teoria é muito mais valorizada, e o conhecimento concretamente fundamentado sobre uma localidade ou um grupo de pessoas usando métodos qualitativos é altamente respeitado (Lamont, 2005). O Reino Unido tem uma mistura dessas duas posições: um cisma entre pesquisa qualitativa e quantitativa se reflete nas diversas "Diretrizes de Treinamento do Conselho de Pesquisa Econômica e Social", publicadas para estudantes de pós-graduação (Economic and Social Research Council, 2005). Os métodos de pesquisa respeitados variam consideravelmente da antropologia para a economia ou psicologia, e esse documento apenas relaciona as diferentes áreas de conhecimento específicas das disciplinas de que os pesquisadores necessitam. Não há tentativa de conciliá-las. A Tabela 10.1 faz um resumo por comodidade.

---

[*] N. de R.T.: A palavra *agnósticas*, aqui, é usada no sentido lato do termo grego que significa não ter conhecimento sobre ou desconhecer uma questão.

[**] N. de R.T.: Do latim *nihil* (nodo). Postura filosófica que não atribui significados sociais, religiosos ou políticos aos objetos de conhecimento. Nega finalidades e explicação verificável aos objetos.

---

[*] N. de R.T.: Revisão por pares é o processo de julgamento de trabalhos e projetos de pesquisa realizado no meio acadêmico.

TABELA 10.1

Três perspectivas sobre realizar interpretações de maneira válida

Polo de testagem de extremos	Uma posição intermediária	Polo de múltiplos pontos de vista do pós-estruturalismo
Exige evidências; possui normas de procedimento para evidências	Aceita epistemologicamente a necessidade de reconhecer diferentes perspectivas, pontos de vista, discursos e modos de interpretar as coisas	Vê evidências como socialmente construídas
Necessita de concordância objetiva quanto a testes adequados	Possui padrões éticos para a prática da pesquisa	Não espera concordância quanto à adequação de testes ou quanto à interpretação
Executa teste	Aceita que o naturalismo só pode ser influenciado pelo envolvimento corporificado real pessoal; vê pesquisadores como agentes	Evita testes, procura alcançar "naturalismo" – uma verdadeira representação sem muito envolvimento do observador
Está preparada para rejeitar alegações se elas forem refutadas	Cria novo significado por meio de práticas de disseminação de pesquisa bem como por meio dos próprios atos de pesquisa	Cria significado por meio de novos textos
[Pode realmente ter alguns pressupostos que nunca são questionados]	[Pode realmente ter alguns pressupostos que nunca são questionados]	[Pode realmente ter alguns pressupostos que nunca são questionados]

Fontes: Para a coluna 1 pode-se dar uma olhada na análise de conteúdo em Bauer e Gaskell (2000). A coluna 2 é apoiada por Blaikie (2003) e Sayer (2000). A coluna 3 é ilustrada por Stanley e Wise (1993) ou por Hammersley e Gomm (1997). Pode ser confuso aprofundar-se nesta literatura. Por exemplo, a certa altura Hammersley e Gomm (1997) parecem mesclar os significados de "realismo" e "naturalismo". O realismo refere-se a ter um ponto de referência para o conhecimento sobre o mundo, ao passo que o naturalismo se refere a tentar estudar o mundo como ele realmente é, sem o influenciar; ver Potter (1999).

Neste livro, estou argumentando que elas podem ser conciliadas por meio de realismo, contanto que o realismo seja cuidadosamente expresso respeitando os diferentes pontos de vista, a ética e as causas históricas da diferença. Isso leva à minha segunda solução para o problema do "niilismo do conhecimento" na hermenêutica. Se você está procurando significado, faça alguma coisa. Ou seja, converta a busca por significado absoluto – insensível a lugar e tempo – e torne-a mais condicionada em que você responde às necessidades de seu público, a considerações heurísticas, ao que é possível em um dado limite de tempo e ao que você realmente se sente confiante para conhecer. Às vezes nesse método, que, de modo geral, serve mais como um método prático do que como uma abordagem perfeccionista do conhecimento e é mais objetivista do que subjetivista, mas não deixa de reconhecer a subjetividade do pesquisador, os resultados parecerão claros para você à medida que eles emergirem (repentinamente, inesperadamente ou surpreendentemente, talvez) de seu subconsciente para sua consciência. Discussões com outras pessoas podem incitar uma mudança em sua perspectiva. Atente para essas mudanças porque elas são significativas; elas refletem um movimento de uma perspectiva desconhecedora para outra mais conhecedora do significado do que você tem estudado. Ver também Flyvbjerg (2001) e Charmaz (2006).

Um exemplo ajudará especificamente com respeito à questão de interpretar material de entrevistas. Com o apoio do ministério de ajuda do governo do Reino Unido e de colegas na University of Manchester, organizei uma pesquisa de campo em duas vilas no planalto do Sri Lanka, perto de Colombo. Do componente de entrevistas, os dois excertos a seguir foram traduzidos e transcritos. Discutirei seus significados e como procedi para interpretá-los. (Uma discussão completa pode ser encontrada em Olsen, 2006.)

No primeiro excerto (Olsen, 2006, p. 122–123), um cingalês budista, incapaz de tomar um empréstimo no banco, é entrevistado:

[Outro] entrevistado expressou o discurso da disciplina como exibido abaixo. Trata-se de um cingalês budista que trabalha como auxiliar de cantaria. Seus familiares eram anteriormente agricultores, mas perderam suas terras:

Entrevistado: Se eu tirar um empréstimo do lugar onde eu trabalho, eles o deduzirão do meu salário. Por isso não tiramos empréstimos. ... quando eu fico sem trabalho por três ou quatro dias, eu fico com pouco dinheiro. Daí nós pegamos mercadorias a crédito. Assim que eu recebo eu pago até o último centavo. ... eles (os donos do armazém) me dão [vendem fiado]. Eu não devo a ninguém. Por isso eles me dão a qualquer momento. Eu tenho medo de continuar fazendo empréstimos sem pagar. Se pegamos muito, depois é difícil pagar. Portanto, estamos acostumados a viver de acordo com nossa renda. Quando vamos em algum lugar, se nos perguntam sobre o dinheiro nos sentimos envergonhados e culpados.

O segundo excerto (Olsen, 2006, p. 121–122) se inicia com uma mulher cingalesa budista da classe trabalhadora, casada, com cinco filhos, que desenha flores decorativas e costura roupas:

A dignidade de economizar:

[Outro] entrevistado usou o discurso de autodisciplina para descrever as economias regulares no sistema de Samurdhi (benefício de assistência social). Consequentemente, o senso de disciplina que surge da interpretação de documentos e cadernetas bancárias (ver a seguir) também reverbera na linguagem usada nas entrevistas:

Nishara Fernando: Certo, quando você precisa de dinheiro, como você consegue? Pede emprestado para alguém? Ou de suas relações? Se não, você o obtém por empréstimo?

Entrevistado: Eu tomo emprestado de minhas relações.

NF: Você gosta muito de tomar empréstimos de suas relações. Correto?

Entrevistado: Sim.

NF: Normalmente você devolve o dinheiro no prazo estipulado?

Entrevistado: Sim, sem dúvida. Estas pessoas dependem de nós e dão dinheiro. É nossa obrigação saldar a dívida na hora correta.

Um entrevistado do sexo masculino disse:

Entrevistado: Eu devo em torno de 2 mil ao meu tio. Mas não há problema quanto a isso, pois ele não vai me forçar a pagar a dívida. Às vezes ele me pergunta se eu tenho dinheiro. Isso também não é nada sério. Já com o banco é um pouco diferente. Se atrasamos o pagamento em um mês ou dois, eles toleram. Mas no terceiro mês eles pedem para pagar tudo.

NF: Até com os juros, não?

Entrevistado: Sim. Tudo, inclusive os juros. Por isso eu trabalho muito para ganhar mais dinheiro ou eu faço um empréstimo com alguma outra pessoa e pago a dívida assim que possível. Às vezes pode estar faltando comida para minha esposa e meus filhos, não importa! Eu pago o empréstimo logo...

Interpretei o segundo excerto de duas maneiras. Em primeiro lugar, havia a questão de que o entrevistador, que trabalhava no idioma cingalês e era budista como o entrevistado, tinha se envolvido para fazer significado e estava evidentemente influenciando as declarações do entrevistado. A entrevista tinha problemas de "perguntas indutivas". Se você pertence ao grupo de refutação de hipóteses, você poderia dizer que a entrevista foi, portanto, malfeita e que as respostas não devem ser moldadas pelos entrevistadores dessa forma. Em minha opinião, o entrevistador não pode ser simplesmente como uma garrafa de vidro por meio da qual podemos olhar para obter uma imagem fiel do entrevistado. A situação era a seguinte: Wendy está sentada tranquilamente, uma mulher branca estrangeira conduzindo um grupo de seis pesquisadores. Alguns estão fora aplicando questionários na comunidade. Alguns já visitaram o local. Nishara Fernando está com o programa de entrevista fazendo perguntas com palavras que interpreta das perguntas escritas. Ele interpreta as coisas livremente e ajuda a entrevistada a se acostumar com a entrevista. Sua cabana possui um telhado de palha, com o jardim de bananas e pimentas no lado de fora, o chão é de esterco e lama seca e as paredes são feitas de tijolos caseiros. Ela se sente envergonhada com a situação como um todo. Como podemos não admitir que estamos moldando as respostas dadas? Como poderíamos imaginar que somos entrevistadores neutros para uma entrevista semiestruturada nessa situação? Podem ocorrer algumas situações onde é possível ser mais neutro. Gravações em MP3 de vozes populares em grandes concentrações de pessoas em celebrações poderia ser um exemplo. Não tenho dúvida de que Nishara estava influenciando os entrevistados. A influência específica era de incentivá-los a expressar aspectos de sua dignidade, e especificamente se eles pudessem mencionar economias ou pagamento integral de dívidas, isso era elogiado ou sutilmente visto como positivo.

Se você pertence à escola de pensamento realista, é possível que os discursos dominantes sejam reais, mas para descobrir sobre eles, é preciso fazer pesquisa. Na pesquisa em aldeias do Sri Lanka descrita aqui, um claro conjunto de discursos dominantes apareceu, e a resistência a eles foi abafada. Um dos discursos era um discurso de prudência, em que o falante valorizava a economia; outro era um discurso neoliberal sobre bancos em livres mercados serem uma atividade comercial (não um serviço público). Esses discursos possuem regras e normas internas, que eu planejara estudar. Contudo, ao iniciar as entrevistas, não sabia quais regras ou quais discursos seriam encontrados.

No estudo de instituições sociais, a palavra "regras" com frequência implica normas contestadas ou contestáveis, que estão sujeitas à mudança. A monografia de Risseeuw (1991) sobre gênero no Sri Lanka estabelece claramente o terreno comum entre Bourdieu e Foucault dentro do qual as "regras" do discurso são maleáveis, ou seja, sujeitas a mudanças. Essas regras, que Bourdieu chamava de "doxa", traduzida livremente como leis, estão sujeitas à investigação empírica. Além de entrevistas, o estudo de imagens gráficas, anúncios, documentos jurídicos, formulários de requerimentos e outros documentos – como relatórios bancários anuais – também pode revelar os discursos dominantes. É ainda mais difícil descobrir discursos resistentes, raros ou minoritários. É preciso fazer um esforço para gerar textos que não estejam poluídos pelo que é considerado "normal" na sociedade mais ampla. Examinar os discursos de indivíduos marginalizados pode exigir um delineamento de pesquisa que reconheça a sensibilidade das pessoas naquele contexto. A própria abordagem do discurso de Foucault (1977, 1980) evoluiu de uma fase descritiva, datando aproximadamente de 1970-1972, e chegou a um estágio de interpretação crítica dos discursos contestados. As relações de poder em torno dos discursos contestados gradualmente vieram à baila em seu trabalho. A maioria da atual análise do discurso está direta ou indiretamente fundada no trabalho de Foucault. (Seu trabalho, por sua vez, se assenta nas bases estabelecidas por Boudon e por outros autores franceses e europeus e em alguns textos básicos.) Ao estudar o discurso neoliberal e os fatores sociais subjacentes a uma tendência à liberalização, é importante se dar conta de que os discursos dominantes são contestados. Isso ajuda o pesquisador a não ser preconceituoso mesmo que alguns entrevistados sejam bitolados ou, o que equivale a isso, estejam acostumados a seguir seus próprios hábitos, que obviamente lhes parecem normais e corretos.

De todos os métodos de pesquisa social, a análise de discurso é uma que tende fortemente a sensibilizar o pesquisador para violações da "normalidade" e para importantes divisões sociais. Existem outros métodos menos sensíveis, cujos usuários com frequência são muito mais inclinados a alcançar generalização em toda uma sociedade ou conjunto completo de textos. Por exemplo, a análise do conteúdo tende a ser bastante descritiva e fazer declarações gerais em vez de dividir os textos em subgrupos ou tratar da contestação. A análise de conteúdo (ver o capítulo de Bauer e Gaskell em Bauer and Gaskell, eds., 2000) mensura a frequência de temas em um dado conjunto de textos. Existe uma forte concentração metódica na questão de selecionar (ou amostrar) textos. Depois disso, a codificação prossegue de forma metódica e sistemática. A frequência do aparecimento de cada tema, que pode mudar ao longo do tempo ou variar entre diferentes gêneros de publicação, é descrita como os resultados da pesquisa. A análise de conteúdo geralmente é muito sistemática e pode usar textos publicados ou documentos – também em forma publicada – como suas fontes de dados. O uso da análise do conteúdo com dados de entrevistas é enfraquecido pelo modo semiestruturado relativamente arbitrário com que o tempo é usado em diferentes tópicos. A interpretação de padrões na análise de conteúdo se baseia nos temas, nos tópicos e nas expressões usadas nos textos. Consequentemente, ela é quase uma forma de teoria fundamentada, porém difere consideravelmente da escola de interpretação da teoria fundamentada (Charmaz, 2006).

Uma ilustração de uma análise do discurso é apresentada na Tabela 10.2. Nesse estudo, examinei uma diversidade de textos documentários sobre desenvolvimento e pobreza. Encontrei um padrão sugerindo que três principais discursos estavam presentes, e que se um estivesse presente em um texto os outros dois estariam abafados naquele texto. Os três eram, portanto, quase mutuamente excludentes nos textos publicados que examinei. (Entretanto, para aquele estudo, não usei um processo de seleção sistemático para obter os textos. Assim, se o mesmo estudo fosse feito usando análise de conteúdo, os resultados poderiam ser diferentes.) A Tabela 10.2 mostra na primeira coluna os tipos de elementos do discurso que eu estava procurando. Nessa coluna, algumas suposições *a priori* são reveladas. Presumo que discursos possuem suposições embutidas. Essas suposições são de diversos tipos, e na prática o modo como a coluna 1 foi desenvolvida tinha de responder ao material que eu tinha neste estudo. Assim, "suposições sobre a realização humana" era um título importante, o qual, contudo, não podia ser generalizado para outros estudos. Os três discursos diferiam em como se presume que os seres humanos realizem suas possibilidades, como as pessoas se desenvolvem na sociedade. Esse é um resultado importante, pois ele não surge da teoria, e sim dos dados empíricos. Por exemplo, anúncios da Oxfam foram usados como dados para o projeto.

Neste capítulo, discuti a interpretação e alguns dos métodos específicos de interpretação. Argumentei que o planejamento de um projeto inclui planejar a etapa de análise, assim apresentei exemplos sucintos de interpretação e de análise do discurso como uma forma de interpretação bem estruturada, porém empiricamente indutiva. Houve um forte contraste entre a contestação de um discurso, pressuposta por aqueles que seguem Foucault ou são pós-estruturalistas e realistas, e o método de análise do conteúdo. Mostrei que existem extremos de metodologia, mas que é mais sábio situar-se em algum ponto intermediário entre suposições extremas.

✓ TABELA 10.2

Componentes do discurso para três discursos da pobreza típicos

	Discurso da caridade	Discurso da inclusão social	Discurso da economia da pobreza
Agentes da tecnologização	Organizações não governamentais	Estado e sociedade civil	Economistas, empresários
Agentes	Doadores, pessoas carentes, órfãos, refugiados (quanto mais oprimido melhor)	Eleitores, cidadãos	Empresas, trabalhadores, empresários
Suposições sobre estrutura	A relação pobre/rico é que cria uma demanda de que os ricos doem para os pobres	Forte consciência de classe; forte consciência de divisões étnicas, de gênero e outras	Nenhuma, pois atomística. A cada papel de classe as pessoas podem escolher aderir caso queiram (p. ex., por meio de *Dragon's Den*)
Suposições sobre realização humana	Restrita para os pobres; realçada pela doação bondosa e altruísta de dinheiro para os não pobres	Atrofia e privação são efeitos mensuráveis da exclusão social	O dinheiro é um meio para a felicidade humana, importante para medir os ganhos monetários
Papel dos estados	O Estado não é suficiente	O Estado é um ator importante	O papel do Estado varia
Papel das NU	Supõe que as NU falham	NU e UE podem ser importantes no estabelecimento de estruturas combinadas de direitos individuais	O papel das NU varia
Mitos	"Dar ajuda"	"Desenvolvimento humano" importa	"A mão invisível" do mercado
Tropos*	Cada pedacinho ajuda	Baixo nível de desenvolvimento, "retrocesso"	Investir em capital humano
Símbolos	Logotipo do Cafe Direct	Bandeiras do país	Logotipos de dinheiro em cédulas
Verbos típicos	Contribuir	Participar, voz	Ganhar, criar riqueza

Fonte: Olsen (2010b).

*Um tropo é um jogo de palavras. Entretanto, em sociologia, a palavra "tropo" tem sido usada para referir jogos de palavras performativamente eficazes. Ou seja, dizendo alguma coisa o falante também realiza alguma coisa.

Se você sabe que pretende fazer análise do conteúdo ou análise do discurso, isso influenciará os tipos de dados que você coleta e que quantidade de dados de diferentes tipos você vai precisar. Esses métodos de pesquisa não podem ambos ser facilmente aplicados satisfatoriamente ao mesmo conjunto de dados. Os métodos são extremos opostos em termos de seus pressupostos, talvez na prática até situando-se nos extremos esquerdo e direito da Tabela 10.1. Seja resoluto. Procure ajuda com seu método; ou para descobrir o significado social usual para análise do conteúdo, de modo que sua interpretação seja aceitável para seus públicos-alvo ou reais; ou para descobrir sobre mitos, tropos e símbolos em seu contexto original – não em sua própria mente, que é um novo elemento no cenário – ajudando os entrevistados a aprofundarem-se na explicação do que as coisas significam para eles e como eles as interpretariam. Para a análise do discurso, necessita-se quase de evidências sobre evidências, especialmente se a comunidade leiga sendo pesquisada tem uma gama de regras sobre significados que difere muito de nossos próprios pontos de partida. A análise do conteúdo é com mais frequência aplicada a documentos públicos publicados; e a análise do discurso, à conversa privada e a outros atos comunicativos entre grupos especializados, pois esses métodos são por sua natureza melhor adequados para estas duas respectivas áreas. Procure assegurar que o delineamento da pesquisa combine bem com a natureza da(s) coisa(s) que está(ão) sendo estudada(s).

11
Viés do observador

Uma definição útil de viés do observador é que existe às vezes um ponto de vista essencialmente unilateral ou um ângulo especificamente fundamentado de um fenômeno. Ao fazer pesquisa, pode haver viés do observador no pesquisador nas entrevistas individuais, na facilitação em grupos de foco e no observador durante estudos de observação. Pode haver inclusive viés na formulação das perguntas na pesquisa de levantamento. O viés do observador cria uma máscara sobre uma cena ou dá uma inclinação ao que outra pessoa poderia pensar de um ângulo diferente. O viés do observador pode também referir-se ao "afeto", ou a aspectos emotivos, de uma situação como vistos ou descritos por um observador (Olsen, 2007b).

Iniciarei este capítulo com uma matéria de um jornalista sobre bancos como um exemplo de um tema em torno do qual existe viés do observador. Depois demonstrarei diversos pontos de vista que existem tanto dentro quanto em torno desta situação.

Analisarei, então, como entrevistadores abordariam a questão se eles fossem cientistas sociais. O viés do observador é um problema menor do que poderíamos pensar inicialmente. Sugiro que "equilíbrio", tolerância e obtenção de uma visão geral são modos úteis de contrabalançar o viés do observador. O capítulo conclui com uma discussão de dados de pesquisa de levantamento e análise do conteúdo como descrições "imparciais" ou "tendenciosas". Tanto os resultados da pesquisa de levantamento quanto os resultados da análise do conteúdo são às vezes apresentados como imparciais, quando na verdade são necessariamente tendenciosos ou ao menos moldados por alguém, mas não devem ser censurados simplesmente por esse motivo. Minha abordagem normativa em relação ao viés do observador é manter uma atitude tolerante, mas ser cético acerca de todos os dados e cauteloso com cada alegação, em vez de ser desdenhoso com qualquer argumento tendencioso. Para mim, o "viés do observador"

QUADRO 11.1

Uma descrição em jornal

Chefe do RBS, Fred, permanece

O Royal Bank of Scotland (RBS) ontem insistiu que o cargo do diretor executivo, Fred Goodwin, está assegurado – enquanto convocava acionistas para levantar 12 bilhões de libras.

A chamada de caixa recorde é um retorno humilhante para a RBS, que apenas em fevereiro declarara que não necessitava de mais capital. O presidente, Tom McKillop, admitiu que parte da culpa pelos eventos que levaram à chamada de caixa é da diretoria do banco.

Porém, ele insistiu que Fred – que se oferecera para sair, de acordo com rumores na City – não seria afastado.

Ele declarou: "A diretoria aceita a responsabilidade por sua forma de administrar o negócio, e vocês devem, sem dúvida, pensar no grau de arrependimento. Mas não há um único indivíduo responsável por esses eventos, e procurar um cordeiro para sacrifício é simplesmente não entender o plano".

Fonte: King (2008).

---

não possui uma conotação negativa, mas ainda é um motivo de preocupação.

Considere este exemplo. Em anos recentes, a cultura de bonificação do setor bancário cresceu, e os gerentes de topo e os altos executivos em bancos recebem grandes bonificações a cada ano e ao deixarem um determinado cargo. No Quadro 11.1, o jornal *The Sun* apresenta um relato de uma mudança no setor bancário do Reino Unido durante 2008. Esta matéria apareceu em um tabloide que apoia o livre mercado, barato, custando apenas 24 *pence* por exemplar. Em contraste, poderíamos listar numerosos artigos sobre bonificações e bancários do jornal intelectual liberal de grande formato, o *The Guardian*. Este jornal custa 90 *pence* nos dias de semana ou 1,90 libras na edição dos sábados. A primeira questão a considerar, caso o artigo do *The Sun* seja tendencioso, é se o observador é "o jornal" ou "o jornalista", cujo nome é Ian King.

Pode-se praticar a identificação de viés do observador em um jornal de grande formato, onde isso pode ser mais difícil por conta do modo de apresentação da situação mais imparcial, pluralista, de múltiplos pontos de vista. Ler jornais de maneira crítica é uma excelente preparação para fazer pesquisa, porque isso obriga o pesquisador a se conscientizar dos modos mal embasados ou irrefletidos de fazer "alegações" na área da pesquisa.

Com base em nosso conhecimento prévio dos jornais do Reino Unido, sabemos que o *The Sun* tende a apoiar valores orientados ao mercado ou ao livre mercado, e o *The Guardian*, valores favoráveis ao estado, liberais ou da esquerda. Assim, podemos iniciar com dois pontos de vista. (Estas são informalmente chamadas de "vieses" dos jornais, mas inevitavelmente um jornal com uma equipe editorial terá uma abordagem geral e várias posições editoriais. Portanto, eu as chamarei de ponto de vista, e não de viés do jornal.) O jornalista King parece reconhecer e relatar sem questionamento a visão de que o banco é corporativamente responsável por suas ações. Ele também parece endossar a ideia de que nenhum integrante da diretoria é responsável por desfechos. A ideia de que essas duas alegações podem se encaixar de forma coerente e podem funcionar para grandes corporações é mais do que apenas um ponto de vista ou viés: ela é uma abordagem moral ou ética coerente do setor corporativo. Para que ela seja aplicada aos bancos, outra premissa implícita tem de ser mantida: que qualquer ética de diretoria corporativa que se aplica a grandes corporações também se aplica a bancos. Cada uma das três ideias listadas até aqui poderia ser objeto de uma investigação mais detalhada, bem como de pensamento mais ético.

Em vez de enfatizar determinados pontos sobre os vieses do jornalista e o ponto de vista do jornal, eu gostaria de identificar diversos outros observadores tendenciosos que existem na cena. A razão para fazer isso é enfatizar que existe uma série de diferentes sistemas de referência de dentro que fazem esse cenário bancário parecer radicalmente diferente. Sistemas de referência são as lentes discursivas por meio das quais as pessoas e outros agentes "veem" a cena. Eis algumas notas, que estão inevitavelmente incompletas para economizar espaço:

1. Acionistas no RBS. Presume-se que eles têm um interesse econômico nos lucros do RBS. Eles provavelmente também têm interesse que o RBS não vá à falência.
2. Goodwin. Era o diretor executivo de um grande banco que estava falindo até que o governo do Reino Unido interveio e nele injetou capital, tomando posse parcial durante 2008. Ele tem interesse na lucratividade e na reputação do banco e em seu próprio pagamento.
3. McKillop. Como membro da diretoria, ele estava acostumado a regular boas práticas do banco visando à sobrevivência, aos lucros e ao rendimento de dinheiro para acionistas. Ele tem interesse em garantir que a administração do banco seja vista como uma responsabilidade corporativa, não pessoal.
4. A Diretoria do RBS. A diretoria de um banco é uma entidade corporativa, também chamada de "agente" em termos sociológicos. Como tal, seus interesses e seu quadro discursivo estão estreitamente estruturados pelos discursos dentro dos quais ela opera: as leis e os regulamentos que se aplicam a esse banco, os discursos de contabilidade e lucro e o discurso de compensação padrão que é usado de maneira diferente por membros da diretoria não executivos, dos membros da diretoria executivos e dos funcionários do banco.
5. King. Não sabemos muito sobre King sem fazer uma pesquisa biográfica. Não podemos ter certeza se podemos aplicar o que sabemos sobre o *The Sun* a King pessoalmente. Ao estudar quadros de referência ou vieses do observador, é importante distinguir um agente não humano – o jornal e sua tradição, administração e cultura – de um agente humano, como King. Existem, talvez, os pontos de vista 5a e 5b, o indivíduo King e o funcionário corporativo King. Este último é "King desempenhando um papel", mas também mais do que isso – é como o *The Sun*, com King, cria imagens para os leitores. 5a é um ponto de vista de um indivíduo, ao passo que 5b é o ponto de vista de um agente maior.
6. O consumidor de serviços bancários. Os clientes têm interesses materiais na eficiência e no bom serviço de varejo e também nos custos do serviço. Seu ponto de vista subjetivo sobre o banco pode ser tácito em vez de explícito. Se explícito, eles podem considerar a sobrevivência do RBS importante. Alguns considerarão o RBS o proprietário de suas economias financeiras, não apenas um banco que administra seus gastos cotidianos.

Também poderíamos explorar os contribuintes do Reino Unido como tendo um ponto de vista, mas eles não foram mencionados aqui por King. No total, existem muitos pontos de vista diferentes.

Esses sete pontos de vista podem criar vieses e mudanças do foco interpretativo quando o agente considera as mudanças no RBS apenas de um desses diversos pontos de vista. Depois que o artigo foi publicado em 2008, Goodwin realmente perdeu o emprego. Após sua saída, Stephen Hester foi contratado para substituí-lo como diretor executivo com um salário de 1,2 milhão de libras. Hester também recebeu 10,4 milhões de ações no valor de mais de 6 milhões de libras ao assumir o cargo neste banco (dados de novembro de 2008; Treanor, 2008). Treanor relata que Hester "reconheceu de maneira muito clara que Goodwin e o presidente Tom McKillop estavam assumindo a responsabilidade pela evaporação da confiança no RBS". Se este é o caso, poderia-se dizer que o relato de King (2008) foi tendencioso no sentido de estar errado e deturpar a situação. Entretanto, agora chegamos ao problema sobre quem é responsável por um viés ou erro no aparecimento do fato. Não existem ligações claras entre a afirmativa de que a diretoria realmente assuma a responsabilidade pelos desfechos, como declarou McKillop da diretoria do RBS em 2008, e a afirmativa de que não adianta ir em busca de um cordeiro de sacrifício (também atribuída a McKillop). Assim, pode não ser King ou o *The Sun* que introduziu um viés, ou erro, mas a fonte de King, McKillop. Eu resumo, a situação é confusa e acusações de viés podem ocorrer mesmo quando houve genuínas boas intenções de apresentar os fatos de uma maneira sensata. Em certo sentido, toda alegação de "viés" é uma pesquisa de levantamento de questões de conhecimento (ver também os Caps. 40, 41 e 42). A discussão de viés e erro de Gomm e colaboradores (2000) é uma análise valiosa de algumas questões relacionadas. Eles distinguem diferentes aspectos e variações de estar errado ou ser tendencioso. Para um pesquisador, é importante usar majoritariamente apenas uma única citação de uma única fonte. Em vez disso, procuramos uma série de informações apresentadas por pessoas de um ponto de vista, depois visitamos agentes de algum outro ângulo para ouvir seu ponto de vista. É meio óbvio que esta é a melhor prática, podendo aplicar-se inclusive a jornalistas.

O importante é aprender com a situação, como exemplificado pela contestada área de bonificações de banqueiros e responsabilidade corporativa de diretores executivos. Primeiro, existem erros no fato, tais como se McKillop realmente disse o que se parafraseou que ele disse. Segundo, existem os erros de avaliação na interpretação de um conjunto de comentários. Terceiro, existe a vantagem de compreender um ponto de vista e apresentá-lo coerentemente, mesmo quando King (ou o *The Sun*) possa concordar ou discordar dele, simplesmente porque é informação para o público que este ponto de vista seja mantido. Quarto, existe uma necessidade de compreender que ângulos não são o mesmo que pontos de vista. Quinto, existe valor em explorar o raciocínio ético que se revela no modo como as pessoas apresentam seus "interesses" de suas perspectivas. E sexto, a boa pesquisa muitas vezes envolve articular o raciocínio usado a partir dessas diferentes perspectivas.

Uma perspectiva não é exatamente o mesmo que um ponto de vista, pois uma perspectiva é, em certa medida, uma posição social mais do que apenas uma visão subjetiva que pode ser expressa em palavras. O quadro de referência automático para algumas perspectivas é apenas um conjunto normal tácito de hábitos. Por exemplo, os bancos no Reino Unido obtêm lucros. O ingresso do governo na posse do capital de alguns bancos, mesmo que temporário, tem confundido a perspectiva dos bancos e causado considerável confusão e tensão nos discursos públicos sobre bancos. Neste momento, então, o quadro de referência usado pelos bancos para realizarem suas operações não é estável e está indubitavelmente em um estado de tensão ou transformação. Gostaria de enfatizar que é normal ter instituições sustentadas por esses quadros de referência, os quais incluem expressões idiomáticas, conjuntos de palavras, suposições, regras implícitas ou diretrizes e outros aspectos do discurso. Para uma abordagem séria dos discursos de administração, ver Chiapello e Fairclough (2002). Como Fairclough, eu esperaria ver em um texto específico mais do que um discurso interagindo – ele chama isso de "intertextualidade". Mas, na sociedade, a natureza fundamentada de cada perspectiva tende a fazer que discursos coerentes se aglutinem por certos períodos, em diferentes lugares de maior ou menor extensão geográfica. Em alguns países, os bancos têm há muitas décadas prestado um serviço público, e *não obtido lucro* (China, Sri Lanka, Burma, por exemplo, em determinados períodos do século XX). O discurso do lucro não é uma parte necessária dos bancos (Olsen, 2006). Em geral, perspectivas são pontos de partida reais para normas discursivas, e pontos de vista são declarações mais explícitas da abordagem ou crenças de um agente a partir de um determinado ângulo.

Tendo limpado o terreno dessa forma, devemos começar a nos dar conta de que, em nível superficial ou subjetivo e em textos como os dois artigos acima de King e Treanor, certamente haverá múltiplas verdades em uma sociedade segmentada e complexa. A verdade afirmada por uma pessoa de seu ângulo pode revelar-se uma inverdade do ponto de vista mantido por outra. Eu sugeriria que essa multiplicidade de verdades não é só para o caso de declarações normativas – tais como "bancos devem obter lucros" –, mas também inclusive para declarações factuais (ver Cap. 40). Assim, "O RBS atende ao interesse público fornecendo serviços bancários" parece factual e, verdadeiro ou não, é uma questão da perspectiva que você assume sobre o discurso do lucro e sobre serviço. Se a verdade de uma declaração factual é contestável, então inevitavelmente de vez em quando a acusação de "viés" será jogada nos autores que tentam escrever relatos verdadeiros. É possível encontrar viés do observador mesmo em temas menos carregados de emoção do que este – no estudo do casamento, da demência, e assim por diante.

Até aqui, mostrei que existem numerosas perspectivas simultaneamente em relação às mudanças bancárias descritas no exemplo. Pode ser útil argumentar em prol do equilíbrio, da tolerância e da obtenção de uma visão global como modos de compensar o viés do observador. Uma apresentação equilibrada tentaria oferecer pontos de vista diferentes de um modo coerente e compreensivo sem mascará-los ou silenciá-los. Pode consumir um bocado de tempo desenvolver um conhecimento equilibrado e redigir uma descrição equilibrada. Mas seria proveitoso em termos de comunicação entre perspectivas.

Uma abordagem tolerante reconheceria que por trás das alegações, e embutidas nos vários discursos, as pessoas e outros agentes, tais como bancos, possuem visões normativas fortes. As pessoas estão comprometidas com regras de comportamento que consideram apropriadas para determinadas situações. Um cientista tolerante reconheceria as *razões pelas quais* cada agente tem um certo tipo de visão em uma dada situação. Elas aumentariam a compreensão de seu público de como as razões fazem sentido para diferentes agentes. Existe um propósito comunicativo aqui, assim como em "equilíbrio", mas agora estamos nos comunicando sobre valores, não apenas sobre fatos. A fim de nos explicarmos claramente sobre os valores de outra pessoa, neste caso por que os bancos dizem que precisam obter lucro ou por que diretorias tendem a desencorajar culpar indivíduos, é preciso entrar na história de sua norma. Desejaríamos dar um resumo de como isso auxilia a compreensão dentro da pequena localidade – neste caso, das práticas bancárias – em que a norma é apreciada. Esse trabalho de explicar normas é difícil se nós, como autores, não concordamos com as normas ou achamos que elas estão sendo mal aplicadas. Mas um pesquisador tolerante deixará suas próprias normas em suspenso enquanto explora as opiniões de outros agentes. Em certo sentido essa é uma virtude da tradição da "teoria fundamentada" (Charmaz, 2006) como retrabalhada em anos recentes. Um cientista tolerante não pode simplesmente inventar histórias, e sim ter evidências com as quais trabalhar. Ele pode então dar "sentido" aos eventos, às opiniões e aos processos como os próprios atores os entendem, sem necessariamente concordar com o sentido das coisas. Ele claramente compreende a visão ou as visões êmicas (de dentro), enquanto assume uma visão ética (de fora). A palavra "fundamentada", na teoria fundamentada, geralmente significa ter evidências nas quais basear uma afirmativa. A palavra "fundamentada", quando aplicada a perspectivas, refere-se à localização estrutural e histórica que intrinsecamente se liga a essa perspectiva. As perspectivas são reais pontos de partida para nosso quadro de referência: elas não são apenas conjuntos de ideias imaginárias inventadas.

Agora estamos prontos para analisar por que a análise do conteúdo ou a teoria fundamentada poderia em uma etapa anterior no século XX alegar serem factual e empiricamente neutras de valores, mas em uma etapa posterior no século XXI podem ser revisadas para aceitar que o viés do observador ainda é inevitável. No período anterior (p. ex., Glaser, 1978; Glaser and Strauss, 1967), ser um bom cientista significava evitar viés do observador tendo dados para mostrar aos outros. Os dados, pensava-se então, permitiriam a replicação de um estudo e ajudariam na verificação da validade.

No novo século, muito mais cientistas sociais reconhecem que a boa ciência é tolerante com o viés do observador. Atualmente concorda-se que:

a) somos todos *insiders* da sociedade como um todo;
b) observadores dentro de uma situação a conhecem muito bem;
c) todo agente tem um conjunto de termos e normas que o ajuda a dar sentido ao mundo;
d) pontos de vista muitas vezes refletem perspectivas;
e) essas perspectivas são múltiplas.

O mundo social é tão complexo que não se pode afirmar que existe uma realidade mais simples. As pessoas ainda pensam que dados permitem replicação na verificação da validade, mas é amplamente reconhecido que o fato válido de uma pessoa é o erro de apresentação controverso de outra. Consequentemente, os cientistas sociais muitas vezes preferem a pesquisa qualitativa, em que vozes concorrentes são ouvidas com muito cuidado e o observador tenta fazer um relato equilibrado, matizado e cautelosamente tolerante.

Será possível, então, que dados de uma pesquisa de levantamento também sejam "tendenciosos" por meio do viés do observador? Lembre-se (ver Cap. 3) de

que dados de pesquisas de levantamento são apenas informações, não conhecimento. Enquanto informações, os dados podem ser verdadeiras representações do que foi dito durante uma entrevista, mas ainda poderiam ser influenciados pelo quadro de referência do observador. Aqui o observador é o autor da pesquisa ou o entrevistador. É fácil ver que a informação pode ser percebida como tendenciosa pelos outros. As alegações que são feitas *sobre e por meio* dos dados de pesquisa podem também ser tendenciosas. Minha solução seria tentar obter um relato equilibrado, matizado e cautelosamente tolerante do que foi registrado nos dados da pesquisa de levantamento. Além disso, defendo a obtenção de dados qualitativos e a realização de um estudo integrado com metodologia mista para que se possa conhecer mais sobre a história e o contexto que podem ser colocados na matriz de dados da pesquisa. Os dados de pesquisas de levantamento sozinhos podem ser bastante limitados em diversos aspectos. Aumentá-los com outras fontes de dados é com frequência uma boa ideia.

É intrigante observar que não existe um ponto de vista "êmico" para dados de pesquisas de levantamento. Para esse tipo de pesquisa com perguntas fechadas, os entrevistados em certo sentido têm de se conformar com os discursos usados pela pesquisa. Esse pode ser um ponto de vista ético para muitos entrevistados. Quanto mais variada for a amostra, maior a probabilidade de que a maioria dos entrevistados considere a linguagem da pesquisa estranha ou desconfortável. Em pequenas situações locais, tais como uma pesquisa de levantamento de avaliação, os entrevistados podem se sentir mais confortáveis e a mistura de quadros de referência será mais limitada.

Assim, para resumir, defini "viés do observador" como um ponto de vista essencialmente unilateral ou uma perspectiva especificamente fundamentada sobre um fenômeno. Uma vez que esses tipos de viés podem estar intrinsecamente presentes em muitas situações sociais, incluindo o cientista como um observador, podemos esperar o viés como um elemento normal das descrições sociais. Para superar e desafiar o viés, na medida em que vieses são limitantes ou problemáticos, é proveitoso tentar desenvolver um relato equilibrado, matizado e cautelosamente tolerante. O cientista agora é o agente que tenta levar em consideração as razões pelas quais certas crenças são mantidas, que forma suas próprias visões depois de cuidadosamente obter uma compreensão profunda da situação com todos os seus conflitos e pontos de vista internos. O cientista reconhece múltiplas perspectivas como reais.

12 Representações

Representações são uma forma de comunicação em que um agente retrata uma situação para um público. Quatro termos especializados contribuem para explicar o que as representações fazem quando elas são usadas na mídia e em declarações de política. Explico sucintamente esses quatro termos e então examino o uso de representações na coleta de dados qualitativos e quantitativos.

  Em primeiro lugar, as representações se dão por meio do uso de discurso para retratar uma imagem de alguma coisa. Um discurso é um modo particular de comunicação que segue certas normas sociais, faz suposições sobre o tipo usual de agentes e o que eles fazem e atribui certos termos ao mundo de tal modo que algumas narrativas fazem sentido enquanto outras são vistas como besteiras. O discurso do casamento, por exemplo, tem mudado no Reino Unido e em outros países ocidentais. De ser um selo religioso de aprovação da monogamia heterossexual em épocas anteriores, o casamento foi gradualmente sendo reinterpretado como um arranjo social e jurídico com alguma diversidade. No final do século XX, novas leis permitiram que o casamento civil emergisse como uma instituição civil que reforça a monogamia também entre homossexuais. Os discursos no seio dos arranjos matrimoniais incluem os juramentos tradicionais do casamento cristão e as práticas hinduístas de usar flores e joias para reforçar os rituais matrimoniais. Existem muitas outras variações. Assim, discursos de casamento retratam o início do relacionamento de um casal de modos que levam um significado a um determinado público social.

  Os outros termos especializados que apoiam o uso do conceito de discurso para descrever representações são as palavras "narrativas", "textos" e "significados". Um narrativa é um determinado tipo de ato comunicativo. Histórias possuem narrativas, e sequências de perguntas e respostas também. As narrativas, portanto, são um subconjunto da gama mais ampla de comunicações que são conhecidas como discursos.

O conceito de texto é ainda mais estreito. Um texto é um determinado conjunto de símbolos ou movimentos que podem transmitir alguma história socialmente significativa. Um texto pode ser escrito com letras do alfabeto ou pode também envolver o uso de imagens. O significado de um texto pode ser contestado. O significado é – grosso modo –, o conteúdo conceitual inerente que se pretende transmitir a um público pelo autor do texto. Considera-se que discursos e narrativas possuem significados que são em parte definidos por seu público. Por outro lado, o texto pode existir independentemente desses grupos criadores de significado. Contudo, assim que tentamos interpretar o texto, temos de invocar não apenas os discursos e as narrativas pretendidas do criador do texto, mas também alguns discursos e algumas narrativas nossas.

Hermenêutica é o estudo dos significados. Uma vez que os significados às vezes são contestados, é fácil iniciar uma pesquisa qualitativa perguntando qual o significado pretendido por um determinado falante ou escritor. Contudo, logo torna-se evidente que um ouvinte ou leitor pode também imputar algum outro significado à comunicação. Temos então dois possíveis significados em uma frase. Ricouer (2003) sugeriu que se pode alegar um terceiro significado para um dado texto. Esse terceiro significado é parcialmente independente tanto do falante quando do ouvinte. O terceiro significado é o significado social. De alguma forma, dadas as normas sociais existentes em um determinado tempo e lugar, poder-se-ia afirmar que existe um significado socialmente normal para um dado ato comunicativo. Essa norma pode ser quebrada tanto pelo falante quanto pelo ouvinte. Ao quebrar uma norma, tenta-se criar novos significados. Se eu afirmo a existência de um significado socialmente normal, faço uma afirmação ontológica. Agora temos três significados: o do falante, o significado socialmente normal e o do público. A dificuldade de conhecer esses três significados é chamada de "dificuldade epistemológica de discernir represen-

tações". O estudo da hermenêutica é um ramo da pesquisa social que se concentra em como as pessoas reconhecem ou derivam significado de atos comunicativos.

Ao coletar evidências, precisamos estar preparados para defender a afirmação de que alguns significados em particular foram transmitidos por uma dada representação. Considere primeiramente as representações que se encontram em entrevistas. Em pesquisa qualitativa, a entrevista é interpretada como uma conversa. Nessa conversação especial, um entrevistador está tentando obter representações de outro. O texto de uma entrevista pode transmitir significados que são boas representações de eventos e mecanismos no mundo. Entretanto, existem agora quatro dimensões: o retrato pretendido do entrevistado, a interpretação do entrevistador, o significado socialmente normal e a realidade sendo retratada. Por fim, existem também os públicos para os resultados de pesquisa escritos ou falados, e esses públicos são grandes grupos plurais de pessoas. Portanto, pode haver muitos significados diferentes até para um segmento de uma entrevista.

Em certo sentido, também existe uma circularidade entre realidade e representação, porque o entrevistador é incapaz de descrever a realidade (sobre a qual a entrevista fornece evidências) sem usar alguns discursos ou algumas narrativas que existiam antes de eles aprenderem a usar seu idioma e outros sinais. Em outras palavras, a interpretação não pode ser original; ela não é apenas criada por este "observador", mas repousa sobre normas sociais da linguagem anteriores. Giddens descreve este problema como o círculo hermenêutico (ver Danermark et al., 2002, para um resumo; um excelente recurso para os interessados nisso é Outhwaite, 1987). A interpretação depende do conhecimento social das normas sociais, e a comunicação também utiliza significados socialmente normativos a fim de fazer sua tentativa de transmitir significado. Muito pouco dos "dados qualitativos" é realmente pessoal, e sim normas sociais postas em jogo. Talvez, poderíamos até sugerir, o entrevistado em uma entrevista seja apenas um ingênuo. Alguns autores concluiriam, portanto, que entrevistas são sempre falíveis e não podem fornecer evidências factuais sobre o mundo real. Enquadradas em discursos que usam determinadas narrativas, evidências qualitativas distorcem nossa visão do mundo assim como uma tela de malha em uma janela distorce nossa visão do lado de fora. Por mais que o texto seja cuidadosamente analisado, ele é influenciado pelas pessoas que o criaram.

Por essa razão, os críticos da pesquisa qualitativa sugeriram que os resultados de tais pesquisas são sempre tendenciosos. Parte desse ceticismo provém de pessoas que defendem interesses particulares, tais como os de provedores de serviços hospitalares ou tomadores de decisão municipal. Em outras palavras, pessoas que não querem seu trabalho exposto a um exame minucioso dizem que os entrevistadores não podem formular verdades sobre seu mundo. Outros céticos estão simplesmente conscientes de que 1 milhão de significados poderiam ser atribuídos a uma única interação.

Contudo, entrevistas podem ser muito úteis para coletar evidências. Para resolver esse problema, pode ser útil considerar entrevistas como uma fonte de evidências falíveis, e não de verdades. Nesse caso, representações do mundo são uma forma de comunicação com um propósito, e a entrevista é apenas um meio de desenvolver alegações de conhecimento interessantes e úteis sobre o mundo. O aspecto científico das entrevistas é o uso de abordagens sistemáticas e rigorosas que nos permitem reavaliar a interpretação de uma pessoa expondo os métodos de pesquisa qualitativa a exame rigoroso.

Passando ao uso de representações na coleta de dados de pesquisas de levantamento, em que a entrevista estruturada é mais comum do que a entrevista semiestruturada ou não estruturada, encontramos novamente um empecilho em relação à epistemologia. Esse empecilho é que a maioria dos entrevistadores que coletam dados em pesquisas de levantamento alegam ser neutros e durante a entrevista têm o cuidado de repetir cada questão exatamente da mesma forma para todos os entrevistados. Esse é amplamente considerado como o método científico de administrar um questionário de pesquisa de levantamento. Com frequência considera-se que dados quantitativos são melhor construídos com esse tipo particular de procedimento de entrevista.

Dados quantitativos seriam então uma representação neutra e factual? A maioria dos estudiosos acha que não. Os próprios dados não são uma representação muito clara porque eles não contêm narrativas inteiras e tampouco são argumentos. Os dados, consistindo de marcas em uma matriz, tendem a conter unidades de comunicação muito menores, tais como palavras ou números. O leitor dos dados coloca essas palavras ou números para formar frases que levam novos significados. O fraseado da pesquisa de opinião tende a se repetir no fraseado da interpretação dos números que vêm dos dados da pesquisa de levantamento. Entretanto, é possível interpretar uma pesquisa de levantamento de novas formas não pretendidas pelos entrevistadores. Portanto, muitas representações podem surgir a partir de um único conjunto de dados. Em outras palavras, pesquisas de levantamento constroem um conjunto de informações sobre a sociedade.

Os pós-empiristas alegam que várias representações podem ser desenvolvidas em palavras. Eles argumentam que isso é assim mesmo quando as matérias-primas são dados quantitativos. Na Figura 12.1, o possível critério para bons argumentos é estipulado usando um diagrama de Venn. O lado esquerdo mostra uma abordagem pós-empirista típica para avaliar a qualidade de algumas pesquisas. O delineamento de pesquisa deve ser adequado a seus propósitos, e os propósitos não são meramente reunião de fatos, mas são derivados de alguma procura por melhor conhecimento oriunda de um projeto ou de um problema na sociedade. (Scheyvens ct al., 2003, e Brockington e Sullivan, 2003, ilustram essa abordagem pa-

FIGURA 12.1

Critérios selecionados para boa pesquisa de duas perspectivas metodológicas.
Nota: Sayer (1992) define adequação prática. Smith (1998) define abordagem empirista. A expressão pós-empirista aqui combina epistemologia pós-estruturalista com o interesse em observação empírica.

ra estudos do desenvolvimento.) Os critérios no lado direito mostram os critérios típicos, tais como ter dados sistemáticos e ter um método rigoroso, os quais são mais comuns entre pesquisadores empiristas. Existe certa sobreposição. A sobreposição é que ambos os grupos querem que alcancemos argumentos justificados que qualquer observador sensato poderia entender e talvez concordar. Assim, não se constata simplesmente que a pesquisa pós-empirista rejeita todas as normas básicas da pesquisa empirista. Elas possuem alguns elementos em comum.

A construção de bons argumentos é um pouco restringida pelo uso de dados de pesquisa de levantamento sozinhos. No aspecto positivo, espera-se que as representações às quais chegamos dessa forma também sejam restringidas de serem falsas pela própria realidade. Consequentemente, poderíamos extrair bons argumentos justificados usando uma mistura de dados de pesquisa de levantamento e outros conhecimentos. Por meio de bons pilotos, um questionário pode ser aperfeiçoado para que, por filtragem e boa formulação das perguntas, possamos fazê-lo representar diversas realidades (ver Cap. 22).

Considere os censos do governo por um instante. Essas são fontes de dados tendenciosos e robustos ou são fontes de dados factuais e neutros? Pesquisas do governo são poderosas porque se usa sempre o mesmo questionário, o que permite a comparação entre os diferentes relatórios. Um exemplo seria o texto das descrições de etnicidade. É difícil argumentar que a pesquisa de levantamento do governo será neutra quando sabemos que o texto das perguntas é analisado e debatido entre os diversos públicos interessados. Perguntas sobre linguagem, educação e religião moldam os modos de relatar oficialmente como as pessoas falam, aprendem e cultuam. As perguntas também interpretam uma ampla gama de comportamentos, tais como troca de idiomas e inglês *pidgin*,[*] de maneira categorizada particular. Por essas duas razões, as pesquisas de levantamento governamentais são abertas ao debate. Eles não fornecem uma visão neutra ou "do olho de Deus" da sociedade.

É interessante observar que algumas partes da vida que anteriormente eram amplamente consideradas vergonhosas agora estão sendo avidamente registradas em pesquisas de levantamento oficiais. Os exemplos relacionam-se à sexualidade e à saúde: orientação sexual homossexual e infecção por HIV, em especial. Esses exemplos ilustram o modo como representações socialmente aceitáveis são usadas e promovidas pelo governo. As pessoas que coletam dados às vezes participam de mudanças sociais progressistas por meio da inovação nas burocracias da coleta de dados. Em outras vezes, as pessoas que coletam dados podem desempenhar um papel muito conservador. Quaisquer que sejam seus desejos, elas podem encontrar dificuldade para influenciar os mecanismos de uma burocracia. Como dizia o provérbio da China dos anos de 1950 de Mao: "Deixe que uma centena de flores desabrochem; deixe que uma centena de escolas de pensamento debatam".

Para resumir, então, eu retrataria a representação social como um ato de interação humana em que um agente (p. ex., uma pessoa) faz alguns esforços comunicativos enquanto tenta retratar o mundo de uma determinada maneira. Valores e preferências certamente influenciarão o modo como representamos o mundo. A fim de envolver-se em séria discussão sobre representações, é preciso prestar muita atenção às evidências sobre todos os possíveis significados que podem ser atribuídos a uma dada representação. Esses significados estarão embutidos nos discursos. As representações podem desempenhar um papel nos tipos particulares de narrativas. Em geral, podemos apreciar representações como um florescimento das tentativas humanas de transmitir significado.

---

[*] N. de R.T.: O inglês *pidgin* é uma miscelânea de palavras provenientes do inglês com outras de diferentes idiomas. Tipicamente observadas em regiões onde há grande presença de imigrantes.

13
Grupos de foco

Um grupo de foco pode ter de cinco a cerca de 12 integrantes e sempre inclui um facilitador. O método de coleta de dados de grupo de foco pode fortalecer muitos estudos que são mais firmemente embasados em outros métodos, como pesquisas de levantamento e entrevistas. Os grupos de foco são úteis como parte de pesquisa participativa (ver Caps. 17 e 19). Grupos de foco requerem gravações em áudio e transcrição, e assim devem ser usados dentro de limites mais estreitos quanto à quantidade de encontros em prol de uma análise detalhada dos dados resultantes. Por exemplo, se um estudo tinha 25 entrevistas pessoais, a adição de seis grupos de foco pode contribuir muito para aprofundar a análise, ou se um estudo usa apenas dados de pesquisa de levantamento secundários, também seis ou no máximo 10 grupos de foco com base em apenas um ou dois locais serão suficientes para agregar uma dimensão de frescor qualitativo. Quanto aos outros métodos qualitativos, o tempo alocado para a análise de dados deve ser ao menos igual ao tempo dedicado ao planejamento e à condução dos grupos de foco e criação de transcrições de dados.

O uso de vídeos em grupos de foco é opcional. Por um lado, ele cria um artefato histórico de algum valor futuro potencial para museus ou para participantes locais. Por outro lado, obter consentimento informado para usar o material de vídeo no futuro na pesquisa pode ser mais difícil do que para áudio, porque os falantes são facilmente reconhecidos no vídeo. Mesmo que os rostos apareçam borrados, as roupas e o ambiente tenderão a comprometer o anonimato dos resultados. Assim, para temas sensíveis ou com sujeitos vulneráveis, podemos certamente preferir usar áudio a vídeo. Entretanto, permitir que cada participante mantenha um breve diário em vídeo pode ser um adjunto útil ao uso de grupos de foco.

A análise de dados de grupos de foco pode usar princípios e conceitos do repertório da análise do discurso. Entre as diversas subescolas de análise do discurso, os tipos mais sociológicos tendem a sugerir que você suplemente os dados do grupo de foco com imagens visuais ou outras evidências de outros gêneros se houver tempo. Eles também recomendarão que informações históricas detalhadas e amplas do tema do estudo sejam aplicadas à etapa de interpretação das transcrições. Existe uma forma mais linguística de análise do discurso (ver Wodak and Meyer, 2009). Outra variante é usada entre psicólogos, a qual faz clara referência às teorias psicológicas (ver Potter e Wetherell, 1987; e, para ajuda prática, ver Kendall e Wickham, 1999, sobre análise do discurso foucaultiana). É mais difícil usar análise da conversação porque o revezamento da palavra é muito artificial em transcrições de grupos de foco. Um método geral de interpretação pode ser aplicado (ver Cap. 10). Existem, portanto, numerosas escolhas que devem ser feitas para estreitar o modo como será realizada a etapa da análise.

Por fim, é útil codificar os dados do grupo de foco usando um computador (ver Cap. 14). Um encontro de grupo de 40 minutos pode gerar de 30 a 45 páginas de texto em espaço duplo. Assim, manter 20 grupos de foco gera cerca de 200 mil palavras de texto. O computador pode ser usado para simplificar o trabalho de codificar esses dados. O transcritor precisa usar códigos de identificação (ID) únicos para cada falante, e então rotinas de codificação automática podem ser facilmente criadas para espalhar a autocodificação de cada linha em que a ID ocorre em todos os parágrafos ou seções seguintes (Gibbs, 2002). Para um bom planejamento da autocodificação, uma transcrição de um grupo de foco piloto deve ser codificada para garantir que os marcadores de edição corretos sejam colocados na transcrição. Uma vez que o *corpus* vai ficar muito grande, adiante o piloto bastante antes de delegar o resto do trabalho de transcrição. Os encarregados da transcrição devem seguir uma lista detalhada de diretrizes de transcrição (ver Cap. 7).

14
Análise de documentos

Documentos são avaliados em locais de trabalho, em fontes da internet e em arquivos e bibliotecas. Quando uma análise de documentos é proposta, as primeiras duas questões são se uma análise da variação é desejada e se uma análise qualitativa em profundidade é viável. Para fazer a primeira, recomenda-se o acesso a uma grande quantidade de texto. Para fazer a segunda, é preciso um conhecimento prévio do idioma, da história e das normas do ambiente local, além das expressões idiomáticas. Se ambas forem desejadas, então, com efeito, temos uma abordagem de metodologia mista do estudo de documentos. Este capítulo apresenta alguns princípios norteadores para uma análise sistemática e depois *insights* para uma análise qualitativa em profundidade.

Na reunião de documentos, dispõe-se de todos os documentos relevantes ou tira-se uma amostra de um número maior (ver Cap. 5). Também é possível tirar uma amostra de parágrafos, páginas ou frases dos documentos. Geralmente a análise sistemática envolverá colocar cada excerto no programa do computador. As opções de programas incluem NVivo, MAXQDA ou ATLAS.ti (Lewins and Silver, 2007). Uma análise do conteúdo é possível. Nela, cada tema é observado. Geralmente os temas recebem pequenos títulos conhecidos como códigos, e todos os textos são codificados vinculando-se os códigos a todos os textos relevantes. Posteriormente, o conjunto de códigos em si pode ser examinado como atalho para os temas nos dados. Alguns códigos são raros, outros são frequentes. Uma contagem da frequência de todas as palavras em cada texto pode ser realizada pelo programa. Esse é o primeiro passo para desenvolver uma lista de códigos. Depois, nomes de temas mais complexos podem ser elaborados, abrangendo tópicos como, por exemplo, "oposição à política governamental". É preciso ficar claro se por este código, e para cada um deles, você quer dizer que o autor assumiu aquela posição ou se o código simplesmente indica o assunto do texto. Essa é uma das razões pelas quais o NVivo permite árvores de códigos. Uma árvore é como um nome de código genérico. Uma árvore denominada "opinião dos autores" pode ter um conjunto de códigos indicando no que o autor sinceramente acredita e quis dizer. Uma árvore separada pode ter um código "do que trata o texto", e aqui os temas são listados. Alguns códigos para conteúdos são fáceis e diretos e outros exigem muito mais reflexão. Um simples processador de texto será de muito auxílio, porque será difícil ter uma visão global da frequência e reincidência de temas mais ou menos importantes. Em resumo, programas de computador especializados são úteis para as formas mais sistemáticas de análise de conteúdo.

Outra possibilidade para a análise de documentos sistemática é a análise baseada em casos. Os casos poderiam ser estudantes; e as evidências, suas composições e boletins, pois existe uma relação de um para um entre estudantes e boletins. Os casos têm esses documentos aninhados consigo (ver Cap. 35). Com um número maior de casos, a base de dados pode rapidamente aumentar. Suponha que temos 50 estudantes e seis ensaios por estudante. Subitamente existem 300 mil palavras na base de dados, se cada composição tiver em média mil palavras. Essa rápida multiplicação de dados é facilmente manejada por meio de uma mistura de amostragem e codificação computadorizada baseada do caso. (Byrne, 2009, oferece aconselhamento sobre a análise desse tipo de dados. Ver Gibbs, 2002, para codificação assistida por computador.)

Nos manejos de documentos, vários tipos de arquivos podem ser convertidos em texto simples. Se múltiplos idiomas estiverem envolvidos, recomenda-se vigorosamente que alguns documentos sejam mantidos no idioma original, mesmo que traduções devam ser feitas. A tradução em si é extremamente difícil e demorada. O primeiro passo na codificação geralmente é decidir sobre o tamanho dos segmentos de texto a serem codificados (p. ex., sentenças). Depois é útil desenvolver uma lista de códigos

para recuperação básica. Cada documento, por exemplo, pode ser codificado como um todo sob seu título. A seguir, códigos adicionais para recuperação detalhada podem ser escolhidos dentre as palavras na lista de contagem de palavras. Depois, grupos de duas ou três palavras podem ser escolhidos, dentro dos limites definidos pela questão de pesquisa. Naturalmente, a questão de pesquisa do estudo dá orientação e estreiteza aos atos de codificação de pesquisa. Uma codificação exaustiva geralmente não é necessária, a não ser que se espere que os textos tornem-se um *corpus* investigável. Finalmente você está pronto para a parte mais interessante.

A busca de significado (ver Cap. 9) é uma aventura com a análise de documentos. Agora passamos para a pesquisa qualitativa propriamente dita, em que seu conhecimento prévio influencia sua interpretação. Você vasculha o texto procurando unidades ou expressões que tenham um significado não explicitamente nomeado no texto (para exemplos, ver Cap. 10). Por exemplo, oposição à política governamental poderia ser expressa elipticamente usando sátira. Sarcasmo e humor também contêm significados complexos. Dentro de limites razoáveis, cada unidade de significado pode ser codificada. Isso implica que alguns parágrafos de seu texto terão vários códigos sobrepostos. Isso é normal.

Na análise do conteúdo, seu trabalho poderia ser concluído assinalando os textos com maiores ou menores frequências de ocorrência desses códigos importantes dentre sua lista exaustiva. Um projeto poderia ter 120 códigos, mas o relatório escrito só discutiria em torno de 10 desses em pormenor. A análise do conteúdo é especialmente útil para comparar a frequência dos temas entre grupos diferentes ou ao longo do tempo. Ela fornece uma análise equilibrada confiável. Nesse caso, confiabilidade significa que mesmo que outro observador analisasse a base de dados codificando-a novamente, ele obteria resultados semelhantes.

Quando uma análise qualitativa mais aprofundada está sendo realizada, tomamos uma quantidade menor de texto e examinamos os propósitos e as intenções do falante ou escritor com muito mais profundidade. Agora o argumento dentro de cada texto está sintetizado em um código, e a hermenêutica desses argumentos é estudada. Por hermenêutica, queremos dizer que o significado pretendido de um entrevistado poderia diferir de como diferentes leitores realmente interpretariam as implicações ou os significados desse texto. O exemplo clássico é um cartaz de informação em época de guerra. O exército que produziu o cartaz tem uma intenção e um significado. O cartaz pode instruir as pessoas sobre como registrar seus nomes. Mas o leitor de um grupo social de apoio pode interpretar isso de maneira muito diferente de alguém de um outro grupo social. Exemplos de países ocupados onde existem simpatizantes à ocupação e existe uma resistência secreta ilustrariam isso. Um grupo poderia "ler no texto" quais punições são realmente prováveis devido às implicações desse texto. Um quadro diferente é pintado em sua mente a partir da declaração explícita sobre punição que pode estar contida no texto como uma declaração literal "Se... então esta punição...

vai ocorrer" (p. ex., "aqueles que não se registrarem serão penalizados com..."). A interação dessas diversas interpretações é conhecida como hermenêutica. A maioria dos métodos de análise depende ao menos um pouco da hermenêutica.

Assim, quando explicamos o que um texto significa, nós o decompomos em locuções ou partes, examinamos o que elas significam para diferentes grupos de pessoas e geralmente interpretamos o texto. No exemplo acima, futuros cenários contêm significados contestados. Métodos de análise mais detalhada, tais como análise crítica do discurso e análise do discurso, dependem em grande parte da capacidade do pesquisador de fazer interpretações. Múltiplas interpretações devem ser contempladas. Uma espécie de pluralismo pode ser cogitada antes de o argumento final ser redigido. A maioria das análises é falível no sentido de que um observador diferente, com o mesmo conjunto de dados, não derivaria as mesmas conclusões. Os antecedentes particulares de cada intérprete afetam como ele trabalha e compreende o texto. Nesta área metodológica, a confiabilidade é muito menos um valor por mérito próprio do que se esperaria.

15
Acurácia

Neste capítulo, são abordados dois tipos de acurácia.* Primeiramente, considero o que se quer dizer com harmonização de um questionário entre diferentes países ou grupos linguísticos. Dou exemplos de excelentes conjuntos de dados internacionais que foram harmonizados. Observo as ligações entre os conceitos de acurácia e mensuração – esta segunda variando em tipo da categorização às escalas de indexação. Como um segundo tema, discuto os debates sobre o método científico, em que a acurácia tem sido considerada uma vantagem por alguns e um instrumento ideológico da supremacia empirista por outros. Em outras palavras, considero primeiramente as questões práticas e depois as questões filosóficas mais profundas de precisão na coleta de dados.

---

* N. de R.T.: O termo *acurácia* indica o quanto um valor mensurado está próximo de um valor verdadeiro.

Acurácia envolve o mapeamento das características do mundo humano ou social com um método específico de coleta de dados. Pode haver muitas formas de fazer isso. A ideia de mapeamento é um útil ponto de partida ao pensar sobre precisão. Vamos supor que um questionário vise cobrir a região, distrito, localidade (cidade) e zona do entrevistado. Como você pode ter certeza de que eles darão informações precisas ao responderem essas três perguntas? Muitos problemas poderiam surgir. Em primeiro lugar, eles poderiam viver na área fronteiriça de uma região, próxima de outra, e preferir nomear a segunda região em vez da primeira. No Reino Unido, algumas grandes regiões são separadas por divisores de águas que serpenteiam seguindo o ponto mais alto entre duas bacias hidrográficas. Consequentemente, alguém que mora em um lugar alto poderia se considerar vivendo na região Nordeste, quando tecnicamente – de acordo com os especialistas – ela poderia estar vivendo no Noroeste. As fronteiras dessas regiões também mudaram historicamente. Por exemplo, o distrito chamado "Cumbria" tem tido diferentes fronteiras ao longo da história. Na Europa, muitos países também passaram por mudanças em suas fronteiras durante períodos de décadas. Os entrevistados podem mentalmente referir-se a uma fronteira mais antiga do que a atual. Um bom sistema de entrevista com questionários permitirá que o enumerador faça verificações e corrija os dados sobre região e distrito caso isso esteja errado. Da mesma forma, é preciso referir-se corretamente à cidade ou localidade em que alguém vive. Pode haver duas ou três cidades menores contíguas formando uma aglomeração urbana. Consequentemente, as pessoas podem citar o nome da cidade maior (p. ex., Grande Manchester) sem nomear sua cidade real (p. ex., Oldham ou Salford). Normalmente, os entrevistados estão ocupando quatro ou cinco "lugares" regionais (bairro, cidade, região, país) simultaneamente. Eles precisam receber instruções claras ou um *menu* suspenso para selecionar o tipo certo do nome do lugar geográfico em resposta a uma pergunta direta sobre onde eles moram. Um modo de aumentar a acurácia é com o uso de cartões com a lista de opções razoáveis em letras grandes. Depois de ver o cartão, o entrevistado pode escolher qual das opções apropriadas melhor se encaixa no seu caso. O entrevistador pode interromper a pesquisa para verificar, caso creia que a escolha é falsa.

Exemplos geográficos ficam mais difíceis nos níveis mais baixos de acurácia, tais como zonas eleitorais, bairros e zonas de códigos postais. As pessoas, muitas vezes, não sabem em qual das diversas zonas locais elas moram. Em entrevistas face a face, o entrevistador pode usar um Sistema de Posicionamento Global (GPS) para obter os dados de latitude e longitude precisos e incluir isso nas respostas dos questionários. Com técnicas do Sistema de Informações Geográficas, essas coordenadas do GPS podem posteriormente ser mapeadas para atribuir a cada entrevistado uma zona, um bairro ou um código postal. Se uma pesquisa for montada dessa forma, não é necessário fazer a pergunta diretamente aos entrevistados – pergunta que só tende a criar uma oportunidade de erro. Existem algumas áreas da vida em que a acurácia é tão importante que tentamos evitar que erros se infiltrem.

A grande área nebulosa do "fato" inclui toda a história de vida da pessoa, suas atitudes e crenças e seus relatos sobre as rendas, o emprego, o setor industrial e as outras atividades suas e dos membros de sua família. É comum em pesquisas de levantamento deixar que um entrevistador responda a perguntas diretas em nome das outras pessoas do mesmo domicílio. O método conhecido como *proxying* (representação) os convida a preencher o questionário de pesquisa para cada membro do domicílio (idade, sexo, situação profissional, etc.) sem contatar diretamente cada pessoa. A razão para usar respostas de representantes é, sobretudo, pela eficiência. Uma única entrevista pode abranger o entrevistado integralmente e seus agregados (de um modo factual aproximado). Ironicamente, o que geralmente é chamado de "fato" sobre as pessoas está sujeito a muita estimativa e há amplo escopo para erro:

- ✓ O regime de ocupação do domicílio é de habitação social ou aluguel particular? O entrevistado pode não saber.
- ✓ Qual é a condição de emprego do chefe do domicílio, autônomo ou empregado? Novamente, o entrevistado pode não saber.
- ✓ A carga de trabalho do filho ausente está acima ou abaixo de 30 horas semanais? O entrevistado pode não saber com precisão.

Devido à tendência de tentar satisfazer o entrevistador, as pessoas dão respostas mesmo que não sejam exatamente corretas. Isso pode resultar em erros de classificação. Como precisamos ser absolutamente precisos, eis três regras gerais a aplicar durante a realização dessa linha de questionamento:

- ✓ Entreviste a pessoa que melhor conhece a situação.

✓ Atenha-se a um período recordativo curto, não a períodos longos.
✓ Faça as pessoas reunirem documentos de apoio, tais como contra-cheques, e use isso para estimular sua resposta.

Sabe-se que pesquisas de levantamento com solicitação e recordação de fatos muitos antigos geram imprecisões e inconsistências nos dados.

A harmonização das perguntas de uma pesquisa de levantamento envolve a cuidadosa escolha das palavras em línguas diferentes para que seja possível considerar que elas abrangem a mesma gama de respostas, com os mesmos significados, mesmo entre grandes distâncias geográficas. Harmonizar é muito desafiador. Mesmo dentro de um mesmo país, pode haver múltiplas linguagens, dialetos e expressões locais. Essas são importantes para os entrevistados à medida que eles geralmente formulam suas atividades diárias na linguagem leiga local. Também existem diferenças reais nas instituições legais e legislativas, que criam uma diferença nas opções de resposta que devem ser dadas para cada região, país ou grupo linguístico. Os cartões de exibição em geral aumentarão de tamanho à medida que as opções específicas a cada área local são incluídas na lista de possibilidades. Cartões em cada idioma podem ser desenvolvidos de comum acordo pelos administradores da pesquisa. Retroversão é usada para verificar e reverificar o conteúdo das questões para as pesquisas de levantamento amplas, tais como pesquisas de opinião e recenseamentos. Para fazer uma retroversão, redija as perguntas no primeiro idioma e obtenha sua tradução. Depois, peça que uma segunda pessoa traduza esse documento para o primeiro idioma sem que ela conheça a pergunta original. Se o resultado for semelhante ao original, pode-se ter obtido consistência. Se existem diferenças, esclarecimentos e refinamentos adicionais são necessários. A técnica de retroversão pode continuar sendo aplicada a cada versão revisada de uma pesquisa.

Testes pilotos também são cruciais para uma boa elaboração das perguntas de pesquisas entre grupos linguísticos diversos. O estudo piloto não deve ser feito em uma única cidade ou área. Ele precisa ser sensível a áreas periféricas, a pequenas regiões distantes e a grupos linguísticos minoritários. Um período prolongado para o estudo piloto pode ser necessário para obter uma pesquisa precisa – no sentido de uma boa concatenação entre o que se pretendia perguntar, como isso foi compreendido e o que as respostas significam para uma ampla gama de tipos de pessoas em diferentes lugares – para aumentar ainda mais a precisão e dar ao enumerador ou entrevistador a oportunidade de escrever detalhadamente as eventuais dificuldades encontradas. Ao menos meia página é necessária por pesquisa para seus comentários. Para pesquisas preenchidas pelos próprios entrevistados, deixe um espaço de meia página no fim para que eles expressem suas dúvidas. Leia os documentos da pesquisa assim que chegarem. Não espere que eles se acumulem, pois eles contêm dicas sobre como você poderia aperfeiçoar a pesquisa enquanto ela está sendo realizada. Todas as melhorias valem a pena, mesmo que alguns dos dados coletados anteriormente não possam ser aperfeiçoados. Como coletores de dados, nosso objetivo é constantemente tentar melhorar a acurácia de nossa pesquisa e diminuir o número de respostas seletivamente ausentes ou erradas.

A ideia da acurácia é ridicularizada por alguns pesquisadores qualitativos que criticam o próprio método de pesquisa. Na história da ciência, o debate sobre pesquisa qualitativa e quantitativa tem sido atormentado por um cisma entre dois grupos. O primeiro grupo geralmente é chamado de os positivistas, mas seus seguidores também são conhecidos como empiristas ou empiristas padrão.[1] Eles buscam a obtenção de fatos como se as informações obtidas fossem impessoais e pudessem ser separadas da relação entre o conhecedor e o objeto que é conhecido. Para os pesquisadores desse grupo, o entrevistado é objetificado; eles tentam usar pessoas para obter fatos. Eles podem ver a pesquisa "instrumentalmente" – ou seja, como um modo de aumentar a eficiência ou aperfeiçoar o foco de tributação ou a assistência médica preventiva. Eles despersonalizaram o processo do pesquisador para atender aos interesses da boa ciência. O grupo positivista pode ser considerado como objetivistas caso afirme que os dados simplesmente "nos dizem coisas" ou podem ser "verdadeiros" sem reconhecer a suavidade em torno das bordas oriunda da base social e humana das descobertas sociais. A suavidade, como descrevo alhures neste livro, decorre da profunda engenhosidade humana que leva à constante invenção e diferença; da amplitude da personalidade humana e da diversidade de nossos corpos, o que dificulta fazer comparações consistentes mesmo de eventos biológicos, tais como tumores cancerosos, asma, pleno desenvolvimento muscular, velocidade do desenvolvimento ósseo ou proporções de altura para peso. Um ataque meio óbvio ao universalismo objetivista da pesquisa biológica é que ele requer corpos humanos "normais", e assim os conjuntos de dados devem – caso se esteja em busca de fatos – omitir pessoas com deficiências físicas ou mentais e qualquer outra anormalidade relevante. Mas, omitindo essas anormalidades, o cientista estabeleceu um mundo normativo em que se buscam fatos. As normas são implícitas e ocultas e infelizmente tornam a pesquisa um tanto exclusiva. O grupo positivista, se ele realmente existe, busca refúgio na acurácia como uma forma de defender as pesquisas e continuar mantendo sua reputação como "científica". Contudo, nas arestas da análise crítica, os positivistas mostraram-se incapazes de responder criativamente à diferença e diversidade humana. Ver Harding (1993a, 1993b) para detalhes de uma análise crítica da pesquisa biológica e médica positivista.

Existem dois tipos de pesquisadores no outro lado: os subjetivistas e os pós-estruturalistas. Existe certa sobreposição entre esses dois grupos. Subjetivismo é a noção de que a verdade (como uma característica de uma alegação) só pode ser avaliada por meio de outras alegações, sendo, portanto, relativa às posições iniciais dos falantes. A interação de subjetividades, segundo eles, gera mudanças nas bases para a verdade; não há alicerce para a verdade. Os pós-estruturalistas estão mais preocupados com o determinismo na ciência social, que talvez seja uma forma de fundacionismo mas não é o mesmo que objetivismo (compromisso com a objetividade da verdade), o qual é usado pelos subjetivistas como um contraste ao qual se opõem. Os pós-estruturalistas desenvolveram uma ampla variedade de maneiras de analisar a sociedade sem basear-se demais na noção de que as estruturas sociais influenciam o presente e moldam a mudança social. Eles se opõem ao conceito do humano como um "ingênuo". Eles veem as pessoas como maleáveis e reflexivamente capazes de se concentrarem em si mesmas e umas nas outras.

Esses ramos da ciência social geram pesquisadores capazes de analisar dados qualitativos com confiança. Eles simplesmente não se importam com as pesquisas de levantamento e executam outros tipos de pesquisa: teórica do discurso, teórica, macrossociológica, teológica, literária e outras formas, algumas das quais situadas no âmbito das humanidades e um pouco diferentes do aspecto de descoberta de fatos das ciências sociais. Para esse grupo, a acurácia é importante em termos de citar outros textos e fontes, mas não existe tentativa de generalizar sobre grandes populações concretas com referência ao que estas populações realmente dizem sobre si mesmas. Autores icônicos, estilos artísticos, tendências morais e mudanças ao longo do tempo histórico são os principais temas dessa pesquisa. Para esse grupo, a acurácia geralmente é deixada em um lado, entendendo-se que as questões de epistemologia se referem a questões muito mais profundas e mais filosóficas. A questão de "como podemos saber sobre a experiência de outra pessoa", por exemplo, levanta questões não somente de acurácia como também de percepção e da própria natureza do ser.

Embora na prática muitos departamentos universitários de ciências sociais se dividam em dois grupos de pessoas, existe um caminho intermediário entre esses dois redutos antagônicos de ciências sociais. Com respeito à "acurácia", uma abordagem intermediária aprecia a precisão como um entre diversos valores epistemológicos.

NOTA

1. Em relação ao positivismo em suas três variantes, estas categorias não devem ser usadas pejorativamente porque cada uma delas se refere a todo um conjunto de pressupostos básicos de pesquisa. Vamos concordar com alguns, mas discordar de outros desses pressupostos. Smith (1998) oferece uma síntese equilibrada dos três estilos de positivismo. Esses poderiam ser vistos como escolas de pensamento, mas, se um leitor encontra incoerência em um ou mais deles, é tarefa especializada elaborar o porquê, observando onde estão as incoerências ou onde se decide discordar de uma premissa básica, tais como naturalismo ou nominalismo. Para uma discussão das implicações para inferência estatística, ver Olsen e Morgan (2005); para comentários sobre a abordagem realista crítica, a qual esclarece muitas das questões relevantes, ver Potter (1999); para aconselhamento prático, ver Blaikie (2003); e de uma perspectiva qualitativa, ver especialmente Outhwaite (1987).

16
Aprovação ética

O processo de aprovação ética para projetos de pesquisa universitários e hospitalares é com frequência prolongado. Ele também varia de lugar para lugar, o que pode confundir. O documento dos procedimentos legais que aconselha os pesquisadores sobre o que eles precisam fazer pode ser longo e complexo porque o comitê de ética ou o conselho de avaliação ética tem de levar em conta toda uma variedade de possíveis problemas éticos e jurídicos.

Neste capítulo, o principal foco é nas implicações da ética na coleta de dados. Primeiramente, descrevo o processo de aprovação ética no meio universitário, depois abordo algumas das questões jurídicas e de proteção de dados relacionadas e, por fim, comento sobre o que a ética realmente significa e o impacto da ética na coleta de dados de modo geral.

O processo de aprovação ética geralmente se inicia com um proponente examinando quais partes das diretrizes de aprovação ética se aplicam a este projeto específico. Se o projeto não tem voluntários ou sujeitos (ou seja, se ele não é experimental), pode haver um processo mais simples. Se o projeto envolve intervenções, tais como pagar os participantes ou prover-lhes certas substâncias químicas, ele será um processo prolongado e complexo. A declaração de ética precisará contemplar as seguintes áreas:

✓ uma avaliação dos riscos à saúde física e psicológica e ao bem-estar de todos os sujeitos no estudo proposto, inclusive entrevistados e informantes;
✓ se e como será obtida segurança para determinados aspectos do projeto;
✓ um resumo de todo o delineamento de pesquisa do projeto para que o conselho de ética possa considerar a validade da proposta científica e compreender qual contribuição positiva ao conhecimento está sendo buscada;
✓ uma lista de todos os atos de recrutamento de voluntários ou participantes, espe-

cialmente observando se e quais grupos vulneráveis poderiam ser contatados ou envolvidos;

✓ as medidas de triagem e prevenção a serem tomadas para minimizar os riscos à saúde e ao bem-estar;

✓ o comprometimento de que os dados serão alojados no departamento, que a universidade terá acesso aos dados sob solicitação e que eles serão mantidos em conformidade com a legislação e regulamentação de proteção de dados;

✓ como os voluntários serão informados sobre qualquer ameaça a seu sigilo ou sensibilidade em decorrência da pesquisa, anexando os formulários a serem usados para obter consentimento informado de cada voluntário;

✓ o formulário de consentimento informado deve declarar que o voluntário ou participante não é obrigado a participar e pode se retirar do estudo a qualquer momento, e isso deve ser mostrado a todos os participantes.

Esse processo pode funcionar bem para projetos encapsulados. Mas para processos participativos de mais longo prazo, a aprovação ética é difícil de obter. Revisões anuais podem ser necessárias (ver Cap. 17).

A suposição subjacente a esse tipo de processo ético é que voluntários e participantes têm fundamentalmente o mesmo *status* que pesquisadores e possuem direitos que não podem ser revogados. Uma pesquisa secreta jamais é aprovada por comissões de ética universitárias. Uma pesquisa realizada veladamente tem pouco *status* científico por causa das mentiras envolvidas em sua realização. A pesquisa velada geralmente envolve uma quebra de confiança, ao passo que a boa pesquisa científica com frequência envolve construção de confiança. Muitas vezes é uma boa ideia oferecer um boletim ou outro tipo de resumo da pesquisa aos participantes como um desdobramento de sua participação. Lembre-se de dizer aos participantes que levará dois anos para que os resultados estejam prontos.

Depois de inserir o formulário de requisição de aprovação ética, pode haver uma entrevista na qual se discutem os detalhes do delineamento e da metodologia de pesquisa. É fundamental que algum potencial benefício evidente seja proposto e explicado de modo convincente. Do contrário, por que uma universidade iria concordar em aborrecer voluntários, participantes ou entrevistados para fazerem parte do estudo? Somente depois ficará claro se existe algum potencial benefício. Alguns projetos não são bem-sucedidos por uma ampla gama de razões.

A comissão aprovará o projeto ou solicitará mais informações. O processo de aprovação ética pode levar meses. Todos os copesquisadores devem concordar e então obedecer à sua própria declaração ética. A existência de um copesquisador ou participante de fora do meio universitário pode dificultar o término da aprovação ética. Podem haver duas razões para isso. Em primeiro lugar, eles trabalham sob diferentes regulamentações, de modo que os riscos podem ser diferentes ou até maiores. Segundo, elas não são feitas para se conformarem a todos os procedimentos universitários. Pode ser necessária uma declaração explícita incluída na declaração de aprovação ética de que determinadas políticas ou diretrizes serão respeitadas (p. ex., políticas de igualdade de oportunidades ou diretrizes de proteção infantil). Fora dos meios universitários, algumas empresas encorajam suas equipes a respeitarem as diretrizes éticas de associações profissionais. Quer seja a Associação de Pesquisa Social ou uma associação nacional de sociologia ou administração, quase todas as maiores associações profissionais oferecem documentos padronizados que dão orientação ética a seus membros. Esses documentos de orientação podem ajudar a lidar com questões éticas reais mesmo que não forneçam a cobertura e proteção jurídica que uma comissão ética universitária pode proporcionar.

A universidade pode solicitar um breve memorando depois de um ano para atualizar seus registros sobre o sucesso de um projeto. Esse memorando é usado para revisar os aspectos práticos da ética em uma ampla gama de disciplinas.

A pesquisa que envolve pessoas que cometem crimes é uma área particularmente problemática. De modo geral, a comissão universitária de ética da pesquisa aconselhará os pesquisadores que se eles souberem de um crime cometido, ou que em breve será cometido, eles devem denunciar o problema à polícia. Pesquisadores nessa área tendem a aconselhar seus informantes sobre essa regra e dissuadi-los de repassar informações-chave sobre crimes específicos. Conversações e entrevistas podem então acontecer com essa regra prévia conhecida por ambas as partes. Consentimento informado e formulários assinados atestando esse consentimento precisam ser obtidos antes, e não depois de qualquer encontro para coleta de dados.

Algumas exceções às regras são feitas em circunstâncias locais específicas. Se as pessoas não forem alfabetizadas, uma forma excepcional pré-acordada de garantia verbal ou de outro tipo de consentimento informado pode ser aceita. Se riscos forem inevitáveis, pode-se obter proteção de seguro para uma área de risco, e a declaração de ética pode conter um protocolo para manejo de saúde, segurança e risco. Um exemplo de um protocolo desse tipo foi incluído no Apêndice como Documento A1. O protocolo é um guia útil que pode ser usado para treinar toda a equipe do projeto. Ele pode ser usado para apoiar a indução de cada novo membro da equipe, por mais causal ou temporário que seja seu contrato. Um exemplo de formulário de consentimento informado do participante também foi incluído no Apêndice como Documento A2.

As questões legais oriundas de um estudo incluem:

a) O risco à saúde dos participantes, pois após o estudo eles podem decidir processar a universidade ou os pesquisadores envolvidos.

b) O risco à reputação da universidade, que pode ser protegida em parte por uma comissão de ética cautelosa garantindo que cada pesquisador assuma seriamente seu papel como buscador de conhecimento e esteja preparado para apresentar a pesquisa de uma maneira clara e legível que possa ser compreendida por qualquer público inteligente.

c) O risco de que a equipe que realiza a pesquisa possa se ferir e depois alegar que a universidade é negligente. Como resultado, a universidade pode decidir se encarregar de todos os contratos de seguro. Depois de tratar com seguradora, eles podem informar à equipe do manejo do risco e de precauções necessárias em cada área específica de saúde e segurança. Embora se possa argumentar que a comissão de ética não deve interferir em questões de saúde e segurança rotineiras, é importante que a comissão de ética não aprove um projeto se ele mostra qualquer tipo de risco à saúde ou ao bem-estar que não seja um risco evitável ou desnecessário. Seria antiético aprovar o projeto. Geralmente é necessário que a comissão ou o conselho de ética aprove os projetos antes que a proteção e a seguridade tenham validade legal para experimentos científicos tanto quanto para o campo de trabalho das ciências sociais.

As questões de proteção de dados decorrentes de um estudo envolvem seguir tanto a legislação do país onde o trabalho de campo está ocorrendo quanto do país em que o órgão financiador e os pesquisadores estão situados. No Reino Unido, a Lei de Proteção de Dados oferece clara orientação de que os entrevistados devem ser informados de que dados sobre eles serão guardados e que eles devem concordar com isso. É inclusive regra no Reino Unido que cada pessoa deve estar ciente de que pode revisar e alterar os dados guardados a seu respeito. O estudo precisa prometer respeitar a Lei de Proteção de Dados antes de poder passar pela fase de aprovação ética.

Exemplos de não conformidade incluiriam:

✓ possuir dados sobre os entrevistadores em um processo de nomeação, incluindo seus nomes reais, mantidos em um computador para fazer a amostragem antes de obter desses entrevistadores aprovação escrita para guardar tais informações;

✓ digitar grande parte dos dados do questionário com os nomes reais neles, sem atribuir um número serial a cada questionário, a menos que os entrevistados tenham concordado explicitamente que seus nomes fossem digitados no computador;

✓ carregar dados de som em MP3 em um computador sem ter permissão explícita das pessoas que foram gravadas.

O consentimento precisa ser obtido com antecedência, mas na realidade é sempre melhor prosseguir e obter consentimento depois se um erro processual foi cometido. A probabilidade de condenação é baixa, mas o impacto de ser condenado é alto, porque, sob a Lei de Proteção de Dados, não é um pesquisador que é individualmente acusado, e sim toda a organização.

Registros em vídeo de eventos públicos são especialmente problemáticos. Nesse caso, a lei é vaga e, no Reino Unido, seria necessário vasculhar a jurisprudência para descobrir exatamente que regras se aplicam. Bom senso e ética prática (ou seja, respeitar as pessoas) sugerem que vídeos de eventos públicos para fins de pesquisa não devem mostrar rostos que possam ser identificados, a menos que as pessoas identificáveis tenham dado consentimento informado para serem filmadas (Alfonso et al., 2004; Pink, 2007).

Tirar fotografias de crianças é outra área problemática. Geralmente é delicado obter consentimento de crianças para um processo de pesquisa que se aplique a elas. Pedir aos pais também é complicado, porque isso significa que talvez a criança não tenha sido consultada. Uma boa via nessa confusão é evitar tirar fotografias frontais inteiras de crianças. Fotografias tiradas de trás e fotografias de corpos sem cabeças são mais úteis na pesquisa social, mesmo que não sejam esteticamente agradáveis. O padrão de uma foto ser "agradável" é quase irrelevante em pesquisa social, em que o bem-estar e a situação legal de cada participante são de suma importância.

Em todas essas interações com os participantes, os pesquisadores precisam manter em mente que não estão trabalhando sozinhos. Eles estão atuando como um representante de sua universidade, de seu departamento e – mais amplamente – de sua disciplina. Se eles forem acusados de qualquer prática ilícita, pode-se haver um alvoroço público. Mesmo que a acusação seja falsa, levar a universidade a descrédito é uma questão grave. Riscos de acusações precisam ser previstos ao máximo para que possam ser evitados. A legislação sobre proteção de dados e os direitos de pessoas comuns em lugares públicos e em projetos de pesquisa variam de um país para outro. É sábio fazer o dever de casa e descobrir as leis que se aplicam ao país ou aos países nos quais você está trabalhando e, então, seguir todas as leis de todas as pessoas envolvidas. Assim, se você trabalha com migrantes de um país africano você deve investigar quais leis se aplicam a eles em seu próprio país e tentar obedecer a essas leis também. Se você acha que não é possível respeitar, há um risco de você infringir a lei e então você deve informar sua universidade. Detectando esse problema, você pode torná-lo uma questão coletiva para investigação. Não ignore questões inoportunas: elas podem crescer e tornar-se muito sérias de uma maneira inesperada. Aponte por escrito as dificuldades levantadas verbalmente junto aos agentes jurídicos, éticos, administrativos ou de apoio à pesquisa de sua universidade. Suas notas escritas podem ser usadas para rastrear a questão ao longo do tempo.

Uma ilustração para mostrar que questões legais em múltiplos países realmente importam é a pesquisa sobre aprendizagem a distância. Vamos supor que você quisesse avaliar um programa de aprendizagem a distância. Seus participantes na avaliação viverão em diversos países. Você rapidamente verá que, do ponto de vista deles, é óbvio que você precisa obedecer às leis deles, uma vez que você está efetivamente fazendo pesquisa no território deles, mesmo que ela seja feita por correio, Skype ou *e-mail*.

Depois de ver que as questões legais e éticas são abrangentes e envolvem muita preparação e adivinhação sobre riscos, você agora pode ver que a aprovação ética tem ligações diretas com o desenvolvimento do projeto experimental. Você só pode fazer coisas que funcionem, e, para que seu projeto seja válido, você precisa obter aprovação ética. Por isso, faça uma lista das atividades e dos tipos de dados que você quer coletar e trabalhe com as eventuais dificuldades potenciais. Depois, descarte as que parecerem muito difíceis ou inviáveis ou que suscitam perigos assustadores ou sérios.

À medida que uma equipe de pesquisa acumula experiência, torna-se mais fácil administrar o "processo" de aprovação ética. A ética concreta da pesquisa é uma questão diferente. Em um nível avaliativo mais profundo, é preciso ter certeza de que a pesquisa oferece valor à sociedade de alguma forma. Pode ser indiretamente ou em longo prazo, mas você tem de ser capaz de identificar aquele valor agregado ou o potencial conhecimento extra. É provável que haja dilemas e todos os tipos de dificuldades na pesquisa. Ela pode ser embaraçosa para alguém, as entrevistas podem envergonhar uma pessoa, implicações legais podem aflorar e o pesquisador não pode garantir que todos vão se beneficiar. O estudo da ética é interessante porque a ética é muito complexa. Uma introdução à ética sugere que considerar apenas os procedimentos é raramente suficiente (MacIntyre, 1985). Na verdade, pesquisas de entrevista em ciências sociais com norte-americanos mostraram que a ética leiga entre pessoas comuns nas cidades americanas era também bastante complexa. As pessoas consideram toda uma variedade de fatores antes de tomarem uma decisão (Wolfe, 1989). Da mesma forma, o pesquisador monta um programa de pesquisa visando um ganho geral de conhecimento. Ele então estipula projetos experimentais para cada componente e para cada projeto que, a seu ver, oferecerão boa relação custo/benefício e contribuirão para o programa mais amplo. Espera-se que qualquer desconforto para os participantes seja de alguma forma superado pelos benefícios sociais dos resultados.

LEITURAS ADICIONAIS PARA A PARTE 2

Para o pesquisador qualitativo, Fairclough (2001) – ou qualquer outro trabalho deste autor – a hermenêutica é uma forma extremamente fácil de compreender o estudo do poder social. Entretanto, também é fácil obter conhecimento concreto de como montar e interpretar entrevistas por meio do livro muito mais construtivista de Kvale (1996). Em poucas palavras, a diferença de perspectiva entre essas duas obras representa uma divisão de escolas inteiras de pensamento. Fairclough é explicitamente realista sobre os mecanismos do poder preexistirem a construção ou a desconstrução social do texto; mas Kvale tende a focar mais nos problemas epistemológicos do que nas características "reais" do mundo. Kvale incentiva os pesquisadores a realizarem atos de interpretação, mas não fica muito claro se existe uma verdade a ser encontrada usando o método qualitativo como ele o descreve. Com o realismo de Fairclough, a título de contrapartida, existem verdades a serem encontradas porque os discursos e as relações de poder têm uma natureza preexistente e deparamos com eles prontos para descobrir o que pudermos, usando métodos inovadores, tais como análise de textos.

Segundo Fairclough – e eu concordo –, não podemos simplesmente inventar qualquer história livremente para interpretar os textos que reunimos. O espectro de interpretações é limitado pela realidade do mundo do qual os textos surgiram. A análise do discurso é fundamentalmente sobre a realidade, não apenas sobre a linguagem. Muitos livros sobre o método qualitativo deixam essa questão sem resolução – notavelmente Wetherell e colaboradores (2001) e o excelente trabalho de Charmaz (2006) sobre *Constructing Grounded Theory*. A introdução à *Qualitative Researching*, de Mason, ajuda com aspectos tanto práticos quanto teóricos da interpretação.

parte 3

Observação e métodos participativos

17
Participação

A participação em pesquisa torna o trabalho de equipe mais complexo. Por "participação" geralmente queremos dizer o envolvimento de agentes ativos, tais como pessoas ou organizações em um processo facilitado pelo(s) pesquisador(es). A pesquisa pode ser promovida por uma agência, por uma empresa ou pelo governo. A participação tem sido enaltecida por aqueles que percebem a marginalização das vozes das periferias da sociedade. Por exemplo, pessoas sem moradia, grupos étnicos minoritários, imigrantes e refugiados tipicamente não teriam acesso a todos os direitos e privilégios usuais de outros cidadãos. A pesquisa poderia, entre outras coisas, ajudá-los a ajudarem a si mesmos. Neste capítulo, primeiramente analiso o que significa ser uma voz marginalizada e depois descrevo como a participação pode funcionar na pesquisa. Finalmente, reviso sucintamente algumas críticas à participação em pesquisa social.

"Uma voz marginalizada mal pode ser ouvida." O significado dessa afirmação não é apenas metafórico e tampouco se refere à "altura" literal de uma voz. Ela é mais uma declaração de que certos tipos de pessoas não são aceitos no ambiente social das elites dominantes e poderosas. Os principais aspectos da marginalização são três: fraco poder social, falta de envolvimento no planejamento de elite e exclusão da sociedade corporativa. Dois exemplos introduzirão uma descrição desses aspectos. O primeiro exemplo é o gênero feminino.

A pesquisa sobre administração e mercados de trabalho esteve por muito tempo (dos anos de 1950 a 1960) focada totalmente nos homens e nos gerentes do sexo masculino, porque, de alguma forma, era considerado "adicional" ou "não normal" que as mulheres fizessem trabalho remunerado ou se tornassem gerentes *seniores*. Quanto mais pesquisa houvesse sobre gerentes *seniores*, maior a probabilidade de haver uma presunção de que o gerente era do sexo masculino. Na década de 1950, a ideologia prevalente em muitos países ocidentais era a de que as mulheres não deviam fazer trabalho remunerado, embora tivessem desempenhado papéis produtivos importantes em sociedades passadas. Na sociedade agrária da Idade Média, as mulheres ordenhavam vacas ou trabalhavam na fazenda. Na sociedade industrial, elas trabalhavam nas fábricas e na sociedade pós-industrial em serviços de manutenção ou no varejo, na saúde ou na educação. Um tema comum tem sido o de que todas as funções desempenhadas por mulheres eram classificadas como marginais ao mercado de trabalho central. Em décadas recentes, reconheceu-se amplamente que isso é injusto com as mulheres e que os ganhos das mulheres não são apenas "dinheiro extra" para complementar a principal renda da família.

Em estudos de gênero, tem-se assinalado que a marginalização ocorre por meio de classificações linguísticas e estereótipos típicos dos papéis desempenhados por homens e mulheres. Os estereótipos atuam sugerindo que os papéis *comumente* representados são aqueles que *deveriam ser* desempenhados. Há uma fusão dos tons descritivo e normativo da descrição dos papéis. Homens e mulheres tenderão a ajudar a contribuir para esse padrão, porque também pensam que seria estranho ser anormal, e portanto o que é "usual" é bom. A marginalização é, então, agravada quando o grupo oprimido, excluído ou silenciado é politicamente fraco. As mulheres – que estavam presentes nos mercados de trabalho, mas principalmente em empregos de meio expediente ou de baixo *status* – foram excluídas dos papéis políticos centrais. A proporção de mulheres para homens nos parlamentos de países democráticos era e é baixa. Em sistemas não democráticos também o número de mulheres em cargos de poder é pequeno. As mulheres foram silenciadas da vida pública, mas eram muito ativas nas "vidas privadas". Uma análise crítica do papel da ciência pública nesses ambientes foi claramente exprimida por Haraway (1988), que alegou que as vozes silenciadas não poderiam ser ouvidas porque elas não estariam sequer falando a mesma língua ou usando as mesmas expressões que os grupos masculinizados dominantes – tais como a linguagem da "testagem de hipóteses" das ciências naturais ou o discurso da "busca de fatos".

Stanley e Wise (1993) também exploraram esse fenômeno, por meio do qual a dimensão de gênero da própria ciência tornou a ciência ocidental muito masculina em sua orientação ao conhecimento. Stanley e Wise sugerem que uma ciência de orientação mais feminina ou "não masculina" prestaria atenção a profundos eixos de diferença em uma população, ouviria vozes raras e criativas dando novas ideias e estaria disposta a "harmonizar" e generalizar para uma norma universal, porque teria de reconhecer normas locais e diferenças genuínas. A diferença cultural dentro de uma população – especificamente sobre papéis de gênero, mas também sobre a autonomia das crianças ou das crenças sobre intervenções médicas – é um exemplo levantado por feministas para ilustrar sua crítica da ciência universalista em busca de leis (Alcoff and Potter, 1993). A marginalização, consequentemente, envolve em parte um circuito de elites de poder usando a ciência para reproduzir o poder e – necessariamente – excluir os impotentes desse cenário, a menos que esses sejam cooptados pela ideologia e pelos discursos dos poderosos.

No exemplo de gênero, podemos ver que as próprias mulheres podem ser incapazes de se salvar do baixo poder social. Elas são propensas a tornarem-se desvinculadas do planejamento nacional e internacional por causa de seus papéis familiais atribuídos por gênero. Como resultado, as mulheres muitas vezes são excluídas *en masse* da sociedade corporativa de ampla escala. A pesquisa em inclusão social tenta explorar formas de romper esse impasse, e estudos de exclusão social têm repetidamente defendido a participação em nível local e de base nos processos democráticos e orçamentários como uma forma de aumentar o "volume" de vozes locais marginalizadas.

Um segundo exemplo é o de imigrantes e refugiados. Alguns imigrantes têm um claro *status* de cidadania, ao passo que outros não são aceitos como cidadãos de seu novo país de residência. Os termos "refugiado" e "requerente de asilo" se desenvolveram como formas de sintetizar um *status* legal diferente de um imigrante legal. Enquanto isso, as normas sociais e as conotações afetivas das palavras também se desenvolveram. Uma pessoa que é um "imigrante", "refugiado" ou "requerente de asilo" pode ter dificuldade para ser aceita nas atividades cotidianas normais da vida social de um grupo. Ela pode ser isolada em um grupo de pais e filhos pequenos ou tratada de forma reticente no centro esportivo local. A confusão sobre a situação legal e regulamentar do grupo imigrante pode – simplesmente por ignorância ou relutância em explorar a complexidade da situação – disseminar-se por meio de reações negativas às pessoas de minorias étnicas visíveis ou àquelas cuja primeira língua não é a língua falada no país. A população do grupo étnico dominante pode na verdade agir de uma forma racista sem ter essa intenção.

No Reino Unido, onde vivo, um grupo de trabalhadores que decide organizar uma típica "ocasião social britânica" – uma visita ao *pub* ou estabelecimento público, onde batem papo, relaxam e bebem várias rodadas de bebidas alcoólicas – poderia ser um exemplo de racismo institucionalizado. Quaisquer amigos muçulmanos seriam excluídos dessa ocasião social, sem intenção. O planejamento da ida ao *pub* pode ignorar a realidade cultural de que alguns muçulmanos no grupo não bebem ou vão a um bar.

As pessoas podem provocar exclusão social simplesmente sentindo-se mais confortáveis com pessoas parecidas consigo mesmas, seja em termos visuais ou auditivos – ou seja, que falem o mesmo idioma ou dialeto. A marginalização resultante pode ser profunda, e o sistema político do país tende a não incluir os migrantes. A capacidade dos migrantes de expressarem suas demandas políticas ou envolverem-se em confrontos ou negociações para reduzir tensões pode ser limitada. O impacto nos dados de pesquisa é multifacetado. Por exemplo, os endereços de migrantes podem mudar rapidamente e eles podem não ter direito de votar, por isso o uso de cadastros eleitorais para fazer a amostragem tenderia a excluí-los. Se o estudo é sobre votar ou direitos cívicos e o migrante não tem nenhum, pode parecer aceitável simplesmente omiti-los do quadro de amostragem por essa razão. Se perguntarmos ao migrante se ele (subjetivamente) gostaria de participar de pesquisas, é mais provável que ele – mais do que os grupos étnicos dominantes de nativos – decline. Eles terão consciência de sua real diferença. Eles saberão que pode ser difícil ser compreendido ou ouvido e que eles serão percebidos como discordantes em certos aspectos de uma suposta norma, tais como em suas opiniões religiosas ou culturais básicas, estrutura familiar, idioma e conhecimento histórico. A autoexclusão é uma parte importante da exclusão social.

A pesquisa sobre migrantes tem que levar em conta esses riscos de exclusão. Migrantes em geral são menos propensos a ter modelos de papel de mesma etnicidade, com frequência possuem menor poder social local do que outras pessoas e – por serem novos e diferentes –, não podem participar dos grupos da sociedade civil que os nativos formam. Um exemplo no Reino Unido seria que algumas escolas católicas são financiadas publicamente, mas migrantes não podem ter acesso a elas a menos que sejam católicos ou possuam um endereço local estável, ou ambos. Além disso, um migrante não católico mais recente não pode sequer pensar em se matricular em uma escola de orientação religiosa católica (ou de outra religião). Assim, em geral, os migrantes que são "diferentes" – neste caso, aqueles que não são católicos – são excluídos de importantes oportunidades para obter os benefícios da vida corporativa. Porém, os regulamentos declaram claramente que essas escolas católicas deveriam aceitar um número especificado de crianças não católicas. O governo do Reino Unido também faz um esforço para incluir todos os grupos sociais na educação, garantindo que existam escolas "abrangentes" não seletivas para educar toda criança que necessite de escolarização. Contudo, as escolas de elite são mais seletivas e menos propensas a ter – ou ouvir – migrantes do que as escolas não elitistas. Como consequência, o sistema escolar participa na reprodução do poder de classe e das hierarquias sociais de poder.

Em termos de pesquisa, pode ser fácil obter acesso a migrantes, mas difícil fazê-los expressar em termos explícitos o problema que o pesquisador pode ver nesse sistema. As pessoas com frequência não têm consciência das propriedades sistêmicas da sociedade na qual estão vivendo. Elas podem não querer falar sobre isso. A maioria dos leigos não tem vocabulário para articular seus sentimentos de exclusão ou frustração social. Em vez disso, eles focalizam suas rotinas diárias em aspectos da vida com os quais se sintam mais confortáveis, os quais podem ser feriados, telefones celulares ou outras práticas de consumo. Assim, a exclusão social tende a se reproduzir em uma sociedade dividida. Existe a esfera pública e, separadamente, existem círculos sociais menores e mais estreitos nos quais as pessoas muitas vezes se sentem confortáveis. Nos grupos menores, as pessoas podem conversar demoradamente sobre as rotinas diárias nas quais focam (cultos religiosos, manejo de animais de estimação, etc.). Os leigos podem não conversar com frequência sobre as maiores questões que lhes são problemáticas, especialmente se veem essas questões como impossíveis de resolver.

Este cenário social segmentado é o contexto para a participação em pesquisa. Um processo de pesquisa que é participativo pode ser incluído em uma de diversas subcategorias. A pesquisa-ação participativa (PAP) é um tipo importante. O PAP usa o método de pesquisa-ação para engajar as pessoas em processos que permitem sua participação e crescimento pessoal – ver Heron (2000), Reason e Bradbury (2009) e Reason e Rowan (1981); e Fals-Borda and Rahman (1991) escrevem sobre PAP no contexto de países em desenvolvimento. Fals-Borda (1988), como os trabalhos mais teóricos de Freire (1993), alega que as relações de poder na sociedade são sustentadas por estruturas sociais e distribuição de recursos de modos que tipicamente silenciam as vozes dos marginalizados. A pesquisa antropológica e social pode ser uma forma de participação, mas ela se coloca contra essas barreiras. Outras formas de participação pública poderiam engajar cidadãos em processos de *feedback* ou acordos de parceria social que são influenciados por grandes organizações governamentais ou semigovernamentais (Hickey and Mohan, 2004). Na maioria dos processos de participação, existe um facilitador remunerado cujo patrocinador organizacional é muito influente no processo de pesquisa (Heron, 1999). O estudo pode seguir um processo padronizado. Um protocolo de pesquisa típico é descrito no Quadro 17.1. Este tipo de processo é descrito por Mikkelsen (1995, 2005) como incluindo uma variedade de processos de criação

---

☑ QUADRO 17.1

Protocolo de pesquisa para estudo participativo

- ✓ Identificar um problema ou tema.
- ✓ Engajar interessados e selecionar alguns métodos de participação.
- ✓ Facilitar e registrar a participação, escalonada com a atividade seguinte.
- ✓ Dividir os registros de declarações ou produções de grupos ou indivíduos diferentes.
- ✓ Concluir gradativamente o processo com encontros democráticos ou facilitadores em maior escala.
- ✓ Redigir os resultados do processo em um documento ou produzir um vídeo com múltiplas vozes. Retornar às etapas anteriores e iterar.

de dados nas etapas intermediárias. Danermark e colaboradores (2002) também enfatiza que os estágios de pesquisa podem ser visitados em qualquer ordem.

Os processos de participação mais usados incluem:

✔ mapeamento participativo, usando imagens para representar questões como desigualdade ou fome;
✔ grupos de foco, identificando e definindo perspectivas diferentes (ver Cap. 13);
✔ grupos de discussão, reunindo interessados para alcançar uma compreensão mais profunda de outras perspectivas;
✔ facilitadores, levando os processos a um momento de fechamento ou conclusão de comum acordo.

A questão para a coleta de dados é se alguma dessas etapas será registrada de modos que contariam como "dados". Evidentemente, memorandos ou notas de campo poderiam ser redigidos a partir de todos as etapas. Eles seriam públicos ou privados? Seriam produtos individuais ou grupais? Os pesquisadores variam em suas opiniões sobre essas duas questões. Em anos recentes, tornou-se mais fácil colocar materiais multimídia em computadores. Portanto, os diagramas, mapas e produtos criativos (tais como uma produção teatral curta) produzidos durante pesquisa participativa podem ser representados no formato de dados.

É importante que o consentimento informado seja obtido antes de reunir os dados (ver Cap. 16). Na ética da pesquisa participativa, o consentimento informado é apenas uma parte do processo mais amplo de colher consentimento e justo envolvimento ao longo do tempo. Por razões jurídicas – notavelmente a legislação de proteção de dados –, o passo oficial de obter consentimento informado para coletar dados precisa preceder cada atividade de coleta de dados. Mesmo que você não tenha certeza de que o consentimento informado vai funcionar perfeitamente, é importante obter algum consentimento informado. Os

procedimentos de consentimento podem ser alterados posteriormente, mas é realmente necessário haver uma permissão ou um acordo explícito – preferivelmente assinado – em uma etapa inicial.

O acordo tende a dar aos participantes acesso aos seus e talvez a todos os dados. Nem sempre está claro se todos os participantes podem realmente usar os dados posteriormente. Pode não ser prático, e eles podem não ter motivação para usar os dados. Além disso, não se pode presumir extinta a exclusão digital. Exclusão digital refere-se a dificuldades de acesso a computadores, internet e *software* entre pessoas pobres e socialmente excluídas. Além disso, algumas pessoas não terão tempo livre suficiente para estudar ou usar os dados. Também existe um forte perigo de que o promotor da pesquisa, o facilitador ou o usuário final dominem a etapa de interpretação. Isso me conduz ao meu próximo conjunto de observações sobre pesquisa participativa, o qual considera as "análises críticas da participação".

Existem três principais linhas de crítica. A primeira é que os materiais participativos possuem um baixo teor factual e sua acurácia como representações não foi verificada. Uma pessoa poderia fazer uma afirmativa sobre um grupo étnico. Por mais autêntica que seja sua crença naquela afirmativa, ainda pode ser necessário questioná-la e buscar mais evidências – talvez de maneira científica, sistemática ou sem viés do observador – para dar alguma legitimidade ao uso de tal afirmativa em relatos posteriores.

Para um pós-estruturalista, esta crítica não tem relevância, porque as vozes em si são valorizadas pelo que podem nos dizer sobre como "realmente é" estar em um lugar marginalizado. Mesmo as pessoas em posições privilegiadas têm direito de ter suas opiniões. Todo o propósito é escutar a lógica de como a vida social é construída pelas pessoas que estão participando. Questionar suas crenças por "não serem verdadeiras" ou suficientemente factuais impõe a elas a estrutura elitista do conhecimento que fundamentalmente está sendo questionada na pesquisa participativa. De modo geral, os processo de PAP são muito tolerantes com diferentes visões.

A segunda crítica é que os oprimidos terão dificuldade para dar voz às suas reais necessidades e em vez disso podem expressar demandas de muito curto prazo ou mesmo usar o processo como instrumento para alcançar algum objetivo de parcerias ou publicidade. Essa crítica percebe que a natureza socioética da abordagem do facilitador pode não ser acompanhada de uma resposta socioética. Em vez disso, o processo todo pode tornar-se fragmentado, especialmente quando existe financiamento governamental em jogo ou um patrocinador poderoso. A tarefa do facilitador de derivar um fechamento ou uma conclusão pode ser extremamente desafiante precisamente em situações em que conflitos reais de interesse são articulados e confrontados. Essa crítica foi questionada por aqueles que querem respeitar as opiniões de todo mundo, do tipo que forem, sem prejulgar quais visões ou demandas as pessoas podem ter. A ideia de que uma pessoa de uma perspectiva marginalizada não pode conhecer suas próprias necessidades às vezes é chamada de problema da "falsa consciência". Falsa consciência poderia surgir, por exemplo, se um grupo migrante quisesse ter uma escola especial em vez de colocar seus filhos em uma escola convencional. Seria possível argumentar que eles não compreendem os benefícios da integração e inclusão. Eles "preferem" estar separados por acharem mais fácil, mas sua preferência não lhes é a mais benéfica.

Tentei fazer um breve resumo dessa discussão aqui. É uma discussão controversa, em grande parte sobre conhecimento e validade e sobre quem está autorizado a dizer quais visões ou propostas são mais válidas. Nas ciências sociais, toda a questão da falsa consciência levanta uma questão mais ampla de como discernir a verdade ao realizar pesquisa qualitativa. O pesquisador está autorizado a afirmar como verdadeiro algo com o qual os participantes não concordam? A pesquisa participativa está permeada de questões sobre verdade, conhecimento e poder (Babbitt, 1993). Alguns pesquisadores evitam pesquisa participativa por essa razão. Outros encontram formas de realizá-la em contextos minuciosamente estruturados, flutuando por meio das controvérsias como um entre muitos participantes.

Uma terceira crítica é a de que, mesmo em processos participativos, que tentam ser democráticos e defendem uma "boa escuta" de grupos sociais excluídos, existe uma tendência de que tipos mais instruídos ou ambiciosos se sobressaiam. Pior ainda, absorver os tipos excluídos como "participantes" pode muitas vezes objetificá-los ou cooptá-los para os discursos do grupo dominante. Cooke e Kothari (2001) argumentam nesse sentido, afirmando que a participação em pesquisa em países em desenvolvimento é, às vezes, uma forma de tirania. A participação agora, rotineiramente exigida por alguns financiadores de pesquisa, sugerem eles, é com frequência acatada apenas no nome, mas, na verdade, reproduz o poder e as hierarquias sociais dando aparente aprovação democrática a processos de desenvolvimento de políticas.

Como pesquisador, você tem de decidir quais aspectos de um processo de pesquisa documentar, que ética seguir e que tipos de realização (práxis) tentar durante o processo de pesquisa. Se a participação funciona pra você, use-a.

Eis um exemplo a considerar. Experimentei pesquisa participativa local em Salford, Manchester, entre 2000 e 2001. Fui chamada para ser a facilitadora de um processo em que 12 trabalhadores de desenvolvimento comunitário locais foram treinados e depois entrevistaram pessoas do local sobre a pobreza em Salford. Também fui solicitada a aplicar à questão dados secundários sobre valores das casas, níveis de pobreza, privação social e econômica e rendas. Todos os pesquisadores examinaram minuciosamente os dados detalhados de privação de cada bairro desde 2001 (ver Cap. 31).

Toda a atividade foi patrocinada e financiada pela Community Network, que é uma parceria do conselho local, de uma comissão de regeneração e de alguns grupos comunitários. A Community Network também permitiu que indivíduos fossem membros, e as pessoas podiam participar das reuniões, fossem membros, ou não. O processo de pesquisa durante um período de 12 meses seguiu a maioria dos passos descritos anteriormente. Os resultados foram resumidos nas alegações finais – muito revisadas – mostradas a seguir:

Hipótese 1: Em Salford, a pobreza relativa ao salário das famílias é persistente e afeta o comportamento cotidiano das pessoas. Cerca de um quinto dos domicílios são pobres nesse sentido.

Hipótese 2: O medo subjetivo da pobreza e da degradação em Salford fazem muitas pessoas se defenderem contra o rótulo "pobre" e lutarem por um senso de decência e valor próprio.

Hipótese 3: A privação associada à localização de Salford torna ainda mais importante que os nativos sejam capazes de estabelecer estilos de vida saudáveis e ricos.

Um documento de síntese de cerca de 20 mil palavras levou dados quantitativos e qualitativos ao conhecimento do público. Esse documento continha declarações importantes dos nativos, ilustrados pelo seguinte comentário vívido sobre pobreza:

R. As pessoas que são individualmente pobres são, hum. Existem bairros dentro de bairros hum que são pobres. Daí talvez hum determinados grupos de pessoas, talvez pessoas sem desemprego (sic) que estão desempregadas e não têm dinheiro suficiente entrando, ou se estamos falando sobre um aspecto diferente, digamos, saúde. Então vão ser as pessoas que não têm acesso a alguns serviços de saúde.

P. Então é isso que você consideraria ser pobre?

R. É, eu acho que é um problema de privação. Assim somos mais pobres porque não podemos ter certas coisas. Somos pobres porque não conseguimos pôr comida na mesa.

(Olsen, 2005)

A questão geográfica dos bairros era importante para os nativos. Dados de privação em um nível geográfico muito baixo foram usados para esclarecer quais áreas eram mais carentes, deixando que a pesquisa qualitativa focasse em por que e como é a experiência de desigualdade. Até certo ponto, a medida concluiu que a pobreza não é tanto um problema de renda individual quanto de privação baseado na localização. Consequentemente, seria possível argumentar, o uso de instalações cívicas e bens sociais, tais como centros comunitários, talvez pudessem compensar a pobreza de renda oferecendo bens comunais e novos modos de interagir publicamente. Em anos recentes, Salford introduziu comitês comunitários para aumentar a participação da população local no modo como o conselho toma suas decisões. O método de pesquisa participativa é muito semelhante à pesquisa-ação quando é feito dessa forma.

As três alegações listadas como "hipóteses" sintetizaram os resultados, não as hipóteses *a priori* ou *testadas*. Na pesquisa participativa, a "testagem" geralmente não é uma parte importante do processo. Em contrapartida, exprimir opiniões, aprender e escutar, ouvir e estabelecer diálogo face a face são muito importantes. Alguns chamam isso de processo dialógico (Freire, 1996). Um diálogo contrasta com o monólogo científico usual. O processo de pesquisa de Salford foi usado para desenvolver e informar a estratégia da cidade para desenvolvimento e regeneração local, e a maior parte dos trabalhadores do desenvolvimento comunitário logo passaram para outros trabalhos e atividades. Em Salford, outros processos participativos de pesquisa estão atualmente em andamento. Eles são polêmicos pelos tipos de razões que apontei. Muitos dos participantes constataram que a criação e reanálise dos dados é fascinante. Os dados para esse estudo foram retidos para futuro uso.

18
Práxis

Você pode ter tido a experiência de preencher um questionário e se perguntar para que os resultados seriam usados. Talvez tenha sido enquanto você avaliava alguma instrução que tinha recebido, ou enquanto preenchia um questionário de pesquisa de mercado. Você se pergunta para que os dados serão usados porque você presume que o autor da pesquisa tem em mente a práxis. Sua práxis – ação com um propósito – não pode ser facilmente lida a partir do conteúdo do questionário, mas às vezes é possível. Sua pesquisa vai se beneficiar de ter uma abordagem explicitamente planejada e estratégica de sua própria práxis.

Neste capítulo, explico o contexto e a origem da palavra práxis para depois analisar por que as práticas são atualmente consideradas tão importantes em contextos de pesquisa. Existe um movimento mais amplo para estudar as *práticas* das pessoas investigando profundamente os valores, as normas e os conhecimentos subjacentes que fazem com que elas funcionem sem problemas. A atividade mais corriqueira é repleta de práticas – esportes e jogos possuem árbitros, treinadores, jogadores e porteiros, os quais desempenham seus papéis de modos rotineiros. As práticas envolvem seguir rotinas "usuais", mas a práxis significa fazer coisas que podem surpreender as outras pessoas *por uma boa razão*. As práticas são modos pré-éticos, automáticos, habituais de agir, mas a práxis é o tipo especial de comportamento calculado ou planejado que é estratégico e pode causar mudanças.

A palavra "práxis" foi usada por Marx e Lenin para se referir às ações de ativistas do partido revolucionário ou da "vanguarda" do povo (Marx e Engels, 1998). Na visão de Marx, o modo como a mudança ocorre tem sido dominado com excessiva frequência por um único conjunto de ideias da elite. Ele chamou essas ideias de "burguesas" a fim de rotular a elite como uma classe científica. Ele nomeou as outras classes os "trabalhadores" e a pequena burguesia ou pequenos comerciantes. Segundo Marx, a práxis é mais importante do que as ideias. Uma greve ou outra ação coletiva visível é mais poderosa do que qualquer discurso ou conjunto escrito de demandas. Uma greve seria a práxis da classe trabalhadora. Marx trabalhou, sim, no reino das ideias, mas ele dizia que as ideias só eram adequadas se levassem à ação correta. O campo de testes para as ideias, segundo Marx e muitos outros escritores modernos, é como elas ajudam a orientar a ação certa. A práxis se refere à ação como parte das consequências da pesquisa. De acordo com essa visão, novas teorias, novos conceitos e diagramas inovadores simplesmente não são significativos a menos que influenciem as ações de alguém.

A palavra práxis ajuda a focar nossa atenção em quais serão as implicações ou os impactos estratégicos da pesquisa. Se temos uma clara ideia de um problema, mas não sabemos a solução, a pesquisa pode procurar e testar soluções alternativas diferentes. Grande parte da pesquisa em saúde funciona assim, e a práxis surge quando recomendações e tratamentos médicos, dietéticos ou de outro tipo são dados aos pacientes.

Outro exemplo de práxis derivada da pesquisa é quando a cultura da administração é alterada pelas ações de pesquisadores que criticam uma determinada orientação de administração. Marx criticou algumas ideias em economia política justamente porque eram ideias obsoletas inúteis que só funcionavam em um espaço metafórico exclusivamente conceitual. Marx e, posteriormente, Lenin e outros defendiam a ação social, e não apenas meditar sobre a sociedade (Lenin, 1964). Para eles, criticar ideias era uma forma de ação.

Atualmente, os conselhos de Marx e Lenin têm uma reputação mista em virtude das dificuldades que a União Soviética e algumas outras repúblicas socialistas tiveram com os direitos democráticos e a justiça pública. Frequentemente se esquece de que tanto Marx quanto Lenin foram pesquisadores sérios por seu próprio mérito. Marx estudou filosofia de uma forma muito séria e chegou à conclusão de que o *materialismo* tinha de substituir o *idealismo* e que isso de modo geral ajudaria a sociedade a avan-

çar. Um ceticismo generalizado em relação a superstições e à sorte origina-se dessa tradição. De acordo com a tradição materialista, é importante considerar as vidas e os meios de vida reais e avaliar o progresso de um país pelas vidas de seus cidadãos, não por crenças. Marx tentou ser muito científico, embora seu trabalho empírico tenha sido controverso. Lenin, por sua vez, escrevendo pouco tempo depois (entre 1898 e 1917; ver Lenin, 1964), fez sérias pesquisas históricas e sociais sobre a transformação da vida dos camponeses da classe trabalhadora durante a revolução industrial na Rússia. Lenin também era um seguidor de Engels (ver Engels e Kelley, 1892; Marx, 1969), que fez pesquisas materialistas sobre o setor industrial em Manchester e no resto da Inglaterra – e ambos eram, por sua vez, adeptos do arcabouço econômico político fundado por Marx.

Em suma, a práxis tem uma reputação oriunda dessa tradição de luta e ativismo. A práxis também tem lugar nas ideias de Freire (1993), que pensava que os aprendizes devem poder influenciar ou mesmo controlar sua situação de aprendizado, e de Heron (2000), que pensa que as pessoas devem trabalhar juntas cooperativamente em vez de serem colocadas em hierarquias rígidas.

Práxis significa assumir a responsabilidade por uma estratégia de ação. Flyvbjerg (2001) escreveu que a pesquisa em ciências sociais poderia ser revigorada e evitar a obsolescência por uma forte referência aos conceitos de práxis que existem desde Aristóteles. Flyvbjerg, como eu, é um seguidor de algumas ideias materialistas e realistas de Aristóteles. Os realistas criticam sistemas de ideias socialmente convencionais que causam ou sustentam a desigualdade e o sofrimento. Flyvbjerg reintroduz o conceito de *fronese* – ação prudente – para referir-se ao uso do conhecimento para mudar a sociedade. Ele usa uma palavra como *fronese* porque nenhuma outra serve: a ciência social é transformativa, a informação faz parte das estratégias de transformação e o conhecimento é importante principalmente na medida em que auxilia a *fronese*.

Eis um exemplo de como a *fronese* proposta por Flyvbjerg (2001) poderia funcionar em situações aplicadas. Se o sistema do casamento parece estar ruindo e a desinstitucionalização do casamento está causando sofrimento e decepção juntamente com divórcio, a pesquisa sobre casamento poderia investigar alternativas para o casamento bem como estilos de vida alternativos dentro do casamento. Pode-se esperar que a pesquisa seja concluída defendendo-se alguma solução particular como uma estratégia de ação tanto para os "noivos" quanto para as agências de aconselhamento, como a Relate (www.relate.org.uk), que aconselha as pessoas sobre casamento.

Um elemento-chave de uma abordagem de práxis é que não é suficiente aprender sobre o mundo. Como Marx (1969) disse: "Os filósofos apenas interpretaram o mundo, de diversas maneiras. A questão, no entanto, é mudá-lo". Talvez agora você possa desenvolver seu próprio exemplo. Pare um instante para considerar o tema de pesquisa que você mais gosta. Por que você gosta desse tema? Ele é apenas um *hobby* ou existe vagamente alguma finalidade séria em sua mente? Uma pessoa que estivesse estudando o abuso de álcool, por exemplo, poderia preocupar-se que hábitos de socialização "inocentes" estão causando problemas de saúde e comportamento antissocial. Ela poderia querer mudar a situação – mas como? A pesquisa pode ajudá-lo a planejar como mudar sistemas inteiros de hábitos. Pesquisa não significa apenas redescrever hábitos.

Se você conseguir definir qual é sua finalidade geral, no tema de pesquisa de sua escolha, você pode então explorar (um exercício mental, ou com caneta e bloco de papel) quais dados são necessários a fim de evoluir para uma nova estratégia para melhoria das mudanças. Você já sabe o que fazer? Por que isso ainda não foi feito? Como é possível mudar as coisas para que esses obstáculos ao aperfeiçoamento sejam removidos?

Volte um pouco, explorando esses problemas e essas questões, e tome nota dos tipos de dados, das informações ou das novas teorias que você pode precisar. A retrodução é explicada por Blaikie (2000, 2003), Sayer (1992) e Potter (1999). Na realidade, você não pode "fazer" pesquisa dessa forma, mas essa é uma forma de orientar o seu planejamento. Você pode manter essas notas em seu diário de pesquisa e voltar a elas posteriormente.

Para a práxis, adotar uma abordagem problematizante atua como um ponto de partida da pesquisa. O pesquisador não faz pesquisa simplesmente sobre qualquer coisa de que goste. Ele inicia com um problema premente, tentando reduzir o sofrimento ou diminuir a confusão e as tensões da vida diária. Ele investiga o sistema a fim de tentar mudá-lo, não apenas para escrever livros para ganhar dinheiro ou produzir uma boa carreira. A práxis eleva nosso horizonte de interesse para além do pessoal, artístico ou meramente aprazível. A práxis segue o conselho de Aristóteles de que a boa vida não é apenas uma vida de prazer, mas uma vida que tem bons efeitos e é virtuosa (Aristotle, 1925, 1988).

Flyvbjerg diz que temos de estudar aonde a sociedade está indo e depois considerar como queremos mudar o rumo que as coisas estão tomando. A pesquisa se encaixa porque pode ajudar as pessoas a saberem com mais acurácia e consciência o que está acontecendo e o que poderia ser possível. O tipo de pesquisa recomendado por Flyvbjerg também consideraria minuciosamente quais são os resultados valorizados pela sociedade (ver também MacIntyre, 1985, para uma discussão). Enquanto MacIntyre é principalmente um teorista social, o conselho de Flyvbjerg é sair e começar a fazer coisas.

Por isso, a ficha de avaliação que um professor distribui visa ajudá-lo a aperfeiçoar seu ensino, e a pesquisa de levantamento do pesquisador de mercado tem por objetivo ajudar uma empresa a aperfeiçoar seus produtos – ou ao menos sua comercialização desses produtos. Essas intenções são claras e um pouco estreitas.

Quando passamos para a pesquisa em administração, pesquisa médica ou da saúde e pesquisa nas ciências sociais, estamos indo em direção a objetivos sociais cada vez mais amplos. Não estamos pretendendo considerar apenas intenções secionais – isto é, trabalhando em prol dos interesses privados de alguém, contra os interesses de outras pessoas. De acordo com o método da práxis, nosso objetivo visa ao bem social mais amplo. Pesquisa é apenas a palavra especial para como procedemos para considerar este bem de uma maneira isenta, ativa e interessada, mas cautelosa. A coleta de dados tem intenções mais profundas que podem ser óbvias para os entrevistados – isso não é um problema. Não é necessário guardar segredos e pesquisas veladas porque se a pesquisa visa ao "bem público", e geralmente pode ser feita publicamente.

A abordagem da práxis influencia a pesquisa e a coleta de dados em muitos aspectos práticos. Um impacto óbvio é que a pesquisa não deve de modo geral causar dano a ninguém em seu caminho, pois seria difícil justificar provocar danos para benefício do público. Se ocorrer dano, este só pode ser involuntário.

Um segundo impacto é que a pesquisa qualitativa pode ser respeitada como um método muito importante para ajudar a reenquadrar antigos problemas sociais. Quanto mais persistente é um problema, mais precisamos de pesquisas qualitativas para reconsiderá-lo e examinar mais profundamente os obstáculos à mudança.

O método de práxis funciona melhor no contexto de uma ética ligeiramente imparcial. Um terceiro impacto da práxis é questionar seus interesses pessoais e individuais e *hobbies* e permitir que eles se tornem parte de movimentos sociais mais amplos ou interesses coletivos. A própria definição de "ética" poderia ser que estamos considerando o que é "bom" enquanto levamos em conta não apenas as nossas *próprias* necessidades ou os nossos próprios desejos pessoais, mas um conjunto mais amplo de desejos e necessidades concorrentes. Portanto, o pesquisador de práxis pode não querer trabalhar inteiramente sozinho, mas afiliar-se a ONGs, organizações internacionais ou outras empresas – até mesmo órgãos governamentais – nas quais os objetivos geralmente se coadunam com propósitos aprovados. O pesquisador tenta trabalhar no interesse público, levar harmonia onde há discórdia e equívocos e encontrar novas soluções para velhos problemas.

O método de práxis informa a pesquisa-ação e alguns tipos de pesquisa participativa. Entretanto, ele também pode ser usado como uma base ética e útil para análise de dados secundários, pesquisa de levantamento primária e muitas formas de pesquisa qualitativa. A práxis não é realmente um "método", sendo mais uma estrutura metodológica. Na verdade, ela reflete toda uma posição filosófica, semelhante à "ciência social crítica", mas com uma orientação mais ativista. É bom respaldar a coleta de dados com um conjunto consciente de princípios metodológicos. A práxis pode ser um dos princípios que você escolhe.

19
Pesquisa-ação

Fazer pesquisa-ação é um desvio empolgante da metodologia usual de testagem de hipóteses usada em contextos científicos (Olsen, 2010a). A pesquisa-ação pode assumir muitas formas porque o grau de envolvimento de atores leigos na pesquisa pode variar de comentários mínimos a controle total. A coletânea de ensaios organizada por Carroll (2004) explica os vínculos entre observação de percursos profissionais em organizações, ciência social crítica, práxis, como descrevi anteriormente, e pesquisa-ação. Um guia passo a passo para pesquisa-ação é oferecido por McNiff e Whitehead (2009). Esse guia útil pode ser complementado pelos capítulos aprofundados que se encontram em Reason e Bradbury (2009).

A pesquisa-ação ser científica ou não é uma questão importante se o pesquisador faz parte de uma comunidade acadêmica. Para algumas disciplinas, em alguns contextos, tais como trabalhos de conclusão de cursos (TCC) em ciências sociais, a pesquisa-ação será um método estrategicamente difícil de escolher, porque desafia muitos pressupostos tradicionais da pesquisa científica. Por exemplo, ele dá crédito e autoridade às vozes de pessoas comuns ou à gerência de uma organização. Essas vozes oferecem exemplos de discurso "leigo", segundo Sayer (1992), que contrasta o discurso acadêmico com o discurso leigo em geral. Analistas do discurso observaram fortes diferenças no estilo e no significado das expressões usadas por acadêmicos, jornalistas, professores, jovens e pessoas sem treinamento em ciências sociais. Se o discurso leigo é tão diferente do discurso acadêmico, incluir essas vozes como confiáveis ou como coautores provavelmente será altamente problemático. Além disso, a questão do controle aparece na pesquisa-ação. Vou descrever o que pesquisadores-ação costumam fazer e depois concluo comentando sobre o modo como eles coletam e retêm seus dados.

Geralmente, os pesquisadores que usam a pesquisa-ação são críticos das relações de poder na sociedade, que com frequência passam despercebidas. Creio que é um desafio falar sobre poder social e relações de poder com pessoas comuns – ou não acadêmicas –, porque isso às vezes causa incômodo. Uma expressão típica desse gênero de pesquisa é "o peixe não fala sobre a água" (Risseeuw, 1991).

Existem dois aspectos do problema: O primeiro é que para preservar sua própria dignidade, você tenta desenvolver um senso de pertencimento e lugar que impossibilita sentir-se diretamente indignado sobre a opressão do poder social (Olsen, 2010b). Em vez disso, mesmo que você esteja no grupo ou na posição oprimida – por exemplo, desempregado – você desenvolve um grupo de amigos ou um *hobby* ou uma defesa costumeira de sua atual situação. Por exemplo, em vez de dizer que você está desempregado, você poderia dizer que está cuidando de um parente ou aprendendo um novo ofício. Algumas pessoas desempregadas sentem-se deprimidas, e então dizem que estão deprimidas, e não desempregadas. É muito comum que pessoas leigas confundam a causalidade. Pode ser que na verdade o desemprego causou sua depressão, mas os trabalhadores podem dizer que a depressão é a causa do atual desemprego. Quando o cientista social entra em cena e quer rotular a pessoa como oprimida e identificar causas estruturais do desemprego, ele rompe hábitos discursivos habituais e faz as coisas parecerem incômodas. As pessoas com frequência não sabem como responder: algumas prefeririam evitar uma conversa assim.

Surge um segundo problema se a análise pretende ser menos pessoal e mais "sobre o mundo". O cientista social sente-se bem preparado para fazer afirmativas gerais, abstratas ou concretas sobre grandes grupos ou tendências no mundo. Tome este exemplo: "A recessão tem causado muito desemprego". Quando o pesquisador envolve leigos em uma discussão sobre isso, eles podem se sentir menos preparados para comentar, podendo simplesmente falar sobre casos concretos em sua cidade, tais como "Eu não perdi meu emprego" ou "Eu ainda não vi nenhuma loja fechada por aqui". Diferenças sutis no tipo e na finalidade do discurso tornam-se problemáticas: Estamos falando sobre a sociedade ou sobre nós? Estamos fazendo comentários normativos ou descritivos? Do que estamos falando, afinal, e como definimos as coisas? Em minha pesquisa sobre pobreza – especialmente em Salford, no Noroeste da Inglaterra, onde ela é abundante –, foi quase impossível fazer as pessoas falarem sobre sua experiência de pobreza. Elas sempre a despersonalizavam e até insistiam em falar sobre pobreza em outros países, e não em sua própria comunidade. Em geral, pode ser um desafio fazer as pessoas falarem sobre poder, pobreza ou sociedade no que diz respeito a elas ou como isso existe em um cenário geral mais abrangente.

Consequentemente, a pesquisa cria dificuldades para si mesma. Ela normalmente se inicia a partir de um problema e de um conjunto de partes interessadas. Faz-se contato com elas para obter sua concordância em participar da pesquisa. A ética do consentimento não é simplesmente "consentimento informado" mas "consentimento de processo" (McNiff and Whitehead, 2009), ou seja, elas concordam não apenas com que outra pessoa "use" os dados que elas criam, mas também que participe de todo o processo de criação e uso dos dados.

Surge o problema de que a pessoa que quer redigir ou concluir a pesquisa por fim terá de limitar a pauta. Ela precisará facilitar a elaboração de uma lista de conclusões ou chegar a um ponto em que haja um senso de fechamento. Isso pode ser um desafio. Um argumento útil sobre esses processos sociais de pesquisa é a ideia de que pode ocorrer um "evento catalítico" ou "momento catártico" durante o processo (Heron, 1999). O facilitador prepara sensatamente as pessoas para um evento face a face aproximadamente na hora em que se espera que esse momento catártico possa ocorrer. Então o facilitador, caso seja gentil e cauteloso, tentará assegurar que sentimentos de mágoa sejam tratados e que eventuais surpresas sejam tratadas com cuidado e consideração. Por exemplo, uma pessoa pode descobrir – se anteriormente não tinha se dado conta – que é, tecnicamente, pobre. Isso pode fazê-la querer começar a maximizar sua renda, e o facilitador pode fornecer o número de telefone de um centro comunitário que possui pessoal que pode ajudá-la, seja orientando-a sobre como reivindicar os benefícios aos quais tem direito ou oferecendo auxílio na busca de emprego.

Em geral, os processos sociais humanos de pequeno grupo passam por etapas de desenvolvimento previsíveis. Um projeto de pesquisa-ação não é exceção. Sem dúvida, em cada contexto cultural estas terão ligeiras diferenças. Em geral, haverá uma etapa de iniciação, uma etapa de conhecer os outros pesquisadores e participantes, durante a qual rótulos e frases típicas são discutidos, então um período de aprofundamento de pesquisa e investigação mútua (é aí quando dados secundários ou novas informações podem ser muito úteis, e o pesquisador pode desempenhar o papel de provedor de dados). Isso levará a um encontro catártico quando diferentes interesses são exprimidos ou ocorrem discussões antagônicas. Por fim, enquanto o pesquisador ou os participantes estão tentando chegar a uma etapa de fechamento, pode haver processos de busca de resolução, tais como escrever memorandos, fornecer *feedback*, distribuir cartazes que representam as visões de diferentes vozes de seus diversos pontos de vista, produzir um *sketch* ou um vídeo e, por fim, alguém pode decidir redigir o estudo.

McNiff e Whitehead (2009) presumem que toda pesquisa-ação seja cuidadosamente redigida por um acadêmico. O livro deles é útil para quem está escrevendo uma tese ou dissertação usando pesquisa-ação. Um exemplo concreto em que etnógrafos trabalharam em estreita colaboração com agências locais, e não governamentais em oito cidades americanas para atacar o problema da falta de moradias durante um longo período é Snow e Cress (2000). Snow e Cress continuaram sua pesquisa depois de fazer uma exposição um tanto sistemática da etapa inicial. Sua próxima etapa depois de 2000 foi usar evidências estatísticas, assim distanciando-se um pouco do método

de pesquisa-ação. Nem todos os etnógrafos empreenderiam uma pesquisa-ação, mas existem algumas ligações estreitas entre os métodos usados por etnógrafos e pesquisadores-ação.

Por outro lado, é possível fazer pesquisa-ação sem redigi-la. Essa é a fundamental diferença com a prática científica. Na ciência da atualidade, relatos escritos são usados para assegurar a possibilidade de replicação, evitar duplicação e garantir a disseminação a um amplo público. Algumas pessoas dizem que se não está redigido "não aconteceu". Em certo sentido, uma pesquisa só é uma pesquisa se um relato escrito ou de outra forma conclusivo (p. ex., um vídeo) for feito como um produto da pesquisa. Pesquisadores-ação compreendem que o produto não é o processo e que o processo tem enormes efeitos secundários nos participantes. A maioria dos pesquisadores-ação seguem uma linha sobre aprendizagem aliada a Freire. Freire (1993, 1996) argumentou que o aprendizado ocorre em ambientes face a face e é mais bem facilitado quando o aprendiz pode definir a pauta. A aprendizagem não está corporificada nos produtos escritos ou nos resultados de provas, mas nas mudanças que ocorrem em cada pessoa envolvida. Para Freire, a educação não tradicional pode ajudar as pessoas a aprender; elas ajudam a si mesmas. A facilitação é crucial. De modo semelhante, em pesquisa-ação somos apenas um "pesquisador" no sentido de facilitar, e não controlar, uma variedade de processos ao longo do tempo. Esse tipo de pesquisa é uma atividade branda, e não rigidamente estruturada. Nesse aspecto, ela é meio diferente da maior parte da ciência acadêmica. A redação científica – caso seja feita – pode não ser o resultado mais importante do processo de pesquisa-ação.

McNiff e Whitehead (2009) alegam que a coleta de dados ocorre principalmente por meio da redação de uma descrição do processo e dos resultados da pesquisa. Eu acrescentaria que um bom pesquisador acadêmico pode – por meio do uso de dados secundários – enriquecer consideravelmente um processo de pesquisa-ação. Como mostrado alhures neste livro, é bastante fácil baixar dados estatísticos relevantes e apresentá-los em tabelas de contingência simplificadas (resumo de dados), produzindo um memorando quase autoexplicativo. O facilitador da pesquisa-ação pode então explicar os resultados relevantes para um público variado. O facilitador também pode fazer transcrições das discussões e permitir que as pessoas comentem sobre o que foi dito. Uma pesquisa-ação com dados sociais pode ser um processo rico e vigoroso que critica e refuta hipóteses, avança para novas alegações, desenvolve uma teoria explicativa e descreve conflitos onde ninguém antes reconhecera a existência de um problema. Entretanto, ela requer cuidadosa facilitação e clara definição de objetivos em cada etapa. Por essas razões, tendo a defender a pesquisa-ação principalmente em contextos adultos, e não para dissertações finais de graduação.

20
Métodos de observação

As principais diferenças entre observação casual e pesquisa observacional científica relacionam-se à manutenção de registros sistemáticos e à ética de obter permissão para acesso. Em muitos casos a primeira também requer a segunda. Além disso, a análise sofisticada de dados é uma terceira característica diferenciadora. Discutirei cada uma delas de maneira sucinta.

Métodos de pesquisa observacionais envolvem pessoas observando pessoas fazendo coisas (ver Frankfort-Nachmias e Nachmias, 2000, p. 203). Muitas vezes quando estamos em um lugar público fazendo coisas com plena visão de outras pessoas, pode-se considerar que elas são acessíveis à observação ao vivo sem obtenção de qualquer permissão. Questões delicadas surgem quando será mantido um registro de sua imagem facial, sua silhueta ou suas ações, seu nome ou o que elas disserem. Para que os registros sejam retidos, se houver características identificadoras, é preciso obter permissão delas para guardar dados sobre elas conforme a legislação de proteção de dados do país. Em suma, observação casual sub-reptícia* de visitantes enquanto eles se deslocam ou circulam em um hospital ou museu não permitirá que você use os vídeos ou fotos resultantes em pesquisa, a menos que você tenha obtido permissão. Para obter permissão, o consentimento deve ser por escrito e após informar sobre a finalidade do trabalho e como os dados serão usados. Como elucidado no Capítulo 16, métodos sub-reptícios geralmente não são usados em pesquisa científica. Métodos velados também são inaceitáveis nesse contexto. O consentimento deve ser dado antes de os registros de observação serem feitos. Em alguns países, existe uma exigência legal adicional de que se for para os dados serem mantidos por certo tempo, o sujeito também deve ter a possibilidade de verificar a validade dos dados e, se necessário, fazer correções. As pessoas são surpreendentemente sensíveis em relação a serem

---

* N. de R.T.: Por fraude.

fotografadas e a seus nomes serem ligados à sua fala em fitas ou gravações digitais feitas em computador. Por outro lado, se você decidir mostrar uma fotografia "anonimamente" e não apontar nenhum nome, todos os rostos devem ser borrados usando programas gráficos especiais, caso contrário a pessoa poderia ser identificada. Na verdade, pode ser considerado ofensivo imprimir a foto de uma pessoa sem seu nome na legenda, devendo-se tomar muito cuidado sobre essa questão.

Três exemplos de razões para a sensibilidade a material fotográfico e de vídeo são os seguintes: primeiro, a pessoa pode fazer parte de um grupo religioso que exige que imagens dos rostos das pessoas não sejam feitas ou mostradas; segundo, embora as pessoas estejam em um lugar público, isso não significa que elas querem que os outros saibam que elas estavam ali; e terceiro, às vezes as pessoas querem controlar ou definir como elas aparecem em impressos e não deixar que outra pessoa decida. Elas podem achar que sua aparência em uma foto tirada informalmente não está boa ou que elas estão fazendo uma careta. Essas sensibilidades devem ser levadas a sério pelo pesquisador social. Caso não sejam respeitadas, isso tende a dar uma má fama a todos os pesquisadores sociais. A emoção da pesquisa visual é maior se, tendo obtido permissões, pensamos em termos de reunir sistematicamente um rol de imagens e artefatos, depois conduzir uma análise inovadora e aprofundada dos dados. Banks (2007) e Pink (2006, 2007) dão conselhos sobre o processo de pesquisa de base visual. Os resultados devem levar nosso conhecimento a áreas inesperadas, trazendo-nos novo conhecimento. Na ampla área dos métodos observacionais, não precisamos nos restringir ao visual. Novos métodos de pesquisa para análise de sons, odores e mesmo sensações de tato são descritos por Pink (2009). O uso do tato e da voz em pesquisa pode, além disso, abranger diversas formas de permitir que um grupo de entrevistados crie objetos, diga o que eles representam, manipule objetos ou comente sobre conjuntos de objetos (Prosser, 1998). Esses métodos podem ser altamente criativos, po-

dendo explorar os elementos não cognitivos bem como cognitivos das mentes humanas. Uma vez que os computadores podem facilmente reter e arquivar registros de objetos, assim como som e imagem de pessoas falando sobre o que os objetos significam para elas, a gama de métodos de pesquisa envolvendo observação se ampliou nos últimos anos.

O uso de registros de som e imagem também pode contribuir para o posterior desenvolvimento de exposições em museus e para o ensino de história. A história oral tem sido enriquecida pela possibilidade de relacionar artefatos a som em bases de dados complexas. A entrevista longa já não é mais a única forma de conduzir uma história oral. Reunir fotos de fotos, fotos de salas e objetos e depois reunir comentários sobre esses objetos cria camadas adicionais de dados.

Durante o desenvolvimento de um delineamento de pesquisa baseado em métodos observacionais específicos, não se esqueça de que, de modo geral, os métodos de análise serão etnográficos. A literatura sobre etnografia visual pode orientá-lo entre os diferentes aspectos da história do delineamento visual, o papel da arte e da avaliação de arte e a possibilidade de criatividade de interpretação (Alfonso et al., 2004). A reflexividade da interpretação geralmente também é considerada natural na etnografia porque o espectador ou ouvinte, que está desenvolvendo uma interpretação, é influenciado por suas próprias experiências bem como pelas observações. Não há lousa vazia para observação. O que realmente queremos dizer com observação é percepção e interpretação (ver Cap. 10). Um *notebook* de trabalho de campo é uma parte valiosa do projeto (ver Cap. 41). Se uma equipe estiver trabalhando no projeto, os integrantes podem querer considerar e discutir suas inclinações iniciais e seus comprometimentos prévios, tais como forte crença em uma teoria. Para que a pesquisa seja científica ou inovadora, é útil considerar as teorias existentes falíveis e abertas à reinterpretação ou correção. Do contrário, a pesquisa etnográfica pode se converter em uma descrição semifactual monótona.

21
Coleta de dados *on-line*

A pesquisa que utiliza métodos *on-line* aproveita a velocidade e a vasta rede de contatos do universo da Internet. Os computadores pessoais em muitos países estão conectados por meio de cabos e *wi-fi*, e novos programas permitem que os dados de usuários de todos esses computadores pessoais sejam reunidos e enviados a um ponto central, quase sem que o usuário esteja ciente disso. A velocidade e sutileza do *software* de internet levanta novas questões éticas sobre confidencialidade e privacidade. O princípio do consentimento informado ainda se aplica à pesquisa social que utiliza fontes *on-line*. Esse princípio, combinado com métodos detalhados de análise, torna a pesquisa *on-line* uma crescente área de fascinação bastante distinta da pesquisa de mercado e das pesquisas de levantamento de usuários realizadas por empresas de *software* de internet (Burnham et al., 2008; cap. 8).

Três modelos de pesquisa *on-line* podem ser descritos aqui. Primeiro, existem as pesquisas de levantamento *on-line*. As empresas oferecem um serviço de elaboração de pesquisas de levantamento rápido e fácil. Assim, por uma pequena taxa, você pode escrever seu questionário *on-line*, preenchendo espaços vazios em um formulário fornecido por especialistas, que então é facilmente preenchido por usuários *on-line*. Essas pesquisas *on-line* podem ser anonimizadas, o que reduz as complicações de proteção de dados, ou podem envolver uma etapa inicial de consentimento e depois a inclusão de nomes e endereços com cada coluna de dados. Alguns fornecedores de programas de pesquisa de levantamento *on-line* incluem em seus preços a provisão de uma tabela de dados estatísticos assim que as quotas de amostragem tenham sido preenchidas. O correio eletrônico pode ser usado para estimular indivíduos relevantes ou amostrados a participar. Pilotos ainda precisam ser realizados nas pesquisas de levantamento para que o risco de preenchimento incompleto ou o abandono possam ser reduzidos. Tanto comentários qualitativos quanto respostas numéricas pré-codificados podem ser reunidos (ver Lobe, 2008).

Uma segunda forma de pesquisa *on-line* é a netnografia (Kozinets, 2010), envolvendo processos etnográficos de investigação em uma comunidade *on-line*. A etnografia pode explorar os significados e as implicações sociais de atitudes e eventos *on-line*, assim como as condições humanas mais profundas subjacentes ao ingresso e (em menor medida) à saída de usuários da comunidade virtual baseada em computador. Os mundos virtuais do Facebook, dos grupos de namoro *on-line* e dos clubes baseados em interesses são novos fenômenos sociais que hoje formam uma parte fundamental de como algumas pessoas despendem parte de seu tempo de lazer. Os estudos das práticas de trabalho também precisam reconhecer o papel que os computadores hoje desempenham em muitas vidas e carreiras profissionais. Até mesmo a vida familiar está começando a ser mediada pela internet. Os cuidadores, em especial, estão sendo encorajados a usar sinalizadores e sensores, de modo que um problema em uma sala ou prédio possa ser comunicado de forma rápida, se não instantânea, ao cuidador ou aos serviços de emergência – com frequência na forma de um serviço de guarda em outra parte da cidade – sem esperar por intervenção humana. As possibilidades para o desenvolvimento técnico de tais serviços são muitas, e um papel da pesquisa social é garantir que uma boa compreensão da dinâmica interpessoal e do homem-máquina acompanhe o desenvolvimento da tecnologia.

Em terceiro lugar, a pesquisa *on-line* pode levar à criação de dados longitudinais baseados em casos. Um painel longitudinal (baseado em tempo) pode ser criado para diversos propósitos. Um deles poderia ser desenvolver medidas de resumo, tais como gastos totais de certos tipos de integrante ou cliente. Outro poderia ser conduzir uma análise estatística, talvez comparando grupos (ver Cap. 23). Ou poderíamos querer considerar a estrutura e evolução de redes sociais. Afora elementos gráficos descritivos elegantes, a análise de redes sociais também pode envolver o uso de métodos investigativos qualitativos e a análise hermenêutica. Assim, mesmo quando dados longitudinais são coletados, misturar dados ainda é possível. Os limites são determinados por como podemos nos comunicar com os membros de uma rede ou comunidade e que consentimento foi dado para as atividades de pesquisa. Uma discussão da análise de dados longitudinais a partir da observação de jogadores de jogos *on-line* pode ser encontrada em Kirkpatrick (2009). Uma reanálise de estudos longitudinais de famílias pode ser encontrada em May (2009). May pede mais pesquisa com métodos mistos porque o desgaste observado em pesquisas de levantamento longitudinais pode levar a generalizações de má qualidade e porque métodos qualitativos são intrinsecamente um bom adjunto para coleta sistemática de dados.

A regra de ouro com a análise de dados *on-line* é que os usuários ou fornecedores de dados ainda precisam ser consultados e informados sobre qualquer procedimento que vá envolver a circulação e o uso de seus dados pessoais em pesquisa. É sábio reunir permissões escritas consistentes para as atividades de pesquisa específicas que são planejadas. Não se pode simplesmente converter um punhado de amizades *on-line* existentes para fazer um projeto. Em vez disso, os procedimentos usuais devem ser todos aplicados: definir um delineamento de pesquisa, selecionar uma questão de pesquisa que seja viável, conduzir um piloto, reunir formulários de consentimento informado e depois reunir os dados reais. Mesmo na etapa piloto, deve-se deixar claro que uma pesquisa está sendo conduzida e que se busca permissão, por escrito, para o envolvimento daqueles que estão sendo consultados.

Contudo, a pesquisa *on-line* não é nenhuma panaceia. A divisão digital é a exclusão permanente daqueles sem acesso à tecnologia de toda a "cena" *on-line*. A divisão digital pode ser em parte superada em pesquisas de levantamento de amostras aleatórias se o computador pessoal e a tecnologia da internet puderem ser levados aos selecionados para participação.

No passado, o custo de tais atos de inclusão era simplesmente alto demais, mas, em anos recentes, o computador tornou-se mais semelhante ao telefone móvel e programas simples podem ser configurados para mediar a comunicação e assim suprimir a íngreme curva de aprendizagem referente ao Microsoft Windows e a outros pacotes de *software* complexos. A divisão digital se aplica não somente ao *hardware*, mas também às conexões a cabo, que possibilitam os mundos dos jogos virtuais, e a *software* proprietário (geralmente caro). Os limites da representatividade geralmente são descritos da seguinte maneira: a população que pode ser representada por um dado projeto de pesquisa *on-line* corresponde aos tipos de usuários que já estão envolvidos em um determinado conjunto de atividades *on-line*. A amostragem de usuários daquela população pode então ser aleatória ou não, como de costume em pesquisa social (ver Cap. 5).

LEITURAS ADICIONAIS PARA A PARTE 3

Para um trabalho de campo que seja sensível à necessidade de maior participação social, ver Mikkelsen (2005). Uma excelente fonte de pesquisa-ação é McNiff e Whitehead (2009). Além disso, a equipe de pesquisa pode querer receber treinamento como facilitadores usando Heron (1999). Auxílio adicional com a comunicação entre as visões mantidas pelos entrevistados (ou participantes) e a equipe de pesquisa pode ser encontrada em Heron (2000, 2001). Heron descreve como a pesquisa cooperativa pode funcionar. Existe uma atitude menos superior por parte dos pesquisadores nesta abordagem; ver também Reason e Rowan (1981) ou Reason e Bradbury (2009). MacIntyre (1985) abordou algumas questões da práxis de uma maneira interessante. Parte de sua mensagem é que a práxis de um agente não causa necessariamente o resultado pretendido. A práxis que faz sentido para você como pesquisador pode ter uma lógica interna, mas ela pode inicialmente não fazer sentido para atores externos. MacIntyre (1985) discute os valores internos e os valores externos (ou avaliações) que podem ser aplicados – diferencialmente – aos reais resultados decorrentes de alguma atividade. As implicações para a ética de pesquisa são muitas, pois é preciso estar ciente de escorregões, dificuldades com o estabelecimento de mútuas pautas, raciocínio usado por diferentes atores durante pesquisa participativa e o importante conhecimento que pode sobrevir de "erros" visíveis. Surpresas e "erros" precisam ser encarados com certa seriedade durante a etapa de trabalho de campo. Discussões desse problema para pesquisa internacional podem ser encontradas entre os exemplos em Scheyvens e Storey (2003) e em Holland e Campbell (2005).

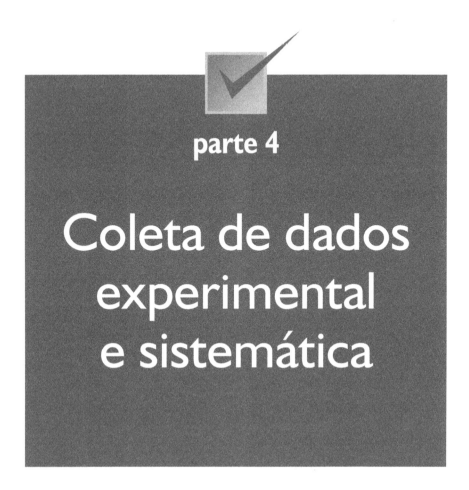

parte 4

Coleta de dados experimental e sistemática

As Partes 2 e 3 cobriram formas qualitativas de coleta de dados, mas, para muitos pesquisadores, a finalidade básica da coleta de dados é criar um conjunto sistematicamente organizado de materiais que possam ser usados para testar ou gerar hipóteses. Esses tendem a ser chamados de dados "quantitativos", mas existem alguns estudos qualitativos que se beneficiam da aplicação de métodos relativamente sistemáticos. Nesta parte do livro trato dos registros obtidos de modo sistemático e baseados em pesquisas de levantamento de outro tipo e de como iniciar o processo de registro de informações. Inicio com alguns conselhos básicos sobre o delineamento de um questionário (há mais sobre isso na Parte 5). Depois passo para o processo experimental de pesquisa, considerando primeiramente como os grupos controle são montados, e depois para a ética do recrutamento de voluntários. Um conjunto de dados experimentais tem medições comparáveis para contrastar grupos de casos. Algumas questões especiais de registro de informações surgem quando existem grupos controle complexos e experimentação cega. Em alguns aspectos, dados experimentais têm aspectos em comum com métodos de estudo de casos (que são tratados na Parte 6). Os dois últimos capítulos da Parte 4 tratam dos métodos de pesquisa que podem ser usados na pesquisa de *marketing*, negócios e administração (e em outras áreas) para criar um conjunto de dados multimetodológico. Primeiramente, eu trato da pesquisa de *marketing*. Os métodos de pesquisa para *marketing* muita vezes combinam diferentes abordagens de coleta de dados para alcançar os resultados desejados, e assim avalio três deles. Depois concluo a Parte 4 apresentando modos de dar início e aperfeiçoar a coleta sistemática de dados brutos recorrendo-se a uma planilha para identificar lacunas nos dados. Embora isso seja exposto utilizando exemplos da sociologia do trabalho, as lições podem ser aplicadas de maneira mais ampla. Toda a Parte 6 oferece sugestões mais gerais sobre a coleta de dados para pesquisa de estudo de casos.

22
Delineamento de questionários

A ordem das questões em um questionário deve parecer lógica ao entrevistado. Como se consegue isso pode depender em parte de como o questionário é administrado, se verbalmente ou por escrito. Primeiramente sugiro o que o questionário deve conter e depois trato sucintamente das questões de organização. Conselhos mais detalhados sobre o desenvolvimento do conteúdo de pesquisa de levantamento podem ser encontrados na Parte 5.

Seu questionário vai criar dados, podendo ser concebido como um processo de geração de dados. Decidir a ordem das perguntas suscita várias questões estratégicas. Você precisa ter muita clareza em relação aos conceitos usados nas perguntas. Perguntas fechadas fazem um questionário ser respondido muito mais rapidamente do que aquele com perguntas abertas. Uma pergunta fechada permite apenas algumas respostas possíveis e geralmente tem pré-codificação e um cartão para indicar que respostas são essas. Se você quer incluir uma pergunta aberta em um questionário, então você pode querer incluir todo o texto de todas as suas respostas em sua base de dados. Alternativamente, para perguntas abertas, você pode examinar todas as respostas em sua base de dados e desenvolver um conjunto de código, depois de finalizar toda a pesquisa. Isso seria mais eficiente do que registrar o texto integral, mas também fornece menos dados. Perguntas com duplo sentido geralmente são muito compridas para que os entrevistados respondam de uma maneira direta. Tente formular perguntas curtas e simples.

Depois você pode decidir se incluirá perguntas delicadas em um questionário. Se algumas perguntas sensíveis precisam ser incluídas, você pode pensar estrategicamente em colocar algumas perguntas inócuas antes delas e assegurar que o entrevistado tenha clareza de por que vale a pena para ele oferecer suas informações delicadas a você. Pode ser útil fazer uma pergunta concreta antes de passar para uma área atitudinal ou para uma pergunta delicada. Muitos entrevistados acham difícil responder a questionários. Portanto, é importante orientar o entrevistado claramente ao longo da pesquisa e motivá-lo em todo o percurso. Os piores questionários oferecem enormes blocos de perguntas formuladas de maneira semelhante ou são de modo geral evidentemente muito longos. É útil referir-se à sua própria questão de pesquisa durante a fase piloto para que você possa restringir as questões a áreas relevantes. Conselhos sobre a redação das perguntas são oferecidos na Parte 5.

A organização do questionário deve ser atraente e facilitar a leitura. As perguntas básicas sobre dados demográficos incluídas em todos os questionários precisam ser colocadas no fim, e não no início, pois muitos entrevistados consideram-nas difíceis. Por exemplo, renda familiar é tipicamente uma pergunta delicada. A idade é encarada como assunto pessoal. Limite as perguntas básicas àquelas que são realmente necessárias em sua pesquisa.

Você pode usar programas de computador para gerar um questionário e assim obter acesso direto a uma fácil entrada de dados. Existem tanto serviços *on-line* quanto métodos *off-line* de usar um pacote de programas estatísticos para gerar um questionário. O *software* SPSS Data Collection da IBM, por exemplo, não necessita de conexão.[1] Os custos envolvidos no uso desse tipo de serviço podem valer a pena para gerar um documento de questionário agradável e facilmente compreendido. O documento precisa ser fácil de revisar. Depois de realizar o piloto, o documento precisa ter o manejo de fluxo mostrado usando uma mistura de palavras e diagramas. Perguntas que não são pertinentes para alguns tipos de pessoas precisam ser precedidas por um filtro ou uma instrução de pular. Sempre inclua espaço na página 1 para a data da pesquisa e, para uma indicação da identidade do entrevistador, um número de questionário (ou número de identificação do caso), números de página e um identificador de localização. Use números de perguntas claros e coloque as palavras "Muito obrigado" em letras grandes ao fim do questionário.

NOTA

1. Observe que o *software* SPSS da IBM pode ser adquido em duas versões: para uso *off-line* ou *on-line*. Para mais detalhes, visite http://www.spss.com/software/data-collection/author/index.htm (acessado em dezembro de 2010).

23
Manipulação no tratamento de dados

A coleta de dados de experimentos é uma parte potencialmente controversa da pesquisa social. Dados experimentais são caracterizados pela presença de casos em grupos que são tratados de maneira diferente uns dos outros (para uma introdução, ver Payne e Payne, 2004, p. 84–9; Frankfort-Nachmias e Nachmias, 2000: caps. 5 e 6). A seleção de casos para o grupo de tratamento às vezes é aleatória, como nos ensaios clínicos controlados randomizados (RCTs) de medicamentos. Mas, em algumas situações, sistemas de amostragem não aleatória são utilizados. Alguns experimentos se baseiam na suposição de homogeneidade universal dos casos. Por exemplo, em experiências médicas, pode-se presumir que tomar algumas centenas de voluntários e selecionar o grupo tratado como um subgrupo aleatório da população inteira vai representar adequadamente a população muito mais ampla de mesma idade e sexo. Esse universalismo poderia ser questionado. Usar voluntários não é o mesmo que a seleção aleatória propriamente dita (ver Cap. 5). O uso de voluntários não selecionados aleatoriamente poderia funcionar se todos os sujeitos fossem idênticos à população em todas as variáveis fundamentais. Entretanto, o universalismo aí envolvido pode não ser facilmente transferido para um contexto de tratamento diferente, tal como tratar casos de delinquentes criminais que estão sendo submetidos a tratamentos de liberdade condicional. Em geral, criar subgrupos em RCTs é um processo sofisticado que envolve suposições explícitas sobre representatividade, bem como tentativas cautelosas de evitar fazer uma suposição inadequada. Selecionando o grupo de tratamento aleatoriamente a partir dos voluntários, algumas RCTs conseguem realizar um teste científico válido de uma hipótese sem ter tido recursos para criar uma amostra aleatória simples de casos de uma dada doença.

Outro tipo de tratamento de dados surge quando prontuários hospitalares são reutilizados. Os dados dos pacientes podem ser anonimizados após análise para simplificar as questões éticas envolvidas, e um método semiexperimental envolve a posterior colocação de casos em dois grupos – um grupo de casos tratados e um grupo comparável de casos. Sem dúvida, para a coleta de dados experimentais, a definição de "caso" também será decisiva. Se houver suspeita de que a unidade correta para a análise dos resultados da liberdade condicional não é o ex-prisioneiro, e sim o oficial de liberdade condicional, os dados podem ser organizados em dois níveis. O primeiro nível de casos é a pessoa posta em liberdade, e o segundo nível é o oficial de liberdade condicional. Estatísticas em múltiplos níveis ou análise complexa de casos serão necessárias. E consentimento informado precisará ser obtido de ambos os conjuntos de entrevistados.

Dados de tratamento experimental também surgem quando pesquisadores realizam experiências sociais ou psicológicas em um ambiente laboratorial. Os indivíduos concordam não só em participar como também aceitam receber tratamentos que serão distribuídos ou explicados a cada pessoa de acordo com algum plano de agrupamento que pode não lhes ser revelado. Tanto em experiências clínicas quando em experimentos laboratoriais, todos os resultados possíveis, inclusive os efeitos colaterais, devem ser explicados a todos os participantes, e cada pessoa precisa discordar ou concordar em participar. Cada participante precisa dar sua permissão por escrito.

De modo geral, na coleta de dados experimentais, há muita atenção para evitar fontes não aleatórias de viés. Métodos estatísticos são muitas vezes necessários para revelar os padrões nos dados do grupo de tratamento comparados com os dados do grupo não tratato. Em dados não experimentais, entre os casos presume-se a existência de antecedentes e experiências recentes diversas, bem como uma ampla variedade de experiência na exposição das pessoas a eventos correntes. A característica que define os dados de tratamento, por

outro lado, é que o tratamento é o fator fundamental que distingue todos do grupo tratado de todos do grupo não tratado. Outros fatores ficam em segundo plano na realização de testes estatísticos, e estes são chamados "fatores controlados" ou são considerados irrelevantes.

Ao manejar os dados de tratamento, existe uma fila de dados por caso por período e uma coluna indica simplesmente se o sujeito recebeu ou não o tratamento ou qual tratamento naquele ponto no tempo. Há também uma coluna para registrar o período. Nesta coluna indica-se a data e a hora de cada registro que é feito. Geralmente isso envolve, no mínimo, uma data prévia e posterior, mas em muitos casos os dados também se estenderão ao longo do tempo para incluir testes múltiplos e visitas ao longo do tempo. Assim, para duas visitas ao laboratório, haveria duas filas para uma única pessoa. Outra coluna indica a identidade do sujeito, e uma terceira coluna representa o identificador operativo. A seguir uma coluna indica a localização do local do teste (ou o identificador do laboratório). Cada identificador tem de ser único e, consequentemente, quando os sujeitos são inscritos no experimento eles precisam receber um número serial único. Observe com cuidado que, quando os dados são coletados ao longo do tempo, os registros iniciais podem ser mantidos com um período por fila, e isso significa que para um caso haverá duas ou mais filas. Essas filas são às vezes chamadas de registros. Um caso com quatro registros possui quatro filas, refletindo uma visita inicial (ou episódio, tal como sair da cadeia) e três visitas durante o tratamento ou após o tratamento. Posteriormente os dados podem ser facilmente convertidos a outros formatos para análise de dados. Por exemplo, existe um "formato largo" em que há simplesmente um caso por linha. Para criar esse formato, os registros para um caso são colocados lado a lado em uma fila com todos os identificadores à esquerda.

Em um ensaio clínico, os registros geralmente são mantidos em formato anonimizado com identificadores numéricos dos sujeitos em vez de nomes. As razões para isso incluem a evitação de eventuais vieses relacionados a nomes, o modo como a legislação de proteção de dados se aplica a dados anonimizados (pois são mais complexos para conjuntos de dados que contêm nomes reais) e, por fim, a vantagem de que o *status* de tratamento pode ser mantido oculto inclusive do analista de dados. Um subconjunto de dados pode ser criado removendo a coluna principal que indica o tratamento que o sujeito recebeu. De modo semelhante, pode-se remover todos os outros dados de exames hospitalares, tais como diagnósticos anteriores, e depois enviá-los a especialistas por correio ou *e-mail* para uma nova avaliação cega. Métodos como esses reduzem a probabilidade de erro de mensuração devido a tentativas do analista de poupar esforços ou fazer inferências entre os dados para um caso. Em vez disso, eles só precisam considerar os dados relevantes e depois criar um resumo – geralmente estatístico e, possivelmente, acrescido à base de dados como uma nova coluna indicando "*status* geral pós-teste" para cada caso.

Os dados para cada ponto no tempo precisam registrar consistentemente as características de base de cada sujeito e os detalhes completos da mistura de tratamentos que eles receberam. Uma ampla variedade de métodos de análise pode ser utilizada para esses dados. Nos detalhes dos métodos estatísticos existem possibilidades que podem afetar como os dados são coletados. Para dar uma ideia dessas opções, que geralmente não são usadas em conjunto, descrevo sucintamente três métodos.

Se uma amostra não aleatória está sendo produzida, o pareamento por escore de propensão poderia ser usado para criar um lote de casos cuidadosamente ponderados exatamente comparáveis com o grupo tratado. Os escores de propensão para cada caso surgem de uma função matemática que é desenvolvida (como uma variável latente), com base em antecedentes que diferenciam variáveis como idade, sexo, etnia, ocupação e nível de instrução. Poder-se-ia aplicar o pareamento por escore de propensão a uma amostra baseada na internet. O grupo não tratado é desenvolvido para dar uma base comum de apoio, i.e., combinando tipos de casos em uma distribuição equilibrada entre tipos com o grupo tratado.

Se amostras aleatórias são usadas, um modelo para dados longitudinais poderia ser desenvolvido. Nesse caso, duas subopções são os modelos de sobrevivência, que requerem medidas de quanto tempo decorreu entre os tratamentos dos casos e os modelos de efeitos fixos, que podem aferir até que ponto a mudança ao longo do tempo é comum a todo o grupo de tratamento e quanto é específica a outros fatores que também mudaram ao longo do tempo, tais como idade ou pressão arterial. No modelo de efeitos fixos, algumas variáveis controle fixas ao longo do tempo recuam para o segundo plano porque somente mudanças em valores são levadas em conta. Um exemplo seria sexo ou etnia. Esses modelos não são bons para considerar efeitos do sexo porque o sexo é fixo ao longo do tempo. Um crítico da ciência de tratamento médico assinalou que etnia e sexo não são particularmente bem tratados de dentro do "modelo médico" de saúde, tanto por causa da diversidade de como sexo e etnia operam na sociedade, quanto por causa da tendência de abandoná-los ou ignorá-los por serem variáveis controle (Harding, 1993b). Alguns estudos neurológicos os chamam de variáveis de "incômodo".

Finalmente, existe um modelo especial de diferença-nas-diferenças que se baseia no modelo de dados longitudinais básico (para uma discussão, ver Olweus e Alsaker, 1994). Para processos de crescimento e aprendizagem, estamos tentando avaliar como o processo de mudança é realçado ou inibido pelo tratamento. A inclinação que mostra a resposta do desfecho, tal como dimensão do tumor ou escore de teste, é comparada para o grupo de tratamento contra o grupo não tratado. Estima-se um intervalo de confiança que nos permita dizer com 95% de certeza se a diferença da taxa de variação (ao longo do tempo) para o grupo tratado *versus* o grupo não tratado é significativamente diferente de zero. Esse método se baseia em amostragem aleatória e em uma taxa de recusa baixa ou nula. Embora possam ser feitos ajustes para a atrição por qualquer razão, onde há perda de casos do estudo, essa torna-se uma potencial fonte de viés na conclusão que será alcançada.

24
A ética dos voluntários

Três aspectos do processo de aprovação ética para indivíduos tratados em ensaios clínicos necessitam de atenção. A principal questão sobre ética específica a dados experimentais randomizados é se permitiremos que um dado sujeito saberá se ele fará parte do grupo placebo ou receberá o tratamento real. Geralmente o ensaio clínico funciona procedendo-se da mesma forma com todos os pacientes, quer isso envolva dar um comprimido de placebo ou um comprimido de verdade. O manejo de substâncias de tratamento é delicado porque os melhores estudos são duplo-cegos.* A primeira etapa cega é que o sujeito não sabe o que está recebendo. Contudo, cada injeção tem de ser rotulada de tal forma que haja risco zero de erro e a certeza de que um dado sujeito será tratado consistentemente com o material certo (comprimido ou injeção). Em psicologia, o tratamento pode envolver uma sessão de treinamento e uma sessão de teste, sem que os sujeitos saibam o que os outros participantes estão vivenciando. A segunda etapa de cegueira (como assim se chama) é que o pesquisador ou técnico não sabe realmente o nome das pessoas que estão sendo tratadas. Para ser justo e evitar viés, avatares em telas de computador às vezes são utilizados para aplicar testes psicológicos e evitar a intervenção pessoal dos pesquisadores. Outro truque é fazer três ou mais operadores aplicarem os tratamentos e randomizar a escolha dos operadores que encontrarão cada paciente. Códigos numéricos identificam os operadores e os pacientes nos dados, de modo que o pesquisador pode testar para garantir posteriormente que não houve viés do operador nos resultados. Essas questões de registro de informações afetam a etapa de coleta de dados.

Dados de base oriundos dos próprios prontuários do paciente podem ser necessá-

---

* N. de R.T.: Pesquisadores e sujeitos da pesquisa não conhecem as respectivas identidades.

rios. A produção ou reutilização e compartilhamento desses documentos de caso estão sujeitos à legislação de proteção de dados e ao sistema de aprovação ética. Caso a pesquisa seja feita cruzando-se fronteiras entre países, pode-se presumir que as leis de ambos os países se aplicam. A razão para essa presunção é que um processo por abuso de dados pessoais ou quebra de sigilo pode provavelmente ser movido no país do participante ou no país em que os dados são guardados. Sempre que equipes de múltiplos países são formadas para estudar dados experimentais, elas devem compreender os regulamentos sobre confidencialidade do paciente e o manejo de dados de todos os países envolvidos. Do contrário, existe o risco de que, quando os dados forem enviados em um anexo de *e-mail*, o pesquisador pode estar violando a lei de outro país que não o seu. Quando empresas farmacêuticas financiam pesquisa experimental, elas às vezes formam deliberadamente uma equipe entre três ou mais países, pois os especialistas em análise de dados podem estar localizados em um lugar; e casos de fácil acesso (i.e. indivíduos) em outro. Com a globalização, essas considerações estão recebendo mais atenção em pesquisas financiadas pelo governo.

O segundo aspecto da ética para coletores de dados experimentais é a obtenção de consentimento informado de todos os participantes. As pessoas envolvidas precisam saber em linhas gerais o que vai lhes acontecer e que usos serão feitos dos dados. Enunciados abertos sobre o que pode acontecer não são muito úteis no processo de consentimento, porque o sujeito realmente precisa saber com o que está se pedindo que ele concorde (ver Apêndice e Cap. 16). Do contrário, eles não estão bem informados; e, além disso, a ambiguidade pode aumentar o risco de que as pessoas se recusem a participar. Em contextos de amostragem aleatória, toda recusa causa uma deterioração na amostra final. A maioria dos estudos financiados externamente precisa relatar a taxa de resposta após todas as recusas, e assim as recusas no andamento do experimento são consideradas mais indesejáveis.

Por mais que se queira, não é possível usar dados sobre pacientes em tratamentos de saúde sem consentimento. Em outras palavras, a participação involuntária não é possível em sujeitos vivos. Pode surgir uma exceção no uso de varreduras cerebrais *post-mortem*. Pode-se considerar que a reavaliação de exames cerebrais após o óbito não afeta o paciente de nenhuma forma. Entretanto, para relacioná-los aos registros da base de dados do paciente, o complexo protocolo ético deve novamente ser invocado. Existem dois aspectos aqui: em primeiro lugar, a responsabilidade do agente de saúde pelo manejo de dados legal e ético, seguindo as diretrizes estipuladas originalmente quando tais dados foram reunidos; e, segundo, a responsabilidade dos pesquisadores com parentes e cuidadores. O uso de registros de pacientes sob cuidados médicos é meticulosamente monitorado por conselhos e comitês de ética.

Para participantes voluntários, pode ser preciso dar uma gratificação. Geralmente essa gratificação não excede as taxas de remuneração locais por hora e inclui alguma cobertura dos custos de transporte, assim como os necessários custos de alimentação e serviços de babá.

25
Técnicas de pesquisa de mercado

Ao planejar um estudo ou uma experiência de tratamento, pode ser proveitoso considerar métodos de pesquisa de mercado. O próprio *marketing* tem sido uma rica fonte de métodos de pesquisa porque inovações com boa relação custo-benefício têm sido promovidas por empresas que atuam como financiadoras (Kent, 2007). Os métodos de pesquisa de mercado são em certa medida definidos por seu público, que tende a ser uma empresa ou todas as empresas de um setor. Algumas pesquisas de mercado são pesquisa de consumo – sobre quem compra qual produto, quem usa o produto e como e de que forma os gostos são influenciados pela publicidade. Para um negócio, informações precisas sobre consumo podem significar fazer mais dinheiro. Algumas pesquisas de mercado são fornecidas como um serviço público para toda a comunidade de negócios. Muitos conjuntos de dados grandes sobre padrões de consumo se enquadram nessa categoria. Tanto no governo nacional quanto em nível internacional, existem tentativas de ocasionar benefícios externos a usuários comerciais da produção de dados estatísticos do setor público. Além disso, existem imensos conjuntos de dados sobre uso do tempo em cada país que oferecem excelentes oportunidades gratuitas para análise relativamente fácil de padrões de comportamento de consumo (Gershuny, 2000; http://www.esds.ac.uk/government/timeuse para conjuntos de dados de uso do tempo no Reino Unido). Embora os dados secundários sejam gratuitos, estimativas de custos detalhados devem ser feitas do tempo e do conhecimento necessários para conduzir a análise desses dados. Muitas empresas também constroem um quadro da demanda realizando coleta de dados primários em ruas locais ou contratando consultores para fazer pesquisa de mercado. Um enumerador é uma pessoa contratada por empreitada ou remunerada por hora para realizar uma pesquisa de levantamento ou entrevistas na rua. As empresas também usam **grupos de foco** (Cap. 13).

Diversos métodos estatísticos são usados rotineiramente em pesquisas de mercado (exemplos de contextos de negócios podem ser encontrados em Hair et al., 2005). Um exemplo é que uma bateria de testes de degustação pode ser aplicada, conduzindo-se então um tratamento, que consiste de deixar os sujeitos experimentarem, degustarem ou usarem o produto que está sendo estudado. Diferenças nos grupos de tratamento podem ser introduzidas permitindo que diferentes sujeitos usem diferentes variantes ou protótipos de uma ampla gama de produtos. Uma série de testes de degustação idênticos ou uma breve pesquisa de autopreechimento apresentando as opiniões do consumidor, são então registradas depois que os testes foram realizados. Existe tanto um aspecto qualitativo quanto quantitativo da análise de dados nessas situações de pesquisa de mercado. Padrões de dados podem ser estudados estatisticamente. Pesquisadores de mercado podem estudar a distribuição das preferências, a preferência mediana ou a mudança na preferência como resultado do teste (mudança ao longo do tempo). A diferença entre um pesquisador do mercado (que estuda todo o mercado, incluindo fatores contextuais e institucionais) e pesquisadores de *marketing* reside principalmente em seus objetivos. Enquanto o pesquisador de mercado visa aprender mais sobre todos os aspectos de um dado mercado, o pesquisador de *marketing* visa aumentar as vendas mudando a abordagem de comercialização. Um cientista social qualificado pode facilmente adaptar-se ao trabalho em um ambiente de pesquisa de mercado ou em *marketing*.

Usando uma tática ligeiramente diferente, alguns pesquisadores de administração e os interessados em *marketing* ou outros tópicos de negócios podem escolher usar métodos qualitativos. Eles podem usar entrevistas e grupos de foco, por exemplo (ver Caps. 6 e 13). Bryman e Bell (2007) descrevem como etnografia e métodos mistos também podem ser usados em pesquisa de negócios.

Contribuindo para a gama normal de métodos, o conceito de cogeração de conhecimento é oferecido por Greenwood e Levin (2004) como um modo de *insiders* se relacionarem com o restante da comunidade com uma organização. A cogeração de conhecimento pode ser útil para pesquisa de *marketing* e do mercado. Greenwood e Levin (2004) argumentam que, por meio dela, pode-se gerar conhecimento e, ao mesmo tempo, reconhecer que ele desempenha diferentes papéis nas diferentes arenas. Por exemplo, os custos podem desempenhar um papel no discurso da eficiência entre os funcionários, mas um papel em algum outro domínio para os clientes. Aqui pode-se sentir que a pesquisa está adentrando a pura narração de histórias por permitir que cada ator fale sobre uma situação de seu próprio ponto de vista. Parecemos nos afastar de qualquer possibilidade de registro sistemático de informações. Mas ter múltiplas histórias sobre uma realidade é bastante normal (como argumento ao longo deste livro). Um modo de avançar seria reconhecer que as partes interessadas possuem vozes e que todas elas importam. A pesquisa das partes interessadas poderia oferecer novos ganhos expressando os interesses de fora do ambiente usual de cada ator. Cada falante ou voz em um produto de pesquisa pode ter-se originado de uma posição dominante ou marginalizada dentro do amplo contexto. Eles podem estar mais ou menos conscientes do que os outros pensam ou dizem. O contexto social pode ser a empresa e seus arredores ou poderia simplesmente ser o complexo ambiente social interno de uma grande empresa. Em anos recentes, a pesquisa em gestão mudou no sentido de reconhecer que questões de justiça e equidade realmente surgem na condução da pesquisa orientada aos negócios. Uma separação rígida entre fatos e valores não pode ser imposta aos dados na etapa de interpretação, mas uma abordagem das partes interessadas pode ser usada para tentar compreender o que diferentes agentes pensam sobre uma situação (Harrison e Freeman, 1999). Fazer referência às partes interessadas é hoje um modo amplamente utilizado para auxiliar a identificação de vários agentes relacionados a um determinado problema de pesquisa (Harrison e Freeman, 1999). Na pesquisa de mercado, a identificação do caso pode agora incluir não apenas o produto ou serviço, mas também os produtores e consumidores como partes interessadas naquele produto. Mais detalhes sobre o método de pesquisa de estudo de casos são oferecidos na Parte 6.

26
Criando dados de estudos de caso sistemáticos

A Parte 6 deste livro é dedicada à pesquisa por meio de estudos de caso, mas pesquisadores que geralmente usam outras abordagens também podem se beneficiar da sistematização das evidências que possuem. Aqui eu incluiria entrevistas, pesquisa de partes interessadas, pesquisa-ação e aqueles que reúnem evidências de casos guardados em arquivos existentes, tais como casos judiciais. Mais uma vez, isso é como gerar dados a partir de um grande conjunto de outras evidências. Às vezes, depois de gerar um conjunto parcial de dados, é preciso rever cada caso a fim de tentar preencher lacunas.

Dois exemplos dos registros baseados em planilha são apresentados. Em um estudo baseado em trabalho de campo dos mercados de trabalho rural, coloquei os dados de pesquisa de cada domicílio nas filas de uma planilha e depois criei abas separadas para indivíduos (em número muito maior, daí ocuparem muito mais filas da planilha) e para atitudes e outros comentários especiais feitos pelos diversos entrevistadores, que eram em número de quatro. Usando esta planilha, podemos comparar o que os comentários diziam e identificar se uma visita adicional preencheria as lacunas em determinados títulos para determinados entrevistados. Um segmento de exemplo daquela planilha é exibido na Tabela 26.1. Apenas três domicílios são exibidos dos 39 que compunham o conjunto de dados.

O trabalho de digitar todos esses dados em uma planilha é útil se trouxer à luz uma lacuna. Por exemplo, os dados aqui podem fazer alguém perceber que a ocupação do domicílio difere consideravelmente da ocupação de cada indivíduo.[1] Sistematizar os dados em uma planilha também nos lembra de que o nível escolar não pre-

COLETA DE DADOS **137**

☑ TABELA 26.1

Dados domiciliares organizados sistematicamente

ID	Aldeia	Código de ocupação	Idade	Sexo	Relacio- namento	Nível de instrução	Principal trabalho
1	Aldeia principal	Cultivador	90	1 Homem	Pai	Analfabeto	Terceira idade
			60	1 Homem	Chefe do domicílio	Anos iniciais do ensino fundamental	Próprio
			35	1 Homem	Filho	Analfabeto	Trabalho agrícola
			55	1 Homem	Filho	Analfabeto	Trabalho agrícola
			40	1 Homem	Filho	Analfabeto	Trabalho agrícola
			48	1 Homem	Filho	Analfabeto	Trabalho agrícola
			45	1 Homem	Filho	Analfabeto	Trabalho agrícola
			42	2 Mulheres	Filha	Analfabeto	Trabalho agrícola
			40	2 Mulheres	Filha	Analfabeto	Trabalho agrícola
2	Aldeia principal	Cultivador e proprietário de floricultura; serviço com trator	60	1 Homem	Chefe do domicílio	Anos iniciais do ensino fundamental	Lavoura própria
			55	2 Mulheres	Mãe	Analfabeto	Floricul- tura
			30	1 Homem	Filho	Ensino fundamental	Lavoura própria
			23	2 Mulheres	Esposa	Analfabeto	Floricul- tura
			9	1 Homem	Criança		
			7	2 Mulheres	Criança		
3	Aldeia principal	Lavrador em pequena propriedade	43	1 Homem	Chefe do domicílio	Ensino médio	Lavoura própria
			35	2 Mulheres	Esposa	Ensino fundamental	Lavoura própria
			22	1 Homem	Filho	Curso com diploma	Estudante
			18	1 Homem	Filho	Acima do ensino médio	Estudante
			15	1 Homem	Filho	Ensino médio	Estudante

cisa ser registrado para crianças abaixo de um certa idade, talvez 6 anos. Assim, fazer uma tabela sistemática pode ajudar a identificar lacunas ou omissões nos dados. Uma vez que o campo de trabalho incluiu entrevistas, houve oportunidades para corrigir as lacunas. Uma tabela separada continha os pseudônimos para finalidades de publicação. Contudo, mais uma vez, um resumo de uma página foi útil, porque mostrou que alguns pseudônimos escolhidos pelos entrevistados correspondiam aos nomes de outros entrevistados. Alguns pseudônimos também tiveram de ser mudados para evitar quaisquer semelhanças e repetição entre eles. Para os 39 domicílios, precisamos de até 200 pseudônimos para indivíduos (o tamanho dos domicílios no Sul da Índia sendo em média de cinco pessoas). O manejo sistemático dos dados ajuda a diminuir a frequência de erros em conjuntos de dados como esse.

Depois, considere a Tabela 26.2. Essa tabela foi finalizada e não existem lacunas nos dados. Os dados das entrevistas foram usados para obter a última coluna, ao passo que uma pesquisa de levantamento com questionário foi usado para obter as primeiras sete colunas. Esta planilha reflete as possibilidades dentro da pesquisa com metodologia mista para sistematizar o material de entrevistas. Por um lado, sua vantagem é a consistência e a comparabilidade. Por ou-

tro, seu ponto fraco é que as entrevistas são com indivíduos e envolvem vozes pessoais, mas essa planilha organizada por números de domicílio parece presumir que cada indivíduo fala em nome de todo o domicílio. Isso teria de ser esclarecido na etapa de interpretação.

Se a coleta de dados não se baseia em trabalho de campo, você pode ter dados parciais e incompletos. Por exemplo, se você usa registros de clientes ou evidências históricas, seus dados podem ter lacunas, como exibido na Tabela 26.3. Essa tabela é derivada da leitura de histórias de caso preparadas por um conjunto de sete entrevistadores no Sul da Índia.

Uma vez que o nível de instrução foi omitido de diversas dessas histórias de caso, não podemos fazer comparações razoáveis entre os casos sobre o impacto da educação. De maneira geral, a Tabela 26.3 indica algumas áreas de fraqueza nesse conjunto de dados. É preciso rever os entrevistados ou evitar fazer afirmativas que sugiram que os dados são mais completos. Os dados de entrevista devem ser organizados de maneira mais sistemática, como descrito anteriormente na Parte 2, para garantir que não haja lacunas no conjunto de dados resultante. Às vezes uma planilha é uma maneira útil de verificar onde estão as lacunas. Outra alternativa é utilizar um *software* para tratamento de dados qualitativos.

☑ TABELA 26.2

Registros em planilha de metodologia mista

Hhid	Bens	Instrução	Casta	dalit	oc	retinwet	tem vacas	Resist
1	0,87	0,17	BC	0	0	2	1	0
	0,5		M	0	0	0		
2		0,5					1	0
3	0,5	1	OC	0	1	0	1	1
29	1	0,87	OC	0	1	0	1	1
30	0,87	0,17	SC	1	0	1	1	0
31	0	0,5	SC	1	0	0	0	0

COLETA DE DADOS 139

☑ TABELA 26.3

Dados da análise *post hoc* de estudos de caso

Nível de instrução	Posse de terras	Situação de moradia
s.i.	2 acres	
s.i.	5 acres terra seca	
nenhuma	2 acres terra seca	Possui uma casa de palha (não suficiente para todos os membros da família)
nehuma	1 acre terra seca (no nome do pai)	Casa de *pukka*
s.i.	3 acres terra seca	Casa de palha
estudou até os anos iniciais do ensino fundamental (homem)	11 acres	Casa de *pukka*
s.i.	2 acres	Sem moradia (fica na propriedade do irmão migrante)

Nota: s.i. = sem informações. Essa codificação surgiu a partir do registro sistemático de cada coluna muito tempo depois de o material ter sido reunido durante longas entrevistas e traduzido na forma de texto. Ele ilustra a diversidade dos materiais de caso. Observações: *Terra seca* não tem fonte de irrigação. *Telhados de palha* envolvem o uso de feno. Casas de *pukka* são feitas de tijolos ou pedras com telhado de metal ou madeira e, às vezes, telhas.

NOTA

1. Para alguns pesquisadores, isso é óbvio. Aqueles que estudam o comportamento de consumo dos domicílios podem considerá-lo mais problemático, podendo estudar a distribuição das ocupações por indivíduos antes de decidir examinar mais de perto o emprego individual em vez da ocupação "dominante" ou do membro domiciliar com maior remuneração.

LEITURAS ADICIONAIS PARA A PARTE 4

Para mais detalhes sobre pesquisa de *marketing*, ver Kent (2007). Métodos de pesquisa em gestão em geral são tratados por Bryman e Bell (2007). Mais detalhes que permitem a aplicação de análise do discurso aos textos obtidos em pesquisa de gestão são oferecidos por Alvesson e Deetz (2000). Alguns métodos que podem apoiar uma análise de partes interessadas são cobertos em partes de Carroll (2004) e Holland e Campbell (2005). Você pode ver amostras de questionários em *sites* oficiais gratuitos para diferentes países com bastante facilidade fazendo buscas na internet, usando o nome de um país e a palavra "Censo". Os questionários dos censos às vezes são relativamente curtos para facilitar as respostas dos entrevistados. Para questionários mais longos, existem dois tipos de fontes. O UK Question Bank é uma fonte útil para questões sobre todo tipo de assunto (http://surveynet.ac.uk/sqb). Em segundo lugar, questionários de pesquisas de levantamento detalhados podem ser obtidos em www.esds.ac.uk para várias centenas de pesquisas de levantamento. Um *site* semelhante para a Índia é http://mospi.gov.in/nsso.

parte 5

Coleta de dados na pesquisa de levantamento

27
Operacionalização

Operacionalizar alguma coisa normalmente significa mensurá-la e, de modo mais geral, torná-la fácil de examinar e discutir. Em pesquisas de levantamento, a operacionalização é cuidadosamente separada para mensurar a experiência de um evento, mensurar atitudes, mensurar atividades, como ganhar dinheiro ou usar o tempo, e os muitos outros aspectos da vida que se prestam à mensuração. Existe uma surpreendente quantidade de complexidade na mensuração. É útil apresentar um exemplo da experiência de suborno para dar uma ideia das diferenças entre a operacionalização de atitudes e o registro de experiências. Concluo este capítulo revendo alguns itens de validade e causalidade, uma vez que a mensuração afeta a validade da pesquisa.

Em um contexto de ciências sociais mais amplo, a operacionalização refere-se não apenas à mensuração em pesquisa, mas também a qualquer tentativa de tornar um conceito abstrato ou geral usável em contextos práticos de pesquisa. Por exemplo, em pesquisa qualitativa, se estivéssemos estudando suborno e corrupção, poderíamos fazer uma lista concreta dos tipos de suborno e corrupção que podemos observar em uma determinada cidade, tais como a polícia aceitar um pagamento de um criminoso que ela protege, corrupção de professores no processo de indicação, suborno de juízes e suborno de proprietários de restaurante para permitir que uma atividade ilegal ocorra no local. Pesquisadores qualitativos então organizariam visitas aos locais, observação ou entrevistas relacionadas a esses tipos de coisas. Em um contexto de pesquisa social, a operacionalização desse conjunto de conceitos poderia significar várias coisas ligeiramente diferentes, tais como mensurar a quantidade de corrupção policial, mensurar a prevalência da experiência de ser levado a dar propina, mensurar atitudes à corrupção policial ou mensurar posturas frente ao suborno. É preciso trazer à tona todas as possibilidades e depois especificar quais podem ser observadas em uma determinada situação. Ao fim da pesquisa pode-se tentar comentar sobre o quadro mais amplo. É muito importante ser preciso ao operacionalizar o tópico central de pesquisa para que não haja exagero sobre o que foi realizado no estudo.

Mensurar a experiência de alguma coisa em uma pesquisa requer um período de referência específico. Este pode ser um mês, um ano ou cinco anos. Uma questão sobre suborno no Programa de Pesquisa Social Internacional (ISSP, 2006) usa um período de referência como exibido abaixo.

Variável V62: Agentes públicos quererem propina

P19: Nos últimos cinco anos, com que frequência você ou um familiar deparou com um agente público que deu a entender que queria, ou pediu, uma propina ou favor em troca por um serviço?

A redação da pergunta é interessante, porque abre a possibilidade de que o suborno é feito não apenas por dinheiro, mas também em troca de favores. Acho essa redação vaga no sentido de que "deparar" com alguma coisa pode significar uma experiência direta dela ou algo muito menos direto. Pode-se ter lido a respeito disso em um jornal, ouvido sobre isso no trabalho ou ter um familiar que passou por isso. Dependendo de como a pergunta é interpretada, pessoas de diferentes países poderiam responder de maneira muito diferente. Se a variação de resposta não é sensível às experiências de suborno, mas à firmeza das redes e como as pessoas ouvem e se lembram de boatos de suborno, a operacionalização pode não ser ideal. Ela pode não dar mensurações comparáveis da frequência de suborno em países diferentes. Mais adiante os resultados para dois países são apresentados.

Considere-se a mensuração da experiência usando as seguintes possíveis respostas (ISSP, 2006) tem validade:

1 Nunca
2 Raramente
3 Às vezes
4 Com frequência
5 Com muita frequência

8 Não sei
9 Sem resposta

Você acha que está bem claro o que significa "com frequência"? Isso poderia significar anualmente ou em determinados anos em uma determinada temporada de festas. Por outro lado, poderíamos escolher essa resposta depois de nos livrarmos da punição por multas contra excesso de velocidade mais do que uma vez por mês. Não podemos ter certeza sobre como os entrevistados vão interpretar essas opções. A pergunta parece ter uma certa medida de incerteza na mensuração da frequência. Nesses casos é que os usuários de dados devem reduzir as categorias a um número menor de grupos cujo significado seja mais claro. Por exemplo, poderíamos agrupar 2, 3, 4 e 5 para apresentar "já sofreu suborno em 5 anos" e deixar 1, 8 e 9 refletirem "disse não ter sofrido suborno em cinco anos". Assim, mesmo quando a pesquisa de levantamento é um pouco imperfeita, o bom emprego das palavras pode aperfeiçoar a confiabilidade e a comparabilidade dos achados a partir da análise de dados secundários.

Considere, por um instante, as diferenças entre mensurar atitudes e mensurar essas experiências. Atitudes são bastante complicadas de mensurar. Alguns especialistas separam o campo geral da pesquisa atitudinal em três partes: atitudes, crenças e valores. As crenças são o conhecimento prévio de um tipo mais factual, considerado natural, que é menos normativo do que atitudes e valores. Valores são normas profundamente arraigadas, com frequência tácitas, sobre como as coisas deveriam funcionar. Uma atitude, então, é uma orientação mais prática e mais imediata a uma situação ou a coisas. Mensurar valores é difícil devido à sua natureza tácita, implícita. Não é fácil para as pessoas expressarem seus valores. Elas também podem possuir valores conflitantes. Valores são meio gerais. Uma atitude, em contraste, é mais explícita e faz referência a uma coisa ou situação em particular. Assim, o valor "governo corrupto é ruim" poderia levar em direção à atitude específica "o suborno entre criminosos e a polícia é condenável".

Para atitudes, muitas vezes usamos uma escala Likert de cinco pontos para mensurar o grau de aprovação ou desaprovação, com forte aprovação codificada como 5, aprovação como 4, uma posição neutra 3, desaprovação 2 e forte desaprovação 1. Uma alternativa é usar códigos que vão de 2 a –2, colocando 0 como ponto intermediário, e assim a bem-vinda propriedade de que valores positivos refletem atitudes de aprovação.

As escalas Likert não dão necessariamente uma mensuração precisa de uma atitude porque existem numerosas possíveis maneiras de haver ambiguidade na resposta à pergunta. Por exemplo, a categoria "neutra" pode ser mais popular entre certos grupos e dar uma tendência de afastamento da aprovação, porque é numericamente menor do que as notas de aprovação. Se os homens respondessem de bom grado, mas as mulheres hesitassem em responder e se dissessem neutras, mesmo que na verdade não gostassem do suborno da polícia, teríamos uma tendência de alta na desaprovação que estávamos esperando! Às vezes, é preferível ter um valor que esteja faltando, digamos –9, cobrindo não apenas aqueles que são neutros, mas também os que não se sentem confortáveis para responder à pergunta. As opções de pontuação devem ser impressas em um cartão de exibição e mostradas a todos os entrevistados enquanto se faz a pergunta.

As causas das atitudes poderiam incluir os tipos de fatores estruturais que eu listei anteriormente. Um modelo simples poderia ser assim:

> S3: A atitude em relação ao suborno da polícia é influenciada por... casta, e pertence a uma comunidade minoritária.

Não incluí nessa declaração causas que parecem não ter ligação com as atitudes perante o suborno. Em países ocidentais, constata-se com frequência que algumas variáveis estruturais afetam as atitudes para a maioria das questões públicas.

As diferentes coortes de idade possuem visões diferentes; os dois sexos podem ter visões diferentes; e a classe social pode estar associada a conjuntos específicos de atitudes sociais. Além disso, a leitura regular de um jornal pode também tender a influenciar nossa visão sobre suborno; todas essas alegações se encaixam na seguinte alegação revisada:

> S4: A atitude em relação ao suborno é influenciada por... idade, sexo, jornal lido recentemente, classe social de origem, classe social atual, pertencimento a grupo minoritário.

Se você quer tratar dessa questão sobre atitudes usando métodos estatísticos, você precisa de uma pesquisa de levantamento que abranja todos esses fatores. Um exemplo de uma pesquisa de levantamento desse tipo poderia ser o British Household Panel Survey (Taylor, 2001).

Uma diferença básica entre mensurar experiências e mensurar atitudes é que aquela se refere à vida do próprio indivíduo, ao passo que esta também se refere ao contexto social. Ao mensurar atitudes, às vezes estamos usando a pessoa como um ponto de informação para tentar aferir atitudes gerais socialmente normais ou usuais. Usamos a média das respostas para estimar essa norma social. (Também é interessante mensurar e estudar aqueles que se desviam das normas gerais. Análise de correspondência múltipla ou análise fatorial podem ser úteis para esse propósito.) Se você perguntar às pessoas quais elas acham que são as normas dos outros, elas podem ficar confusas e inseguras quanto ao que você está perguntando. As palavras da pergunta podem precisar ser diferentes, dependendo de estarmos tentando aferir a visão da própria (talvez única) pessoa, ou uma norma social ou a avaliação dela da norma geral.

Para praticar o uso do conceito de operacionalização, considere como algumas questões sobre suborno e corrupção são listadas no ISSP (2006):

Variável V50: Confiança em funcionários públicos

Q11f Pode-se confiar que a maioria dos funcionários públicos fazem o que é melhor para o país.

1 Concordo veementemente
2 Concordo
3 Não concordo nem discordo
4 Discordo
5 Discordo veementemente

Em especial, observe aqui como uma referência implícita é feita ao país do entrevistado. Se você vive em um país pequeno como a Bélgica, que possui três principais partes político-geográficas funcionando em uma confederação, pode não ficar claro qual "país" está sendo referido. A pesquisa presume que a totalidade do país de cada pessoa será seu ponto de referência. Na Alemanha, onde, em 2007, 10% dos empregados eram de algum outro país, qual país as pessoas provavelmente terão como seu ponto de referência para a pergunta V50? Essas são dificuldades para manter a brevidade do texto da pesquisa de levantamento. Se todas essas possibilidades fossem contempladas, o texto ficaria muito mais extenso.

Na questão seguinte (ISSP, 2006), o país é especificamente citado pelo entrevistador:

Variável V59: Tratamento por funcionários públicos depende dos contatos

Q16 Você acha que o tratamento que as pessoas recebem dos funcionários públicos no [país do entrevistado] depende de quem elas conhecem?

1 Definitivamente sim
2 Provavelmente
3 Provavelmente não
4 Definitivamente não
5 Não sei
6 Sem resposta

O problema é que perguntas como essa realmente não mensuram atitudes. Em vez disso, elas parecem medir uma experiência pública geral de alguma coisa. Não descobrimos, com essa pergunta, se o entrevistado aprova ou condena o uso de contatos. A mensuração de atitudes é mais demorada e complicada do que talvez pareça ao iniciarmos.

Uma verdadeira pergunta sobre atitude seria mais semelhante à seguinte (ISSP, 2006):

Variável V4: Obedece às leis sem exceção

Q1 De maneira geral, você diria que as pessoas devem obedecer à lei sem exceção ou existem ocasiões excepcionais em que elas devem seguir suas consciências mesmo que isso signifique infringir a lei?

Acho interessante que essa pergunta sobre atitude não especifica a localização do país. Assim, a pergunta presume que o entrevistado informará sua atitude sobre as pessoas de modo universal, o que pode significar em nível nacional ou mundial. Mas algumas pessoas poderiam argumentar que em um tipo de país você deve obedecer à lei sem exceção, enquanto em outro tipo de país você deve, às vezes, infringir a lei. Essas nuances não são permitidas pela formulação da pergunta. Precisamos apenas nos situarmos em uma escala, escolhendo uma de quatro opções:

1 Obedecer à lei sem exceção
2 Seguir a consciência em ocasiões
3 Não sei
4 Sem resposta

Essa não é uma escala Likert. Em vez disso, expressamos uma opinião a favor ou contra essa declaração de atitude ou recuamos para a resposta "não sei" se consideramos que a realidade é complexa demais para ajustar-se à declaração.

Agora considere a validade da mensuração da experiência de "funcionários públicos quererem propinas". No caso dos dois países África do Sul e Austrália, a gama de respostas pode ser resumida em uma tabela simples, como a exibida na Tabela 27.1. Depois de baixar os dados, um programa bastante simples construiu a mensuração de resumo que se encontra nas colunas desta tabela. As respostas "às vezes", "com frequência" e "com muita frequência" foram combinadas para resumir se elas sofreram exposição substancial a suborno. As estimativas dos países são significativamente diferentes. Por exemplo, a estimativa na Aus-

TABELA 27.1

Exposição a suborno na Austrália e na África do Sul, 2006

País	Exposição a suborno		Porcentagem total e tamanho total da amostra	
	Baixo	Substancial	Total	N
Austrália	96%	4%	100%	2781
África do Sul	80%	20%	100%	2939

Fonte: International Social Survey Programme (2006). Embora o tamanho bruto da amostra seja apresentado como *N*, as médias ponderadas são apresentadas aqui. Registra-se exposição "substancial" a suborno se nos últimos cinco anos o entrevistado ou membro de sua família imediata deparou com um funcionário público que sugeriu que queria, ou pediu, uma propina ou favor em troca do serviço, "às vezes", "com frequência" ou "com muita frequência". As alternativas são "raramente" e "nunca", codificadas aqui como baixa exposição.

trália de que 4% das pessoas sofreram exposição substancial a suborno tem limites superior e inferior de 4,5% e 3,1% no intervalo de confiança de 95%. O programa para criar esse resultado, escrito para o *software* STATA, é mostrado no Quadro 27.1.

Dois conjuntos de fatores, sob as categorias gerais de validade interna e externa, determinam se esses resultados são válidos. A validade interna trata de se a pergunta corresponde ao que ela parece se referir. Se ela faz sentido em cada país – notavel-

mente, na África do Sul, após alguma tradução em línguas locais em algumas áreas – e se ela mensura a experiência que ela diz mensurar, ela pode ser considerada válida nesse sentido. Por outro lado, quando passamos do contexto da África do Sul para o da Austrália, existe um risco de que as coisas que contam como suborno ou oferecimento de favores podem ser meio diferentes. Agora estamos começando a avaliar a validade externa. Em geral, a validade externa da mensuração e operacionalização

---

QUADRO 27.1

Programa para obter uma média ponderada de todo o grupo

```
drop if V62= =.                        *Exclui um caso se esta variável está faltando.
drop if V62>10                         *Exclui alguns casos incompletos.
svyset [pweight=WEIGHT]                 *Define pesos para África do Sul.
gen propoqv=0                           *Gera uma nova variável para a proporção de ter sido
                                         exposto à corrupção às vezes, com frequência ou com
                                         muita frequência.

replace propoqv=1 if V62= =
3|V62= =4|V62= =5                       *Define valor 1 para sim.
tab propoqv V3                          *Verifica resultados tabulando
                                         dentro dos países.

svy: mean propoqv if V3= =710           *Produz médias para África do Sul
svy: mean propoqv if V3= =36            e para a Austrália.
svy: mean propoqv                       *Produz uma média entre todos os casos.
```

Nota: Observe que | é um símbolo que significa "ou" no STATA.

questiona se os dados se referem ao que o usuário acha que os conceitos devem se referir. Neste momento, precisamos descobrir se suborno e favores significam em Tóquio ou Manchester a mesma coisa que significam na África do Sul ou na Austrália. Existe um problema real com a validade externa em levantamentos em ampla escala, pois não apenas os conceitos se referem a alguns eventos diferentes na Austrália (em relação à África do Sul), mas também o que os leitores esperam pode, da mesma forma, ser diferente. Esses são todos aspectos da validade externa. Os construtos centrais subjacentes são transferíveis a todos esses diferentes contextos e as perguntas são especificadas o suficiente para poderem ser restringidas a conjuntos comparáveis de eventos? É possível, mas não é fácil. O ISSP foi aplicado em piloto, testado e aprimorado para que fosse o mais válido possível, e seus pesquisadores trabalham dentro dos países em equipes que se comunicam entre si no decorrer do tempo. Esse processo, que envolve harmonização da redação das perguntas, visa aumentar a validade. É aplicado um alto nível de especialização. É válido dizer que, em 2006, a exposição ao suborno foi mais comum na África do Sul do que na Austrália. Eu teria a cautela de não fazer uma declaração sobre corrupção, a qual é um conceito muito mais amplo. Se a pergunta V62 não cobre todos os aspectos da

corrupção, não posso fazer uma declaração válida sobre corrupção com base nesses dados. Precisaria fazer mais esforço para operacionalizar corrupção e também teria cautela para fazer declarações atemporais, tais como "A África do Sul é um país corrupto", pois a sociedade está mudando ao longo do tempo.

A partir desse exemplo você pode ter reparado que os conceitos podem ser amplos ou estreitos em alcance e podem significar coisas diferentes em contextos diferentes. Consequentemente, a operacionalização é inevitavelmente difícil. Alguém pode contestar a validade das mensurações feitas. O método de pesquisa de levantamento pode ser redefinido agora, em mais pormenor, como o desenvolvimento de um conjunto de medidas harmonizadas entre um grupo de unidades de entrevistados e o uso dessas mensurações para registrar os modos em que os entrevistados vivenciaram coisas (ou possuem atitudes em relação a coisas), juntamente com mensuração das unidades geográficas ou outras em que esses entrevistados são agrupados ou compartilham de características globais comuns. Assim, o método de pesquisa de levantamento é compatível com a mensuração harmonizada entre um amplo espaço de tempo, embora possa ser um desafio conseguir uma operacionalização consistente e harmonizada sobre esse amplo escopo.

28
Mensuração

O conceito de mensuração automaticamente evoca o uso de um instrumento de pesquisa ou método de pesquisa de levantamento. A mensuração liga o arcabouço teórico de um estudo baseado em pesquisa de levantamento a seus instrumentos de coleta de dados. Existem poucos casos em que o pesquisador social quer mensurar as propriedades físicas das coisas (p. ex., idade, altura e peso de crianças em um estudo da prevalência da desnutrição), mas existem muitos outros casos em que a mensuração de qualidades sociais e pessoas intangíveis levantam diversas questões. Neste capítulo, eu me concentro na preparação para mensuração ao elaborar um questionário, usando o Censo de 2001 para a Inglaterra como um exemplo de ilustração (ver Office for National Statistics (ONS), 2005). No Reino Unido, questionários separados são estipulados para a Inglaterra, País de Gales, Escócia e Irlanda do Norte. O questionário para a Inglaterra é muito usado.

Geralmente, distinguem-se quatro níveis de mensuração, que são referidos como nominal, ordinal, de intervalo e de proporção. O termo "nominal" refere-se à nomeação de alguma coisa ou efetivamente fazer um símbolo representar alguma outra coisa. Mensurações nominais simplesmente oferecem opções alternativas para alguma coisa. Geralmente a mensuração nominal possui categorias mutuamente excludentes.

O Censo perguntou sobre instalações domésticas usando várias variáveis nominais. Uma pergunta era: "Você possui uma banheira/chuveiro e vaso sanitário para uso exclusivo da família?". As opções de resposta eram "Sim" e "Não" (ONS, 2005). Essa é uma pergunta muito simples, e a mensuração aqui também é chamada de dicotomia (sim ou não). Se a pessoa tem apenas um dos três itens (banheira, chuveiro, vaso sanitário privativo), ela deveria responder "não". Se ela tem dois deles, incluindo um vaso de uso privativo, a resposta deveria ser "sim".

Outra variável nominal era: "A sua família é proprietária ou aluga o imóvel?". Existem cinco possibilidades: é proprietária absoluta; é proprietária mediante hipoteca ou empréstimo; paga parte em aluguel e parte em hipoteca (propriedade compartilhada); aluga; mora aqui sem pagar aluguel. A mensuração em cada um dos países constituintes do Reino Unido aperfeiçoou sua precisão e comparabilidade por meio da aplicação piloto dos questionários durante o período até 2001. Existem algumas categorias nas variáveis "nominais" que podem não se aplicar a um determinado país dentro do Reino Unido. Por exemplo, os métodos usados pelo setor de moradia social para organizar aluguel parcial variam conforme o país. Contudo, o questionário final, como produto final de testagem detalhada, abrange o tópico de aluguéis parciais de moradia social de modo adequado em todos os quatro países.

Agora considere o nível de mensuração ordinal. Medidas ordinais oferecem resultados graduados para uma pergunta fechada. Eis um exemplo de uma variável ordinal do Censo de 2001(ONS, 2005):

H5 Qual é o andar mais baixo de sua moradia?

As opções de resposta são:

Subsolo
Andar térreo (nível da rua)
Primeiro andar (andar acima do nível da rua)
Segundo andar
Terceiro ou quarto andar
Quinto andar ou mais alto

Ao definir uma variável ordinal, as opções são graduadas da mais baixa para a mais alta. Decisivamente, não há uma distância paralela exata entre os diferentes pares de categorias. Por exemplo, existe uma distância de um andar entre alguns pares e uma distância de um ou dois andares entre a quarta e a quinta categoria. A distância não é definida rigidamente neste último caso.

A última categoria é um todo abrangente. Uma categoria aberta como esta, que aparece no fim de um conjunto ordinal, é conhecida como uma "categoria truncada".

Ela é a sexta opção, mas refere-se a uma ampla gama de possibilidades. O entrevistado poderia morar no 15º, no 28º ou no 30º andar de um prédio muito alto.

"Dados censurados" é um termo técnico que não significa o mesmo que truncamento (ver Breen, 1996). Ocorre censura quando o caso não pode relatar um número para uma dada variável e, portanto, está ausente dos dados naquela coluna. Truncamento refere-se aos dados no extremo superior serem "espremidos" em uma determinada célula ou valor.

Variáveis ordinais são muito comuns, mesmo quando a mensuração exata parece estar ocorrendo. Distinguimos a exatidão da "mensuração cardinal" da mensuração ordinal. Na mensuração cardinal, a escala permite um intervalo comparável ao longo de toda a escala, ao passo que a mensuração ordinal envolve apenas categorizações. Se qualquer parte de uma escala é ordinal, a variável inteira é considerada ordinal. Exceções exigiriam recodificação, ajuste ou análise para tornar a variável ordinal uma variável cardinal válida.

Uma segunda variável ordinal do Censo de 2001 é sobre cuidado (ONS, 2005):

12 Você cuida ou ajuda a cuidar de membros da família, amigos, vizinhos ou outras pessoas devido a:

– má saúde física ou mental crônica ou deficiência, ou
– a problemas relacionados à velhice?
Não
Sim, de 1 a 19 horas por semana
Sim, de 20 a 49 horas por semana
Sim, 50 ou mais horas por semana

Em certo sentido, a variável não mensura as horas trabalhadas como cuidador da família com muita precisão. Em outro sentido, contudo, a variável ordinal captura muito bem as qualidades fundamentais de sim ou não e as opções de "pouco, algum, muito". Contraindo as categorias, algumas variáveis podem ser relatadas. Por exemplo, pode-se inquirir se os homens "não prestam cuidados" a idosos ou deficientes com mais frequência do que as mulheres, contraindo as respostas de sim em uma única resposta.

O terceiro nível de mensuração é o nível intervalar. Aqui, cada aumento de unidade na variável tem a mesma distância em toda a gama da variável. Muitas variáveis intervalares se iniciam no zero e sobem. Eis aqui uma mensuração em números inteiros, em que se pode ver que a divisão do número por alguns outros fatores (p. ex., "peças por pessoa") resultará em um número que tem decimais de acurácia, mas não se refere a uma real possibilidade (p. ex., 1,7 peça por pessoa):

H3 Quantas peças você tem para uso exclusivo de sua família?

Número de peças ☐☐

Observe nesse ponto que o nível superior de mensuração absorve e inclui o inferior; assim, a variável de intervalo "número de peças" também é nominal e ordinal, além de intervalar. Entretanto, o inverso não é verdadeiro. Variáveis nominais jamais podem ser também ordinais ou intervalares. Variáveis ordinais não podem ser intervalares: se fossem, simplesmente as chamaríamos de variáveis intervalares.

Finalmente, eis a variável de proporção no Censo de 2001 (ONS, 2005):

35 Quantas horas por semana você costuma trabalhar em seu principal emprego?

Responda para a hora inteira mais próxima.
Informe uma média para as últimas quatro semanas.
Número de horas trabalhadas por semana ☐☐

O nível de proporção da mensuração tem uma propriedade da qual os outros níveis geralmente carecem. O zero na escala tem um significado (que por exemplo não é o caso para a mensuração de peças em uma casa, pois uma casa com zero peças não é uma casa). A existência de 0 horas de trabalho (desempregado), 0° de temperatura e 0 em uma escala de renda (para uma pessoa que não tem renda) sugere que essas não são apenas variáveis de intervalo, elas estão também no nível de razão da mensuração.

Dois termos para a "variação" da variável são úteis aqui para ajudar os pesquisadores a discernirem aspectos da mensuração:

o "domínio" e o "escopo potencial" da variável. O domínio é a parte da escala na qual caem os valores da variável. Um número inteiro positivo tem do zero ao infinito como seu domínio. Sua variação é a distância do máximo para o mínimo observado. A maior casa pode ter 25 peças, e a variação é 25, pois algumas pessoas tem 0 peças privativas. O número de peças não pode ser negativo.

"Horas trabalhadas por semana" também tem uma restrição de domínio, porque o número de horas não pode ser negativo. Mas o potencial escopo das variáveis também é restrito. Uma vez que existem 168 horas em uma semana, as horas variam potencialmente de 0 a 168. É útil considerar a variação, o domínio e o escopo potencial de cada variável antes de aplicar um questionário com uma amostra ampla. Desse modo, a variação razoável pode ser conhecida de antemão e os que se situam fora podem ser facilmente identificados com uma simples rotina de verificação.

O escopo potencial também permite que o cientista saiba que largura a coluna que contém a mensuração precisa ter. O arredondamento de "horas trabalhadas por semana" (ver acima) é útil porque restringe a mensuração a dois dígitos simples. Considera-se que a acurácia da mensuração em minutos não seria tão importante quanto simplesmente obter um registro arredondado das horas trabalhadas.

Até aqui, analisamos e ilustramos quatro níveis de mensuração. Muitas variáveis resultantes de pesquisas de levantamento podem sofrer transformações no nível de mensuração. Aplicam-se duas regras gerais. Primeiro, sempre é possível simplificar a mensuração a um nível inferior:

✓ Variáveis intervalares e de razão podem ser convertidas em variáveis ordinais.
✓ Variáveis intervalares, de razão e ordinais podem ser convertidas em variáveis nominais.
✓ Variáveis ordinais podem ser convertidas em variáveis nominais.

Chamamos essas conversões de "transformações de dados". Utilizam-se computadores para fazer essas transformações a partir dos dados originais. Jamais se deleta a variável original mais detalhada. De "Horas", por exemplo, é possível criar uma variável nominal "tempo parcial". Isso levaria os valores 0 para tempo não parcial e 1 para trabalho em tempo parcial de 30 horas ou menos por semana.

A segunda regra é que se alguma coisa é intrinsecamente de nível de razão ou intervalar, na realidade, uma pesquisa que a registra em um nível mais fraco de mensuração perde parte da informação. Contudo, pode ser mais fácil ou mais econômico (talvez por ser mais rápido) fazer uma pergunta aos entrevistados em um nível mais baixo de mensuração do que aquela que é mais precisa na realidade. Essas são questões que podem ser resolvidas pragmaticamente.

Palavras como "impreciso", "vago" e "menos detalhado" parecem se aplicar aos níveis "baixos" de mensuração. Palavras como "específico", "preciso" e "exato" parecem se aplicar aos níveis "altos" de mensuração. Mas as estatísticas às vezes podem ser enganosamente precisas. O conceito de "falsa acurácia" às vezes pode ser aplicado. Por exemplo, se você faz uma pergunta mal-formulada sobre a atitude de um entrevistado em relação ao racismo e coloca a resposta em uma escala intervalar de 0 a 10, é provável que você obtenha falsa precisão. Também existe uma questão de mensuração aqui. Evidentemente, podem haver também questões teóricas e conceituais na mensuração de atitudes frente ao racismo, tais como "O que é uma atitude?" e "Ao que você quer se referir como racismo?". Não confunda questões de mensuração com questões conceituais. Elabore primeiro os conceitos que você quer usar, depois trabalhe com as evidências metodicamente desde a etapa piloto para tratar de cada questão de mensuração.

Seria falacioso (i.e., um argumento fraco) dizer de maneira geral que um nível alto de mensuração é melhor do que um nível baixo de mensuração. Em outras partes deste livro, eu abordo algumas questões relacionadas sobre pontos de vista, perspectivas e imputação. Pontos de vista referem-se à orientação da pessoa que percebe ou descreve alguma coisa. Perspectivas referem-se a diferenças que oferecem ângulos diferentes sobre os mesmos eventos ou situações. Imputação refere-se ao processo de ter que estimar um valor para uma variável a partir de evidências indiretas. Sem dúvida, questões de mensuração surgem de todos esses três ângulos. O nível da mensuração não é a única questão dela mesma.

29
Causalidade

É mais fácil organizar um estudo baseado em um questionário se você tem em mente uma hipótese causal ou uma teoria explicativa. Neste capítulo, exponho a natureza da causalidade relacionada à mensuração de variáveis em uma pesquisa de levantamento com questionário. Isso ajuda a definir o conteúdo geral de sua pesquisa (ver também Caps. 27 e 28).

Em pesquisa baseada em questionário, causalidade refere-se à obtenção de evidências tanto sobre a variável dependente quanto sobre as variáveis independentes. A variável dependente é o desfecho; por exemplo, em estudos da pobreza, ela poderia ser um simples zero – um indicador de pobreza. As variáveis independentes são as coisas que você supõe que estejam causando o desfecho ser maior ou menor, ou estar "presente" (Olsen, 2010b). Para ilustrar a causalidade, aqui estão duas declarações causais simples que poderiam ser derivadas da mesma pesquisa de levantamento de renda. O contexto aqui é a Índia, onde a pobreza é muito comum entre certas castas e grupos étnicos minoritários.

1. A renda é afetada pela educação dos membros da família, pela carga horária semanal de trabalho, pelo grupo de casta e pelo pertencimento a uma comunidade minoritária.
2. A pobreza é afetada pela educação dos membros da família, pela carga horária semanal de trabalho, pelo grupo de casta e pelo pertencimento a uma comunidade minoritária.

As duas declarações são muito semelhantes, porque possuem os mesmos quatro conjuntos de variáveis independentes. A educação poderia ser o número de anos de escolaridade formal, somados entre todos os adultos. A carga horária semanal de trabalho teria de incluir todos os adultos empregados ou que trabalham por conta própria. O grupo de casta é um conjunto quádruplo de indicadores (ver o capítulo seguinte para ver como definir isso), referido como um multinomial, pois uma pessoa só pode estar em um de quatro grupos de casta. Indicadores multinomiais tanto implicam quanto presumem que a pessoa não pode estar em dois dos grupos – ou seja, os grupos de casta são mutuamente excludentes. É claro que você pode se casar com alguém de outro grupo de casta, de modo que, para famílias, uma escolha enganosa teria de ser feita para definir a "casta da família". Mas os dados sobre renda são tipicamente analisados para cada indivíduo. Finalmente, o quarto indicador mostra se você pertence a um dos grupos *hindus* dominantes ou a grupos étnicos minoritários desfavorecidos.

As duas declarações causais possuem diferentes tipos de indicador do desfecho. A primeira é uma medida contínua. Minha declaração causal refere-se à renda, mas, em vez disso, frequentemente a mensuramos usando a despesa mensal em rúpias por pessoa. A despesa é semelhante, mas não exatamente a mesma coisa que a renda. A mensuração de renda geralmente é desenvolvida por meio de minuciosa abordagem no questionário de todos os itens de despesa, agrupados em cerca de 40 principais títulos. Podem ser necessárias várias páginas do questionário para incluir todos os títulos de despesa. É mais fácil registrar os gastos de toda a família, mas, depois de dividi-los pelo tamanho da família, podemos registrar a "despesa *per capita*" para cada um e para todos os indivíduos. Existem teorias sobre as causas da renda, que podemos aplicar, com cautela, à mensuração da renda, mesmo que haja algumas pequenas diferenças. Economias e empréstimos são uma das maiores fontes de diferença. Mas as teorias podem ser testadas, desenvolvidas e trabalhadas mesmo que não tenhamos mensuração direta da renda. A renda mostra-se muito difícil de mensurar com precisão. Existem muitas dificuldades com a mensuração da renda, tais como impostos, ganhos ilícitos, a diferença entre lucro e faturamento para pequenas empresas e ganhos com bonificações. Nossa mensuração de despesas servirá para a teoria da renda

relativamente bem. A medida de despesas é um substituto.

Na segunda declaração causal, temos pobreza em vez de renda como o desfecho. A pobreza é mensurada como 1 caso eles sejam pobres e como 0 caso não sejam. O dinheiro geralmente é dividido entre os membros da família. Se não fosse, todas as crianças seriam pobres e poucas pessoas empregadas pareceriam ser pobres. Em vez disso, somamos toda a renda e a dividimos pelo número total de domiciliados, refletindo como os fundos são compartilhados para alimentar e vestir (entre outros) toda a família. Agora fica mais óbvio por que fazemos o estudo na "unidade de análise da pessoa" – a pessoa só é pobre se carece de ao menos uma pessoa em sua família que ganhe o suficiente para colocar a família inteira acima da linha de pobreza. Usando um computador, podemos estabelecer uma linha de pobreza e simplesmente criar uma variável pobreza depois de fazer o questionário, da seguinte maneira:

---

pobreza=0
substituir pobreza=1 se despespc< 360
pobreza média

A segunda declaração aqui se refere à despesa *per capita* mensal ser inferior a 360 rúpias. As três declarações formam juntas uma rotina de transformação simples que cria uma nova variável, pobreza. Essa variável podia ser vista em uma planilha como uma coluna inteira de 0s e 1s. A média da variável é a proporção ou porcentagem que é pobre. Por exemplo, se 80 são pobres e 120 não são, a média da variável é 0,40, que é 40%. É muito fácil fazer essa transformação depois que você tem uma renda variável. Você não iria querer perguntar ao entrevistado se ele é pobre. Isso seria inquirir sobre uma coisa totalmente diferente. Você estaria perguntando sobre sua visão subjetiva se eles são pobres. Nossas declarações causais não eram sobre isso; elas eram sobre pobreza objetiva medida. Dessa forma, com grande precisão e cuidado, examinamos nossa teoria ou nossas hipóteses e medimos e desenvolvemos cada indicador que precisamos na pesquisa de levantamento baseado em questionário. Ver Blaikie (2000) para mais exemplos.

Essas questões são complexas, e você pode retornar a essa tarefa mais tarde. Por enquanto, considere como os economistas realmente estudam a renda. Eles constatam que a renda, representada pela despesa *per capita*, é fortemente assimétrica, e esta não é uma situação para nossa análise, muito embora ela seja um retrato preciso de uma distribuição de renda desigual. A assimetria mostra que muitas pessoas recebem baixos salários (estimados pela despesa *per capita*), mas algumas pessoas, talvez 2% ou 5%, recebem salários extremamente altos comparados com os pobres. Essa assimetria pode ser eliminada para a finalidade de um estudo estatístico e de uma representação gráfica tomando-se o logaritmo[*] da despesa *per capita*. Isso fornece a mesma classificação de todas as pessoas, mas usa uma escala diferente para mensuração: 10.000 tem um logaritmo de apenas 9; 100 tem um logaritmo de 7; 100 tem um logaritmo de 4,6 e 10 tem um logaritmo de 2,3. O logaritmo reduz os números muito altos para uma escala comparativa razoável. Nossa primeira declaração causal agora se parece assim:

---

1. O logaritmo da despesa *per capita*... é afetado pela educação dos membros da família, pela carga horária semanal de trabalho, pelo grupo de casta e pelo pertencimento a uma comunidade minoritária.

Isso funciona muito bem para uma pesquisa de levantamento sobre pobreza baseado em questionário.

As declarações 1 e 2 devem fornecer resultados consistentes. Observe que a renda aumenta à medida que aumentam as horas de trabalho, e assim esperamos que elas estejam positivamente associadas. Entretanto, a pobreza funciona de maneira inversa. A pobreza é menos provável à medida que aumentam as horas de trabalho. Esperamos uma relação inversa na declaração 2, em contraste com uma relação positiva na declaração 1. Todas essas expectativas detalhadas geralmente são planejadas antes de montar o questionário do estudo.

Certifique-se de que o estudo contempla todos os tópicos que estão incluídos em todas as suas declarações, teorias e hipóteses causais. Isso cria um guia básico para a abrangência, para o escopo e para o nível de detalhamento da pesquisa. Essa orientação útil, quando combinada com a pesquisa de levantamento piloto, levará a uma redução do questionário (e da hipótese) se o estudo parecer excessivamente ambicioso.

Há muito planejamento envolvido. Custos e tempos necessários precisam ser planejados detalhadamente. Sabe-se que questionários são um método com boa relação custo-benefício, mas somente se o instrumento de pesquisa subjacente (o questionário) e a amostragem forem cuidadosamente elaborados. No restante desta parte do livro, explicarei melhor os detalhes de pesquisas de levantamento e amostragem. Você também pode usar um bom livro de delineamento de pesquisa (p. ex., Hakim, 2000; De Vaus, 2001).

Se você receber alguns dados produzidos por outras pessoas, você terá ainda de planejar suas declarações causais em detalhe, como mostrado acima ou de alguma forma semelhante, antes de começar a trabalhar com os dados. Você pode então produzir um subconjunto de dados extraindo apenas as variáveis desejadas das centenas ou milhares que você recebe na base de dados principal (ver Cap. 33).

---

[*] N. de R.T.: Aplicar a função logaritmo transforma os dados em uma reta.

30
Limpeza dos dados

A expressão "limpeza de dados" implica que dados sujos são dados ruins, mas essa ideia se aplica principalmente a um contexto de levantamento, e não a um contexto qualitativo. Depois de limpar alguns dados, o conjunto de dados como um todo deve estar em uma forma mais usável do que antes da limpeza. Mas, segundo pesquisadores qualitativos, alguma coisa importante pode se perder durante a limpeza e as etapas pilotos são fundamentalmente qualitativas e apenas gradualmente envolvem mais quantificação. Se você gostaria de ler sobre os valores implícitos no método de mensuração em pesquisas de levantamento, consulte Williams (2000). Esses são relevantes às decisões que são tomadas durante a etapa de limpeza de dados. Em especial, Williams argumenta que dados intervalares impõem uma avaliação dos valores de alta e baixa classificação de uma escala. Se você tem dúvidas sobre uma escala em um conjunto de dados e essa escala parece estar no nível intervalar de mensuração, você tem várias opções para enfraquecer a suposição e assim evitar fazer uma falsa premissa na pesquisa. Uma opção é codificar a variável como multinomial (i.e., de múltiplas categorias), abrindo mão de suas medições ordenadas. Outra opção é passar do escalonamento cardinal para o escalonamento ordinal. De qualquer forma, você também vai querer limpar os dados.

Para limpar os dados, você vai precisar de uma codificação bem estruturada. Essa codificação deve conter o número e o texto de uma escala ou texto de uma pergunta, o nome da variável que disso resulta, os rótulos da variável e talvez algumas tabulações básicas. Você deve indicar os tipos de razões para a ausência seletiva de dados. Você pode ver três dessas entre outras opções para responder a uma única questão. Eis um exemplo do British Household Panel Survey (BHPS) (Taylor, 2001), para uma pergunta sobre as economias de uma pessoa:

3.16. Finalidade da Economia

Finalidade das Economias (wSAVEY1)

01 Férias
02 Idade avançada/aposentadoria mencionada especificamente (incluir sistemas/planos de aposentadoria)
03 Automóvel
04 Filho(s) (incluir educação dos filhos e sobre eventual compra de ações para investir na educação deles)
05 Compra de imóvel/propriedade, incluindo compra de terrenos
06 Melhorias domésticas
07 Contas domésticas (p. ex., assinatura de TV, etc.; também inclui manutenção de veículos, tais como imposto, seguro, manutenção de automóvel/motocicleta)
08 Eventos especiais (p. ex., casamentos, funerais, Natal)
09 Nenhuma razão especial especificada (p. ex., economizando para momentos de dificuldade, segurança, emergências, por garantia)
10 Regimes de participação
11 Própria educação
12 Neto/a
96 Outro (inclui outros tipos de participação não especificados)
98 Não sabe
99 Rejeitou/Indisponível

Os valores são todos numerados bem como rotulados. O processo de desenvolvimento da codificação é gradual. Ele se inicia quando você planeja o questionário, e a maior parte da codificação deve ser digitada durante o piloto do questionário básico. À medida que você aperfeiçoa as perguntas, você também modifica a codificação. Somente no final você adiciona as tabulações básicas, pois elas só serão precisas quando todos os dados estiverem registrados. A codificação antedata a maior parte da entrada de dados.

Durante pilotos e o registro de dados, você pode querer manter um diário de decisões. Para cada dado, registre quais variáveis você mudou, por que e que exceções apareceram que lhe fizeram modificar a codificação. Essa é uma tarefa maçante, que compensará porque então você não precisa se lembrar desses passos, mas pode recuperá-los posteriormente, se precisar. Comentários podem

ser registrados diretamente no livro de códigos se você estiver trabalhando sozinho. Se você trabalha em equipe, você precisa encontrar formas de discutir e concordar sobre uma codificação padrão. Assim, se cada membro da equipe mantém um diário, em encontros periódicos pode-se designar um membro da equipe para digitar as revisões no documento com a codificação padrão.

Durante os pilotos, a limpeza de dados tem duas partes. Primeiro, existe uma revisão da redação das perguntas. Talvez em vez de limpar o resultado, você precise limpar a própria pergunta. Evite, em especial, perguntas de duplo sentido ou complexas sobre atitudes. Compare essas duas perguntas, provenientes do questionário de autopreenchimento e do questionário para jovens do BHPS, respectivamente (ver Taylor, 2001, para a documentação):

Q2. Eis algumas perguntas sobre a vida familiar.

Você pessoalmente concorda ou discorda que...

a) Uma criança pré-escolar tende a sofrer se sua mãe trabalha fora

Concordo plenamente	1
Concordo	2
Não concordo nem discordo	3
Discordo	4
Discordo totalmente	5
(Varname QOPFAMA)	

Q3. Qual seu grau de interesse por política?

Muito interessado	1
Bastante interessado	2
Não tenho interesse	3
(Varname QYPVTE6)	

A primeira é bastante complexa. Ela presume um determinado modelo de vida familiar, talvez de um casal com filhos ou a possibilidade de filhos. Se você estivesse aplicando um questionário piloto, você poderia decidir simplificar a pergunta modificando-a da seguinte maneira:

> Você pessoalmente concorda ou discorda que uma criança pré-escolar tende a sofrer se sua mãe trabalha fora?

A pergunta revisada não possui uma oração prefixal. O BHPS possui uma estrutura complexa de oração prefixal porque uma série de 10 ou mais perguntas sobre atitudes é feita ao entrevistado. Esse é um risco calculado. A complexidade pode ser desalentadora, mas, por outro lado, depois que o leitor entende a ideia, é fácil para ele colocar todas as suas respostas na mesma escala Likert básica. Essa escala é repetida para cada questão, e o entrevistado apenas marca a opção. O BHPS presume que os entrevistados sabem ler e marcar com relativa facilidade. Não há opções visíveis para dados ausentes aqui. Teríamos então apenas uma categoria para dados ausentes, -1 (sem resposta). Entretanto, uma vez que o BHPS é bastante complexo e não leva em conta a imputação de dados, seja pela obtenção de uma resposta substituta de outro membro da família ou pela imputação durante a etapa de limpeza de dados (pela equipe do BHPS), há de fato numerosos códigos para dados ausentes nos dados do BHPS. Alguns deles são exibidos aqui.

Encontramos na codificação do BHPS a tabulação final limpa apresentada na Tabela 30.1. A porcentagem válida bruta que concorda com a declaração é 33% (isto é, 849+3542/13,447).

A limpeza de dados envolve estabelecer os valores ausentes e todos os outros códigos, garantindo que cada dado registrado corresponda corretamente a apenas um desses valores, verificando a codificação para ter certeza de que a digitação foi feita corretamente e verificando se há valores que estejam fora da faixa válida para cada variável. Em resumo, eis uma lista de verificação para limpeza de dados:

✓ Os dados que faltam para variáveis individuais foram codificados consistentemente? Por exemplo, -1 para sem resposta e -9 para outro valor ausente ou muito discrepante. Recusa receberia um valor diferente, talvez -7.
✓ As listas de rótulos de valor na codificação são adequadas?
✓ Você verificou se o número codificado em cada folha a mão é o número correto?
✓ A digitação dos dados do formato de número escrito a mão para digitado está correta?

A última dessas é a tarefa de limpeza clássica. Muitas equipes concordam em ter dois digitadores registrando todos os números de maneira independente. Existe grade de números por digitador, e a maioria dos erros aparecerá como inconsistências entre es-

☑ TABELA 30.1

Tabulação de atitudes no Reino Unido sobre se uma criança em idade pré-escolar sofre se a mãe trabalha

Rótulo de valor	Código	Frequência	Porcentagem bruta
Ausente ou muito discrepante	-9	490	3,3%
Resposta de substituto	-7	954	6,4%
Sem resposta	-1	19	0,1%
Concorda plenamente	1	849	5,7%
Concorda	2	3.542	23,8%
Não concorda nem discorda	3	4.643	31,1%
Discorda	4	3.578	24,0%
Discorda totalmente	5	835	5,6%
Total		**14.910**	**100%**

Fonte: BHPS 2008, Wave Q. Existem 13,447 casos brutos válidos.
Reproduzido com permissão do Institute for Social Economic Research.

sas duas grades caso a digitação tenha sido feita duas vezes. Se ela for feita apenas uma vez, é quase impossível identificar erros de digitação.

A Tabela 30.2 apresenta um exemplo de grade de registro de dados. A primeira variável é um identificador pessoal; a segunda é a opinião (rotulada OPFAMA para Opinião sobre Famílias, Parte A) sobre crianças sofrerem. A terceira é um indicador de classe social associado ao atual emprego do entrevistado, e a última é um indicador de classe social detalhada para seu emprego mais recente. Uma grade assim pode ser digitada com muita eficiência e rapidez. Compare-a com a Tabela 30.3, que

☑ TABELA 30.2

Uma grade de registro de dados

PID	QOPFAMA	QJBGOLD	QMRJSEC
130001104	−7	3	72
10017933	4	2	91
10017992	4	2	41
10023526	4	3	60
10048219	−7	4	72
10048308	−7	3	71
10049304	−7	4	91
10055266	3	3	41
10055339	4	−8	-3
10067213	−7	1	33
10067248	4	1	31
20045018	4	−8	-3
10076166	3	−8	−9
10078401	3	−8	−9
10079556	3	1	81

☑ TABELA 30.3

Grade de dados mostrando rótulos de dados

PID	QOPFAMA	QJBGOLD	QMRJSECD
130001104	proxy re	rotina	intermd
10017933	discorda	serviço	autonom
10017992	discorda	serviço	pr menor
10023526	discorda	rotina	superior
10048219	proxy re	particular	intermd
10048308	proxy re	rotina	intermed c
10049304	proxy re	particular	autonom
10055266	neithr a	rotina	pr menor
10055339	discorda	não se aplica	nunca teve
10067213	proxy re	serviço	pro alto
10067248	discorda	serviço	p superior
20045018	discorda	não se aplica	nunca teve
10076166	neithr a	não se aplica	ausente

Abreviaturas: proxy re = Resposta de Substituto. Neithr = Não concorda nem discorda.

mostra o significado estatístico da mesma grade com rótulos de valor. Evidentemente é muito mais rápido digitar os códigos numéricos. Existe um risco de erro com o qual lidamos com limpeza de dados *ex post.*[*] Os rótulos de valor também são muito mais longos do que os exibidos aqui. Eles podem ter extensões variáveis e muitos detalhes, como vimos anteriormente. O computador aplica todos esses detalhes aos números na grade de dados. Os "dados" são, portanto, os números de código. A codificação mostra uma padronização para combinar os números com os rótulos.

---

[*] N. de R.T.: Dados secundários, isto é, colhidos por outra pessoa ou entidade.

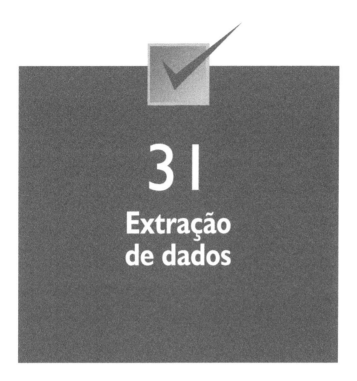

31
Extração de dados

É barato e fácil extrair um conjunto de dados de uma fonte *on-line*. Como "coleta" de dados, esse método é dependente da provisão de dados por outras fontes institucionais, grandes e pequenas. Um grande número de organizações governamentais e internacionais oferece dados para livre uso pelo público. Exemplos de fontes de dados incluem:

✓ a World Values Survey (http://www.worldvaluessurvey.org);
✓ tabelas censitárias (muitos países);
✓ Índices de Múltipla Privação (RU; www.communities.gov.uk/communities/neighbourhoodrenewal/deprivation);
✓ Labour Force Survey (ver http://www.statistics.gov.uk/Statbase/Source.asp?vlnk=358&More=Y; versões posteriores são listadas como Annual Population Survey, ver http://www.statistics.gov.uk/StatBase/Product.asp?vlnk=10855&More=Y).

Muitas das maiores fontes oferecem uma janela de opções NESSTAR para usuários que querem ter acesso aos dados. Um pouco de paciência compensa para se adaptar ao uso da abordagem NESSTAR. Neste capítulo, o conceito de extração de dados é primeiramente introduzido – principalmente no que se refere a criar um subconjunto pequeno de um grande conjunto de dados preexistente – e depois o método NESSTAR de extração é explicado. Futuros desenvolvimentos de *software* podem criar alternativas que compitam ou complementem o NESSTAR. Depois que o pesquisador já sabe explorar metadados e derivar uma lista de variáveis desejadas (usando enunciados "se" para selecionar apenas os tipos desejados de casos), é fácil se adaptar a outros programas.

Extrair dados requer um claro foco em uma questão de pesquisa ou tarefa específica (Dale et al., 2000). O tipo de tarefa que poderíamos ter em mente poderia incluir a construção de uma tabela com baixas porcentagens como base em um projeto qualitativo ou montar um gráfico de barras que compare médias entre subamostras diferentes (p. ex., duração média do casamento para diferentes grupos etários que se divorciam). A complexidade da tarefa afetará a complexidade da extração de dados requerida. Conforme a tarefa, uma lista de variáveis necessárias será gerada. Essas podem incluir variáveis demográficas, variáveis substantivas e indicadores de desfechos.

Extrair dados significa tomar um subgrupo. Poderíamos escolher todos os casos da região Nordeste de um conjunto de dados sobre os Índices Ingleses de Múltiplas Privações e depois, a partir desses, escolher somente os subíndices de moradia e desemprego, bem como os principais índices de resumo. Uma extração desse tipo poderia parecer como mostra a Figura 31.1.

Os dados extraídos compreenderiam apenas as áreas mais escuras da Figura 31.1. Essa minibase de dados concisa pode ser colocada no computador por meio de uma planilha ou pacote estatístico. Formatos conhecidos incluem *SPSS.sav* (IBM) e *.por*. Lacunas no conjunto de dados serão indicadas por um espaço vazio, por um ponto (.) ou por algum símbolo especial, como -99. Na realidade, os Indicadores de Múltiplas Privações são fornecidos em planilhas, de modo que seu formato é ainda mais sim-

ID No.	Sexo	Idade		Período de ocupação	Peças			Desemp.					

FIGURA 31.1

Extração de dados usando filas e colunas selecionadas.
Nota: Cada fila representa um grupo de casos, chegando possivelmente a dezenas ou centenas. O cinza claro destaca uma seleção de variáveis, e o cinza escuro destaca uma seleção de casos. Quando combinados, temos um pequeno subgrupo.

ples – é o formado *.xls* do Microsoft Excel. A matriz resultante é simplesmente uma única tabela de dados com as poucas filas e colunas necessárias para esse projeto. Localidades dentro da região Nordeste poderiam ser rotuladas em uma coluna. Aquela coluna funciona como um identificador de fila para o pequeno conjunto de dados.

A presença de múltiplos níveis de coleta de dados complica a extração de um conjunto de dados (Dale et al., 2000). Existem múltiplos níveis de dados em muitas pesquisas de levantamento domiciliares. Aqui os dados para os domicílios são um nível, e os dados para indivíduos são um segundo nível. O número de pessoas será muito maior do que o número de domicílios. Se seu conjunto de dados é sobre pessoas individualmente consideradas, talvez seja preciso replicar os dados do domicílio para cada pessoa. Se seu conjunto de dados desejado é sobre domicílios, e isso incluiria tamanho da família, renda familiar e tipo de regime de ocupação do imóvel, é necessário omitir dados pessoais ou então "contrair" os dados pessoais em variáveis de resumo de nível domiciliar. Essas são operações de análise de dados complexas. Na etapa de extração de dados, um bom método é simplesmente extrair duas tabelas, uma em cada nível. Incluir uma variável de identificação do domicílio e uma variável de identificação da pessoa nos arquivos será útil posteriormente. Reservar um tempo para planejar as diversas tarefas posteriores da pesquisa ajudará na etapa de extração de dados.

Um laboratório de microdados virtual (LMV) é usado em alguns países para proteger a privacidade dos entrevistados e o sigilo dos dados em grandes conjuntos de dados. Um LMV é um serviço de acesso no local de pesquisa para conjuntos de dados secundários. Quando dados administrativos foram coletados de grandes números de pessoas ou de empresas, é arriscado disponibilizar os dados brutos ao público *on-line*. O LMV oferece acesso temporário em um ambiente face a face seguro, no qual os computadores são fornecidos pelo detentor dos dados e o usuário não pode utilizar nenhum tipo de dispositivo de memó-

ria, tais como um *pen drive* USB. O usuário envia seu programa de extração de dados. Ele pode editar o programa para fazer ajustes finais durante sua permanência no laboratório. Geralmente um LMV está localizado em uma grande cidade. É preciso pagar uma pequena taxa para usar o laboratório.

A lista a seguir relaciona algumas das bases de dados do Reino Unido mantidas em laboratórios virtuais pelo Centro de Estatísticas Nacionais:

✓ Business Structure Database;
✓ Annual Survey of Hours and Earnings;
✓ The Labour Force Survey (dados detalhados em nível de autoridade local);
✓ Annual Population Survey (dados detalhados em nível de autoridade local);
✓ Workplace Employment Relations Survey;
✓ Community Innovation Survey;
✓ National Employer Skills Survey.

O sistema dos LMVs atualmente funciona da seguinte maneira. Uma vez extraídos os subconjuntos de dados, o LMV não permite que os próprios dados sejam removidos do local. Em vez disso, o usuário deve analisar os dados e produzir os gráficos de barras, tabelas, gráficos em setores e resultados numéricos necessários no local (*in situ*). Essas páginas de resultados são passadas para os administradores dos LMVs, que levam alguns dias para examiná-las, procurando identificar de que forma a revelação desses resultados poderia resultar em perda de privacidade ou quebra de sigilo de um entrevistado ou talvez de um grupo sensível de empresas. Tipicamente as preocupações relacionam-se a pequenos grupos ou casos especiais.

Informações sigilosas de grupos ou indivíduos podem parecer óbvias em uma apresentação tabular, as quais podem ser identificadas cruzando-se informações com outra base de dados pública. O exemplo de uma grande mansão com 17 peças pode ser usado para ilustrar o "risco de divulgação". Se a identidade do proprietário puder ser facilmente descoberta, a tabela que revela a localização dessa mansão seria uma ameaça à sua privacidade. O risco de divulgação de uma tabela depende em parte de quais informações presumimos que o usuário possui de outras fontes, tais como os arquivos dos códigos postais e os registros eleitorais publicamente disponíveis. Geralmente, tabelas que não possuem um número total de menos de cinco unidades em cada fila ou coluna tendem a mostrar-se mais confiáveis – ou seja, com menos risco de divulgação ou identificação – do que tabelas com número total menor. Assim que os administradores do LMV concluírem que não há risco ou que há muito pouco risco de divulgação ou identificação, as tabelas serão liberadas para o pesquisador.

Pode-se ver, portanto, que, com o método de LMV, dados brutos não podem ser obtidos exceto como um produto intermediário que é usado e depois deixado no laboratório. Em contraste, com o método de extração de dados NESSTAR, os dados brutos podem ser baixados diretamente para o computador do usuário.

O NESSTAR é um pacote de programas que são usados por provedores de dados para facilitar a investigação de dados[1]. Metadados são produzidos como rótulos que descrevem os dados, a amostragem, as variáveis, os casos e os identificadores de casos. Detalhes dos pesos e valores ausentes da pesquisa de levantamento geralmente são informados em bases de dados NESSTAR bem gerenciadas. Mesmo que uma base de dados seja complexa, os metadados do NESSTAR descreverão a gama completa de informações de base que o usuário pode precisar. O NESSTAR foi feito para ser acessado *on-line*, mas ele também pode ser usado em um computador de mesa. Ao usar o programa, o usuário primeiramente vê uma lista de base de dados e, depois de selecioná-la, uma escolha de data é oferecida. Clicando por meio dos metadados sobre aquele conjunto de dados, vemos uma série de informações: a descrição do estudo, a citação bibliográfica padrão, o escopo do estudo, a metodologia e o processamento de dados utilizados e os esquemas de acesso aos dados. Abaixo dos metadados

existem listas de dados. Dentro de um *link*, encontramos dados demográficos, listas de variáveis substantivas, dados de ponderações da pesquisa de levantamento e outros dados, e cada *link* é uma lista de variáveis. Estatísticas de resumo para cada variável podem ser acessadas clicando no nome da variável. Abas no topo daquela folha permitem que sejam realizadas análises e tabulação cruzada. Ícones permitem que o usuário mais experiente registre os subgrupos e as áreas de *download* de dados.

Primeiramente, crie o subconjunto. Aqui a escolha de "linhas" envolve declarar as condições, que devem ser verdadeiras para as filas a serem incluídas. Essas são expressadas como valores das variáveis domiciliares ou pessoais. Depois crie a escolha de variáveis. Muitos cliques podem estar envolvidos para um grande subconjunto de dados. Se o NESSTAR não estiver fácil de usar, pode ser sensato verificar os metadados para descobrir se o conjunto de dados pode estar disponível como um todo de uma coleção de dados. Por exemplo, o British Crime Survey tipicamente fica arquivado tanto no NESSTAR quanto no UK Data Archive (ver www.esds.ac.uk). O NESSTAR é mais eficiente para pequenos subconjuntos extraídos de grandes conjuntos de dados. Uma vez que o NESSTAR é um serviço de provimento de dados baseado na internet, convém colocar sua página inicial na lista de favoritos. Durante repetidas visitas, o usuário pode criar imagens gráficas e tabelas a partir de uma pesquisa de levantamento familiar sem ter de baixar nenhum dado. Os gráficos podem ser produzidos dentro do NESSTAR e depois baixados para o computador.

O uso de pesos dentro do NESSTAR está em um alto nível de sofisticação. É preciso cautela para não produzir gráficos ou tabelas não ponderados com dados que exigem ponderação. As tabelas podem ser enganosas ou erradas. O desenvolvimento de destreza no uso de um conjunto de dados pode envolver a consulta de outras publicações que usaram os dados. É importante usar publicações revisadas por pares de publicadores respeitados, não materiais baseados em rede que podem conter os mesmos erros típicos que você está cometendo. Publicações revisadas por pares (*peer-reviewed*) oferecem o padrão ouro e podem ser usadas para comparar porcentagens e resultados básicos para garantir que o uso do NESSTAR está seguindo a melhor prática para um determinado conjunto de dados.

NOTA

1. NESSTAR é a abreviatura de Networked Social Science Tools and Resources (ver http://www.nesstar.org). Fundado em 1998 como um projeto dentro da União Europeia, envolvendo estreita colaboração entre o UK Data Archive e os Norwegian Social Science Data Services, atualmente o NESSTAR é o nome usado tanto para a empresa quanto para o produto.

32
Dados discrepantes

O conceito de pontos de dados discrepantes[*] é usado principalmente no contexto de variáveis contínuas em conjuntos de dados de pesquisas de levantamento. Esses pontos discrepantes, referidos como *outliers*, situam-se acima ou abaixo da faixa usual de uma variável. A curva em sino ou "distribuição normal" tem a maior parte de seus casos (~68,3%) entre menos um sigma (desvio padrão) e mais um sigma e, como parte de sua forma normal, tem tipicamente alguns dados discrepantes. Outras distribuições possuem pontos discrepantes apenas em um lado (um exemplo de uma distribuição oblíqua como a distribuição de renda vem à mente) ou são relativamente regulares com poucas discrepâncias (tais como a distribuição de idade, que raramente excede 110 anos e não pode ser menor do que zero). Conhecer sobre dados discrepantes é útil para limpar dados de pesquisa de levantamento, pois um valor como "idade -9" precisa sem dúvida ser corrigido. Uma vez que existe uma faixa de possíveis distribuições – e algumas realmente possuem pontos discrepantes como parte normal de sua faixa – é preciso ter cuidado. Neste capítulo, analiso o conceito de limpeza pela deleção de dados discrepantes e depois abordo modos mais interessantes de lidar com eles.

Limpar um conjunto de dados pode significar eliminar casos ou filas inteiras onde algum dado fundamental está faltando ou foi rejeitado. Quando um conjunto de dados é limpo dessa maneira, considera-se que a taxa de não resposta aumentou, e o conjunto de dados "limpo" menor pode divergir da aleatoriedade e, portanto, não ser representativo. Assim, se o projeto tinha aleatoriedade e representatividade como metas importantes, a limpeza deve ser feita dando-se parcial atenção, simultaneamente, à efetiva taxa de não resposta após a limpeza.

---

[*] N. de R.T.: O termo em inglês *outliers* foi traduzido como "dados discrepantes".

Um procedimento menos radical é limpar variáveis (i.e. colunas) definindo dados que faltam, tais como -99 ou -1, que indicam que o valor discrepante era inexplicável. Esses valores ausentes são seletivamente definidos pelo usuário e podem aparecer também como pequenos buracos ou lacunas na tabela de dados brutos. O uso de -1 ou -99 é uma norma conveniente, e programas como o SPSS (Statistical Package for the Social Sciences) podem reconhecer os valores -1 e -99 como valores não existentes especiais para casos existentes, e os chama de valores ausentes do usuário. Alguns programas os chamam de valores seletivamente ausentes. Por outro lado, se a célula de dados simplesmente estivesse vazia, se poderia pensar que se trata de um valor ausente do sistema: o "sistema", isto é, o *software*, não sabe o que deveria estar ali. A maioria dos pacotes de *software* tratará os valores -1, -99 e células vazias exatamente da mesma maneira. Assim, um truque típico consiste em examinar cada variável, depois projetar seus valores em um histograma e recodificar qualquer valor para -1 se seu valor estiver ridiculamente fora da faixa realista. Também pode-se verificar as pesquisas de levantamento escritas a mão ou as fontes de dados para ver se o dado pode ser corrigido. Então pode-se declarar o valor ausente de usuário -1 para todas as variáveis (ou ao menos, sendo cuidadoso, todos aqueles em que -1 não é o valor real) e redesenhar o histograma. Ele agora terá alguns valores extremos altos ou baixos a menos, e este será o gráfico finalizado.

Economistas e psicólogos às vezes evitam deletar ou registrar valores ausentes dessas maneiras. Na economia, o conceito de variação estocástica explica que um processo subjacente que não é diretamente observado pode gerar uma gama de valores, e alguns podem ser extremos. Se um conjunto de dados geralmente segue uma distribuição normal (isto é, uma curva em sino), o economista pode não querer ver nenhum caso excluído, nem registro bruto ou a criação de dados ausentes de usuário, onde antes havia valores muito altos.

Tome-se o exemplo de preços de casas. Vamos supor que o preço médio em moeda local seja de 75.000 e o modo seja 55.000. Os valores altos podem chegar a 655.000, 725.000, 1,5 milhão ou até 10,2 milhões. Qual é o valor discrepante? O valor acima de 10 milhões ou os valores acima de um milhão? Como se espera que a distribuição seja assimétrica, tenderíamos a aceitar, e não recodificar ou eliminar valores muito altos.

Em um país como o Reino Unido, grandes variações regionais no preço das casas significam que nosso conhecimento informal privado sobre elas pode não abranger valores como esses. O pagamento de comissões também contribui para uma grande distorção na distribuição total de renda no Reino Unido. Uma ampla pesquisa de levantamento dos preços das casas (ou bonificações) pode revelar valores na casa de 10,2 milhões. Se – devido a expectativas prévias – o pesquisador os elimina, ele perde uma nova descoberta essencial de sua pesquisa! É preciso cuidado ao definir valores ausentes de usuário para valores discrepantes. Certamente é necessário considerar cada variável separadamente.

Existem algumas alternativas aos procedimentos de deleção e de ausência de usuário. Elas incluem transformar a variável distorcida usando regressão ordinal; retirar os valores discrepantes dos diagramas, mas deixá-los nas tabelas de dados e estatísticas; e testar estatisticamente o viés que pode resultar da omissão de valores discrepantes. Discutirei cada opção mais detalhadamente.

Transformar uma variável distorcida pode reduzir os valores altos discrepantes a níveis razoáveis. A transformação mais conhecida é o logaritmo. A média logarítmica dos salários por hora é de apenas 2,5 para salários que variam de 5,10 libras por hora para cima, com uma média de cerca de 12,00 libras por hora. O logaritmo é o número ao qual **e** deve ser potenciado para obter a taxa salarial original, tal como 12,00 (**e** é um número especial como π ("pi"); ele é 2,71828). O logaritmo de 12 é 2,48, e o logaritmo de 5,1 é 1,62. Para taxas muito elevadas, como 75 libras por hora, pagas a alguns consultores, corretores ou banqueiros (o que inclui bonificações), o logaritmo de 75 é apenas 4,3. O logaritmo assim encolhe os valores muito altos sem encolher demais os baixos.

Existem dois problemas no uso de logaritmos. Um é que o logaritmo de zero não existe, portanto, essa transformação só pode ser usada para valores positivos. Isso funciona bem para taxas salariais por hora, mas não funcionaria para ganhos semanais ou ganhos de aluguéis, os quais sem dúvida teriam o valor 0 para alguns indivíduos. Existem algumas transformações alternativas que podem cumprir a mesma função que o logaritmo, mas ainda funcionam para casos de valor zero. Por exemplo, pode-se transformar uma lista de valores que variam de 0 para cima usando potenciação: simplesmente extraia a raiz quadrada de todos os valores para reduzir a distorção de valores altos ou eleve os valores ao quadrado para eliminar a distorção de valores muito baixos.

Outra solução para um variável contínua com formato irregular é a transformação Box–Cox. Como o logaritmo, essa transformação exige valores estritamente positivos. O uso de transformações é conveniente para um público perito: ele sabe visualizar a variável transformada em sua própria escala porque está ciente de que a versão transformada é uma função monotônica do original. Um resultado com crescimento monotônico significaria que ele aumenta de forma constante junto com o original. Resultados estatísticos de correlação ou regressão podem ser comparáveis com os resultados do original, mas carecem da corrupção das formas de distribuição presentes na variável original. Essa forma de limpeza não remove quaisquer valores de dados do conjunto de dados.

Uma solução estatística diferente é usar regressão ordinal. Aqui os degraus na variável distorcida original são considerados degraus ascendentes em uma variável ordinal, em vez de em uma escala contínua. Por exemplo, poderíamos estar estimando as horas trabalhadas por semana, as quais podem variar em até 168 horas. Os valores discrepantes são de cerca de 100 a 168 horas e incluem guardas, governantas e outras funções em que se reside no local de trabalho. Podemos manter os valores de suas horas de trabalho semanais no conjunto de dados, subdividir os dados em grupamentos de 5 horas e realizar uma regressão ordinal. As horas semanais na escala ordinal agrupada em 5 horas diminuiriam com o número de crianças dependentes, aumentariam com o nível de instrução e talvez aumentariam com as normas dos horários de trabalho do grupo ocupacional. A forma de regressão denominada "regressão ordinal" precisa presumir que o impacto de cada variável é o mesmo entre todos os pares de valores da variável de desfecho.

Se as seguintes condições forem verdadeiras, a regressão ordinal funcionaria tão bem quanto a regressão normal:

1. O impacto de ter filhos dependentes geralmente é reduzir as horas semanais trabalhadas, depois de levar-se em conta outros fatores.
2. O impacto de ter filhos dependentes não é nem menor nem maior nos níveis altos de carga horária de trabalho do que nos níveis baixos de carga horária de trabalho.

A primeira suposição é uma hipótese e é testada verificando se o resultado da regressão é estatisticamente significativo. A segunda suposição é relativamente forte e não pode ser testada usando a própria regressão ordinal.

Uma terceira alternativa à deleção de valores discrepantes é simplesmente eliminá-los dos diagramas estipulando que a escala seja interrompida antes de chegar ao valor discrepante. A desvantagem disso é que assim os diagramas serão um pouco enganosos. Entretanto, seria aceitável se os valores discrepantes fossem deixados nos dados e nas tabelas estatísticas acrescentando-se uma nota em cada diagrama indicando quais valores discrepantes foram removidos.

Por exemplo, ao trabalhar com remunerações por hora de trabalho, pode-se acrescentar uma nota abaixo de um gráfico de barras: "As taxas salariais acima de 75 libras por hora não aparecem aqui, mas foram incluídas em todas as outras estatísticas neste trabalho". Se essa nota não estivesse presente sob o diagrama, deixar os valores discrepantes fora da escala seria considerado gravemente enganoso.

Uma última alternativa é aplicar testes estatísticos para identificar vieses que poderiam resultar da omissão de valores discrepantes. Dois testes relacionados podem ser usados. Ambos requerem cuidadosa codificação dos valores discrepantes nas etapas iniciais da construção dos conjuntos ou subconjuntos de dados da pesquisa de levantamento. Primeiramente, os valores discrepantes podem ser considerados valores inválidos e recodificados como ausentes de usuário. Durante essa recodificação, acrescente uma nova variável codificada 0/1 para indicar que esse valor estava ausente por essa razão (p. ex., nome da variável V5Insensata, valores 0=não, 1=sim). Agora acrescente essa nova variável binária em testes de regressão ou ANOVA que você está aplicando na V5. A hipótese é que ela não é significante. Caso ela se mostre significante, você tem um problema de um viés oriundo desses dados com valores discrepantes. Se menos do que 1% da pesquisa de levantamento tem esse problema, é improvável que ele se revele estatisticamente significante. Do contrário, o teste é necessário.

O segundo teste tem íntima relação com o teste do valor ausente. Existem testes para verificar se os dados estão ausentes aleatoriamente ou ausentes de acordo com algumas causas medidas especificadas. A mensuração das causas só pode ser feita com variáveis disponíveis no conjunto de dados. Portanto, pode-se considerar que as causas são apenas representadas pelas va-

riáveis no conjunto de dados. Vejamos um exemplo: todos os nascidos no estrangeiro estão mostrando um valor discrepante para a principal variável de interesse da pesquisa?

Teste a significância de uma lacuna como essa no conjunto de dados. Tome cuidado para não presumir que isso é um efeito de ter nascido no estrangeiro, e sim que essa variável mensurada está associada a qualquer fator misterioso que esteja fazendo com que elas apresentem este valor excessivo – e por isso ausente de usuário. Esse método também funciona para outras situações em que existem valores em branco no conjunto de dados. Uma vez que leva tempo para testar se os valores ausentes estão ausentes aleatoriamente ou não, convém usar limites muito estreitos nos quais as variáveis serão examinadas com tantos detalhes.

Como regra geral, se menos de 1% dos valores estão faltando, é improvável que seja importante. Se entre 1 e 15% estiverem ausentes, é necessário investigar. Se mais do que 15% estiverem ausentes, incluindo vazios e ausentes de usuário, então, você precisa reconsiderar sua seleção da amostra e talvez até questionar se usar um método estatístico sofisticado sobre essa variável é uma boa ideia. Se muitos valores estiverem ausentes, talvez a variável deva ser eliminada.

Em suma, o conceito de valores discrepantes nos leva a certos métodos de limpeza, recodificação e transformação de um conjunto de dados. Valores discrepantes e ausentes também precisam de muita atenção se estivermos usando um método como regressão, o qual presume distribuições normais para algumas variáveis. Uma regra de ouro é verificar a distribuição das variáveis quando o conjunto de dados completo estiver disponível. Pode-se então limpar ou transformar a distribuição. Se muitos valores ou dados discrepantes estiverem faltando, pode ser valioso conduzir uma análise para determinar se os valores discrepantes estão ausentes aleatoriamente. Na prática, o uso de testes em busca de valores ausentes aleatórios se restringe à ausência de valores para a variável dependente. Entretanto, em alguns contextos de modelos de equação estrutural, mais testes podem ser feitos. Pode-se inclusive modelar a "ausência". Esses são métodos estatísticos avançados, mas também há uma lição básica a ser aprendida. Pacotes de programas permitem dois tipos de valores: valores vazios, que são ausentes do sistema; e valores ausentes codificados pelo usuário, os quais refletem valores discrepantes considerados irrealistas para uma dada coluna de dados. Esses dois tipos de valores podem ser usados de maneira flexível ao criarem um conjunto de dados de pesquisa.

33
Subconjuntos de dados

Criar um subconjunto de dados presume que um conjunto de dados maior já existe. Os pesquisadores mais engenhosos saberão como acessar grandes bases de dados. Eles sabem coligir dela um conjunto de dados sensato que pode ser analisado em um período razoável.

Neste capítulo, discuto cinco tipos de grandes bases de dados e onde você pode encontrá-las. Também explico como acessar um conjunto de dados de uma fonte gratuita *on-line*: o conjunto de dados American Citizen Participation, disponível do Consórcio Interuniversitário para Pesquisa Política e Social (1990) na Universidade de Michigan. A data 1990 apresentada aqui é a da criação do conjunto de dados. Um conjunto de dados é um produto de pesquisa por seu próprio mérito. Ele é diferente de um livro ou artigo, mas recebe uma citação de referência como os livros.

1. Uma empresa mantém seus próprios registros dos funcionários ou dados de pesquisa de avaliação dos clientes em uma base de dados crescente. Identificadores para cada registro incluem o departamento, a data, o tipo de cliente (ou categoria do funcionário) e um identificador de localidade. Em grandes organizações, a pesquisa geralmente é orientada pelo pessoal da direção geral, que cria um arquivo em planilha a partir da base de dados. Anonimização pode ser necessária. Um livro didático que usa conjuntos de dados para a área de administração para ilustrar alguns aspectos dos modelos estatísticos é Hair e colaboradores (2005).
2. A cada 10 anos, muitos países realizam um censo de sua população. As tabelas dos censos são publicadas na internet. Essas tabelas comparam informações locais detalhadas em uma escala nacional, e assim alguns usuários – tais como autoridades ou conselhos locais – as consideram úteis para comparar diferentes tipos de autoridade local em

diferentes regiões. Alguns países também oferecem dados de levantamentos primários em nível individual e domiciliar aos usuários. Pode haver uma taxa para usuários comerciais. É preciso realizar uma anonimização antes de apresentar o censo em forma bruta. No Reino Unido, uma pequena porcentagem dos registros é colocada em um subconjunto de dados para uso público. Esse conjunto de dados é conhecido como Amostra de Registros Anonimizados (SARS; ver http://www.ccsr.ac.uk/sars/2001). Diversos conjuntos de dados SARS oferecem diferentes níveis de detalhe geográfico, e pode haver versões sobre indivíduos e versões sobre domicílios. Além disso, para o Reino Unido, o projeto CELSIUS permite acesso concatenado a vários registros censitários para cada pessoa que usa uma amostra aleatória (ver http://celsius.census.ac.uk). Do subconjunto CELSIUS, o usuário pode ou tomar o conjunto inteiro (que é muito grande) ou criar outro subconjunto. As tabelas do Reino Unido e o acesso a dados primários são administrados por meio do URL http://census.ac.uk. Outros países manuseiam seus dados censitários de modos diversos. Na Índia, por exemplo, o National Sample Survey Programme está divulgando dados com mais rapidez que o sistema de senso nacional (ver http://mospi.gov.in/nsso_4aug2008/web/nsso.htm?status=1&menu_id=28).

3. Existem vários conjuntos de dados de pesquisas de levantamento que fazem parte de grandes projetos de coleta de dados harmonizados em múltiplos países. Alguns exemplos:

- European Social Survey;
- International Social Survey Programme;
- World Values Survey;
- Freedom House Project.

Todos esses projetos possuem seus próprios sítios de acesso livre na internet.

Os conjuntos de dados podem ser baixados inteiros, mas é mais sensato selecionar alguns países e algumas datas para fazer uma tentativa razoável de comparação por tema entre partes selecionadas do mundo.

4. Dados sobre a venda de casas, casos judiciais, desfechos médicos ou hospitalizações são mantidos pela autoridade controladora relacionada. O acesso pode depender da superação de uma série de obstáculos éticos, legais e de proteção de dados. Esses testes de entrada podem ser aplicados de maneiras diferentes a cada categoria de usuário. Geralmente os usuários são subdivididos em acadêmicos, comerciais e "governo ou outros". Depois de negociar o acesso a uma dessas bases de dados, o pesquisador pode descobrir complexidades ou detalhes técnicos inesperados nos dados. Em um nível, essas são dificuldades que é preciso superar para abrir essa porta de entrada para a pesquisa. Nesse sentido, criar um subconjunto sensato é sem dúvida uma forma de coleta de dados.

5. Finalmente, existe um número bastante grande de conjuntos de dados de pesquisa não harmonizados, especiais ou únicos. Alguns deles podem ser acessados a partir de coleções de dados depois de terem sido depositados. Para esses dados, uma questão pode ser a de que eles se tornem desatualizados antes que os usuários os obtenham. Dados de eleições, por exemplo, só serão liberados depois que a agência de financiamento tenha emitido seus principais comunicados à imprensa. Dados acadêmicos geralmente só são divulgados no mínimo um ano após o término de um projeto. À medida que o tempo passa, os dados são de menor utilidade para pesquisadores sociais e de políticas públicas em andamento. Porém, a concordância em arquivar os dados cria oportunidades para comparação ao longo do tempo. Esses conjuntos de dados podem ser examinados para identificar

a redação das questões para nossa própria pesquisa. Existem muitos tópicos e tipos de pesquisas de levantamento nas coleções de dados. Alguns autores também arquivam dados qualitativos para alguns métodos mistos e projetos qualitativos.

Para aperfeiçoar sua compreensão da ideia básica de subagrupar dados, considere o Quadro 33.1. Considere que esta é um tarefa de aprendizagem que testa seu conhecimento da coleta de dados secundários. Sua tarefa é formular uma hipótese atinente a um subconjunto destes dados. Tente torná-la uma hipótese estreita fortemente condicionada. Lembre-se de que uma boa hipótese é uma afirmativa que não é apenas obviamente verdadeira nem obviamente falsa, mas que, se falsa, teria uma interessante interpretação em termos de alguma linha alternativa de argumento. Abaixo do Quadro 33.1 está a minha tentativa de resposta a esse desafio. Antes de ler minha resposta, tente formular uma hipótese e uma lista das variáveis desejadas para esse subconjunto de dados.

Imediatamente pensei em coortes etárias e quis examinar os jovens. Pegaria todos os nascidos depois de 1965, dando-lhes talvez 25 anos de idade ou menos. Será uma amostra pequena. As variáveis de que preciso terão de incluir uma variável de ponderação, se houver uma. Do contrário, se não houver alguma, preciso garantir a representatividade da amostra por meio de alguns métodos complexos de amostragem estratificada e agrupada.

Minha principal hipótese baseada nos dados disponíveis é que as mulheres jovens, mais do que os homens, tendem a votar no Partido Democrata e a se identificar com suas ideias e com as ideias de outros partidos à esquerda do espectro político. Evidentemente, a hipótese pode ser um pouco diferente. Você pode, por exemplo, optar por examinar a variação étnica na participação cívica ou qualquer outro tópico dentro do conjunto de dados. Hipóteses confusas são piores do que hipóteses claras!

☑ QUADRO 33.1

Exemplo de lista de variáveis: o estudo da participação do cidadão norte-americano

O estudo tem por objetivo examinar a participação civil política e não política nos Estados Unidos. Os entrevistados foram indagados sobre seu interesse por política e sua identificação partidária, envolvimento comunitário, atividades em campanhas e eventuais contribuições monetárias durante alguma campanha. Também pediu-se que eles comentassem sobre problemas sociais, políticos e econômicos nos Estados Unidos e apresentassem suas opiniões sobre por que as pessoas não têm maior envolvimento com política. As variáveis demográficas neste estudo incluem: educação, ocupação, histórico religioso, raça, etnia, idade, sexo e afiliação sindical.

As variáveis [também incluem]:

✓ Trabalho voluntário para a campanha presidencial de 1988 (CW88)
✓ Contribuição monetária para a campanha presidencial de 1988 (CM88)
✓ Participação em protestos nos últimos dois anos (PT2YRS)
✓ Ano de nascimento do entrevistado (YEARBORN)
✓ Sexo do entrevistado (GENDER)
✓ Renda familiar (FAMINC)

Este estudo utilizou uma amostra de probabilidade agrupada e estratificada.

Fonte: Retirado textualmente do American Citizen Participation Study de 1990 em http://www.icpsr.umich.edu/cocoon/OLC/demcivpart.xml?token-a02.

Uma formulação ainda melhor dessa hipótese separaria o papel do Partido Democrata do papel das ideias de esquerda em geral.

O raciocínio por trás da hipótese principal tem a ver com valores comumente associados à feminilidade, tais como carinho, bondade e valorização dos desprezados. Esses sentimentos podem levar as jovens a se associarem a um partido que representa valores liberais. Em contraste, os homens podem ser associados a valores masculinos, os quais são comumente interpretados como acreditando que cada pessoa deve fazer seu caminho na vida e ser independente da ajuda dos outros. Se isso se traduz em evitar o auxílio ou os benefícios oferecidos pelos governos, os homens jovens tenderão a apoiar partidos políticos inclinados à direita que defendem governo mínimo e baixos níveis de auxílio-desemprego.

No segundo plano, há dois outros processos causais que afetam a afiliação partidária. Os processos básicos subjacentes são que a afiliação a um sindicato aumenta a probabilidade de uma pessoa votar no Partido Democrata; e que ser um cristão comprometido torna uma pessoa mais propensa a votar no Partido Republicano. Os efeitos na afiliação política de ter uma ocupação profissional ou ser estudante não estão claros, e assim pode-se com certeza ignorar tais aspectos para a minha estreita hipótese.

O teste da hipótese principal requer uma grande tabulação cruzada que leve em conta quatro variáveis. A primeira é o apoio a partidos de esquerda ou de direita no sistema político dos Estados Unidos. A segunda é o sexo do entrevistado. Além disso, duas variáveis mais precisam ser recodificadas em binárias simples de sim/não e usadas para criar quatro subtabelas:

✓ controle para estar ou não em um sindicato (colocando os estudantes na categoria "não está em sindicato" caso não respondam a essa pergunta);
✓ controle para ser um cristão comprometido (colocando ateus e agnósticos na categoria "não é um cristão comprometido").

Agora podemos considerar as porcentagens em filas e colunas e usar testes estatísticos para cada uma das seguintes condições para examinar quais mulheres jovens são mais propensas a votar nos democratas:

✓ mulheres cristãs comprometidas que estão em um sindicato;
✓ mulheres em um sindicato que não são cristãs comprometidas;
✓ mulheres cristãs comprometidas que não estão em um sindicato;
✓ mulheres que não estão em um sindicato e não são cristãs comprometidas.

Essa abordagem tem a virtude de ser clara e simples. Ela pode não satisfazer os leitores, que podem recorrer à literatura publicada sobre padrões de votação para obter modelos e teorias muito melhores. A vantagem da abordagem simplificada que sugeri até aqui é que, usando análise de dados secundários e dados *on-line*, pode-se produzir um esboço aproximado dos resultados e das porcentagens em algumas horas.

Algumas observações sobre esse exercício de subagrupamento são necessárias. É maravilhoso que, com um bom planejamento prévio, só preciso de um conjunto de dados com oito variáveis: identificação, idade, peso, ser democrata ou não, índice de identificação esquerda/direita, afiliação a um sindicato, ser cristão comprometido e sexo.

Observe que a minha hipótese principal não contrasta os velhos contra os jovens. Se o fizesse, eu precisaria de todo o conjunto de dados. Em vez disso, restringi minha análise aos "jovens" e decidi argumentar que existe uma diferença entre os sexos e que ela é importante para a identificação com partidos políticos.

É útil agora pensar um pouco sobre a testagem de hipóteses. Para os que desejam realizar leituras em profundidade sobre o assunto, recomendaria Hunt (1994). Antes de executar um teste, penso sobre as implicações de rejeitar a hipótese principal. Se ela fosse rejeitada, poderia executar o mesmo teste em pessoas mais velhas porque os valores femininos e masculinos (tradicionais) de homens e mulheres podem ser ainda mais fortes naquele grupo. Isso envolveria usar outro subgrupo. Eu certamente iria querer excluir o grupo intermediário de meia-idade e talvez levar todos aqueles acima de 50 anos para o subconjunto de dados de "pessoas mais velhas".

Se a hipótese principal fosse rejeitada, também seria possível que eu tivesse interpretado erroneamente feminilidade e masculinidade entre os jovens. Isso poderia me levar a outra pesquisa.

Outra possibilidade interessante é que talvez homens e mulheres jovens possuem uma crença na igualdade que sobrepuja qualquer tendência de gênero que possam ter. A atitude em favor da igualdade pode destoar dos valores republicanos e repousar facilmente nos valores democratas. Portanto, minha segunda hipótese é que aqueles que acreditam fortemente na igualdade social e econômica tenderão a apoiar os Democratas ou outros partidos de esquerda nos Estados Unidos. Para testar isso, terei de baixar uma variável relacionada à crença na (ou atitude em relação à) igualdade e desigualdade. Se eu puder encontrar uma, posso testar essa hipótese. Nessa etapa, provavelmente será necessária uma regressão múltipla em vez de tabulações cruzadas. É preciso controlar para gênero para levar em conta – e testar – o eventual efeito que pode estar havendo na afiliação partidária, independentemente da crença na igualdade. Assim, quando uma hipótese é rejeitada uma vez, não me esqueço de testá-la novamente na etapa seguinte. Incluo um teste adicional dela apenas para verificar, mais uma vez, se ela ainda está sendo rejeitada pelos padrões aparentes nos dados.

34
Ponderação em pesquisas de levantamento

O uso de ponderação em pesquisas de levantamento é importante para finalidades de coleta de dados, porque permite que o pesquisador economize dinheiro no exercício de coleta de dados de seu campo. O uso de ponderação de vários tipos pode, quando feito com cuidado, livrar os pesquisadores de longas incursões inúteis em terreno difícil e ajuda a maximizar a eficiência com a qual dados de uma amostra de tamanho n podem refletir as características de uma população muito maior de tamanho N.

Existem cinco tipos principais de ponderação em pesquisas de levantamento: pesos regionais, pesos de estrato, pesos de não resposta, frequência ponderada e pesos combinados. Descrevendo cada um, este capítulo ajuda a compreender os conceitos básicos de pesos, enquanto que, na prática, é provável utilizar-se apenas um ou dois sistemas de ponderação em um único projeto.

Pesos regionais permitem o cálculo de uma média nacional mais precisa de uma amostra escolhida em aglomerados regionais ou por meio de amostragem aleatória em diferentes taxas em cada região. Para ilustrar esse conceito principal, podemos comparar os quatro países que integram o Reino Unido para examinar médias simples comparadas com médias ponderadas.

O British Household Panel Survey de 2007 contou com 12.053 entrevistados adultos individuais (informações podem ser encontradas em Taylor, 2001; a pesquisa de levantamento *on-line* está em www.esds.ac.uk; informações atualizadas em http://www.esds.ac.uk/longitudinal/access/bhps/L33196.asp). Essa pesquisa de levantamento teve sobreamostragem em três regiões – País de Gales, Escócia e Irlanda do Norte. A sobreamostragem visou fornecer estimativas precisas de dentro do país para características da vida econômica e social dentro dessas regiões-chave do Reino Unido.

Observando adultos empregados de 16 a 65 anos, parece, a partir de dados não ponderados, que 50% vivem na Inglaterra,

17% em Gales, 17% na Escócia e 16% na Irlanda do Norte. As reais porcentagens são muito diferentes: apenas 4% vivem em Gales; 9% na Escócia, e 3% na Irlanda do Norte. Isso deixa 84% dos adultos com empregos vivendo na Inglaterra.

Podemos usar os dados para ilustrar a ideia de médias ponderadas e não ponderadas. Primeiramente, considere o exemplo hipotético referente às "horas usualmente trabalhadas por semana". A média geral em 2007 foi em torno de 34 horas por semana no Reino Unido. Se tivéssemos quatro países com níveis muito diferentes de horas, poderíamos encontrar isso:

Médias brutas: 35 na Inglaterra, 29 em Gales, 30 na Escócia e 30 na Irlanda do Norte (dados hipotéticos)

Pesos na população: 0,84, 0,04, 0,09 e 0,03

Média sem ponderação:
$(35+29+30+30) \div 4 =$
31 horas por semana

Média ponderada: $0,84 \times 35 + 0,04 \times 29 + 0,09 \times 30 + 0,03 \times 30 =$
34,2 horas por semana

No exemplo hipotético, a região mais populosa também tem as horas de trabalho semanais mais altas. Portanto, a média ponderada é mais elevada do que a média bruta. Dessa forma, se você recebeu um conjunto de dados ponderados, mas, depois na prática, ignora os pesos, falsas médias podem ser obtidas usando-se *software* estatístico ou uma planilha.

Os dados reais são mais complexos. Existem pesos sobre casos individuais dentro dos países, e entre os países também existe um peso equilibrante que resolve a grande sobreamostragem nos três países. Na Tabela 34.1, você pode ver que as médias ponderadas e não ponderadas dentro dos países não são muito diferentes e que, de modo geral, o impacto da ponderação é ambíguo e dificilmente poderia ter sido previsto. Nesse exemplo realista mas complexo, o peso médio foi muito alto na Inglaterra (1,47 por caso bruto) e muito baixo em outras áreas (0,22 no País de Gales, por exemplo). Esses números indicam que, comparado com a média no Reino Unido, na Inglaterra os casos foram subamostrados, mas no País de Gales eles foram sobreamostrados por um fator de cerca de 5. Em termos simples, isso significa que, sem sobreamostragem, o País de Gales teria tido apenas 500 casos ao invés de 2.053 (um quinto dos casos).

☑ TABELA 34.1

Média das horas semanais de trabalho (gerais, 2007, adultos), Reino Unido

País	Horas semanais, média ponderada (precisa)	Horas semanais, média sem ponderação (imprecisa)	Diferença	Número de casos brutos
Inglaterra	32,9	33,4	− 0,5	6,037
País de Gales	32,4	32,6	− 0,2	2,053
Escócia	33,0	33,0	0	2,074
Irlanda do Norte	32,6	32,9	− 0,3	1,889
Reino Unido	32,9	33,1	− 0,2	12,053

Fonte: British Household Panel Survey, Onda Q.
Reproduzido com permissão do Institute for Social and Economic Research.

Pesos regionais têm um nome mais formal – pesos de agrupamento – quando o pesquisador usou amostragem de agrupamentos para escolher uma série de pontos de amostragem geográfica concreta (focada). Aqui a área geográfica poderia ser muito menor – possivelmente bairros ou vilas de diferentes tamanhos. Cada área terá uma taxa de amostragem diferente que pode ser otimizada para obter uma melhor representação e um melhor valor pelo dinheiro para um dado tamanho de amostra total.

Pesos de agrupamentos muitas vezes levam a um intervalo de confiança mais amplo sobre a estimativa de uma média geral, porque, usando agrupamentos, o pesquisador evita abranger cada uma das subáreas geográficas da área principal. Em vez disso, ele pode escolher 50 ou 100 pontos de agrupamento dentre 200 pontos possíveis. Esses agrupamentos podem ser escolhidos aleatoriamente ou para um propósito, e existem muitas maneiras de organizar a amostragem. Diversas questões práticas que influenciam nos agrupamentos são escolhidas. Além disso, qualquer homogeneidade conhecida entre as populações pode ser usada para realizar uma abordagem agrupada mais econômica daquela área geográfica.

Pesos de estrato são usados com amostragem aleatória estratificada. Um estrato é uma unidade básica ou um grupo de um certo tipo, tal como "mulheres de mais de 50 anos em domicílios de baixa renda", enquanto agrupamentos geralmente são delineados por espaço geográfico, estratos são delineados dentro do espaço por fatores conhecidos dos pesquisadores. Esses fatores poderiam ser a rua, o código postal ou o tipo de moradia (apartamentos, casas, casas geminadas e "outras" seriam quatro estratos). Selecionando cuidadosamente os casos de maneira aleatória dentro do estrato, mas usando uma gama de estratos com diferentes taxas de amostragem, o pesquisador pode ajustar a amostra para obter o máximo de informações a partir do custo da sua pesquisa de levantamento. Em especial, estratos pequenos importantes tendem a obter taxas de amostragem mais elevadas – e, portanto, pesos menores. Os pesos são inversos à taxa de amostragem, de modo que a resultante contribuição de um determinado grupo à média geral seja certa. Se as mulheres com mais de 50 que vivem em apartamentos fossem amostradas ao dobro da taxa usual – digamos, 3% ao invés de 1,5% de todas estas mulheres – seu peso de estrato seria 0,5.

Cálculos refinados do tamanho de amostra desejado resultam em uma ampla variedade de pesos para diferentes estratos. A amostragem estratificada tende a estreitar o intervalo de confiança para qualquer média particular em geral. Entretanto, estratificar uma amostra pode ser caro. Primeiro, pode revelar-se dispendioso ter de obter as informações para estratificar. Em meu exemplo, isso significaria descobrir quais pessoas estavam acima de 50 de anos e eram mulheres. Segundo, pode ser caro visitar entrevistados selecionados aleatoriamente do quadro ou da lista de amostragem. Com amostragem estratificada, a distribuição geográfica dos casos será aleatória dentro das áreas escolhidas para estudo e o pesquisador pode ter de fisicamente cobrir muito terreno para realizar seu trabalho. Isso terá implicações de custo e tempo.

Pesos de não resposta são calculados depois de realizar uma pesquisa de não substituição dos que se recusaram a participar ou que não estão disponíveis. Os pesos do BHPS que consideramos anteriormente são uma combinação de pesos de não resposta, pesos de agrupamento e pesos de estrato. O componente de não resposta da ponderação exige uma fonte de dados precisa específica para cada pequeno grupo dentro da pesquisa de levantamento – novamente, por exemplo, mulheres de mais de 50 em apartamentos – que é comparado com o resultado líquido da amostragem aleatória. O ajuste de não resposta provavelmente levará em consideração fatos simples, como gênero, idade e região, e não renda, tipo de moradia ou se sua casa é alugada, própria ou sujeita a algum outro acordo. Assim, mulheres de mais de 50 anos no Sudeste poderiam ganhar um peso de não resposta de 0,95 porque são facilmente acessadas pelos pesquisadores. Por outro lado, homens de mais de 50 anos na mesma região poderiam receber um peso de 1,03 por serem, em média, mais difíceis de acessar porque sua taxa de emprego em tempo integral é mais alta. Sua tendência de rejeitar a pesquisa leva a números brutos inferiores e a ponderações mais altas. O peso de não resposta pode então ser multiplicado por outros fatores, tais como 1,2 ou 0,85 para agrupamento ou estratificação.

O termo "frequência ponderada" é usado em programas de computador para lidar com novos dados. Você dispõe de dados com ponderações proporcionais muito precisas (*p-weights*, como o STATA os denomina). Às vezes o programa de computador pode não aceitar pesos proporcionais que possuem decimais quando você está tentando criar gráficos de barra ou outras estatísticas simples. Uma frequência ponderada pode ser usada em seu lugar.

Uma frequência ponderada é um número inteiro (tais como 1, 2, 3,...) que reflete o número de casos em um grupo representado por um único caso bruto em seus dados. Frequências ponderadas podem ser criadas a partir de pesos proporcionais simplesmente usando um arredondamento ou uma expressão de truncamento.

Mas cuidado ao arredondar pesos abaixo de 0,5 para zero. Um caso com um peso arredondado de zero não será usado na maioria dos cálculos: ele será ignorado. Em vez disso, ajuste seus pesos, usando uma regra como: "todos os pesos menores do que 1,5 tornam-se 1, e todos os pesos acima de 1,5 tornam-se 2".

Frequências ponderadas são surpreendentemente úteis. Em algumas pesquisas de levantamento, eles são providos pelo produtor como números muito altos que permitem que os casos individuais brutos sejam multiplicados até a população inteira do país. Se a população é de 50 milhões e o tamanho da amostra é 5.000, a frequência ponderada média será de aproximadamente 10.000. De acordo com variações da

não resposta e assim por diante, eles são ajustados para que o número total ponderado de casos seja de 50 milhões, com proporções apropriadamente oriundas de diferentes subgrupos. Usamos pesos como esse nas Pesquisas de Levantamento de Amostras Nacionais da Índia para obter estimativas para a totalidade da população da Índia. Gráficos de setores e de barras usando esses dados podem então mostrar a população em termos tanto absolutos como percentuais. Se você receber frequências ponderadas somadas à população e você quer algum outro tipo de peso, divida os pesos inteiros pela população total. Pesos proporcionais então emergirão dos dados. Salve-os em uma nova variável.

Pesos sempre aparecem como um variável – isto é, uma coluna – em dados brutos de pesquisas de levantamento. Se você está produzindo um conjunto de dados, pense cuidadosamente sobre se você está criando fatores de ponderação antes da amostragem – *a priori* – e se você então precisa também formular um fator de não resposta posteriormente – *ex post*. O peso geral então seria os dois multiplicados juntos. Na maioria das pesquisas de levantamento, se o peso geral é acima de em torno de 4, ele é então truncado para cerca de 4 ou 5. Casos com pesos mais altos do que isso podem ter valores inusuais e receber excessiva atenção nas médias da pesquisa de levantamento. Examine um histograma dos pesos brutos para ver sua distribuição e depois decida se vai truncar algum peso. Usando truncamento, todos esses valores tornar-se-iam o valor 4: 4,1; 4,25; 4,5; 7,1; 8,0; 10,3. É preciso cautela para gerar o valor truncado correto; jamais deve-se permitir que os valores antigos se percam.

Eis um método útil para aplicar nessas circunstâncias. Escreva um programa curto contendo ao menos três partes como mostrado aqui:

✓ Copie a variável de peso para uma nova variável, talvez chamada de "tpeso".
✓ Recodifique todos os valores disso acima de 4,0 para 4,0.

- Crie um histograma dessa nova variável de peso para verificar seus valores e ver o quanto o truncamento é comum.

A Figura 34.1 mostra uma variável de peso truncado do British Household Panel Survey.

Alguns comentários a respeito de sobreamostragem (isto é, aumentar uma amostra) podem ilustrar vários conceitos que sustentam a decisão sobre o tamanho que suas amostras devem ter em diferentes regiões. Na amostra do BHPS, se tivéssemos apenas 500 casos para o País de Gales, surgiria um pequeno problema dos números pequenos. O problema dos números pequenos também é chamado de problema da célula zero: ao criar mesmo tabelas simples, como de sexo por ocupação, obteríamos células zero porque os 500 casos estão sendo distribuídos entre cerca de 20 células. Lembre-se de que, se existem 10 ocupações e 2 sexos, temos 20 células para uma única tabela. Mesmo que a média por tabela seja de 25 casos por célula, na realidade haverá aglomeração. Não há problema em algumas células terem 40 ou 50 casos, mas causa problemas se algumas células têm apenas dois ou cinco casos – ou nenhum. É por isso que o problema da célula zero refere-se a células que não possuem casos ou possuem apenas um punhado (menos do que cinco). Ao calcular porcentagens, idealmente queremos ter ao menos 30 casos em cada célula antes de calcular a proporção de uma fila ou coluna. Isso permite que esquisitices e tipos de casos isolados sejam compensados por muitos outros.

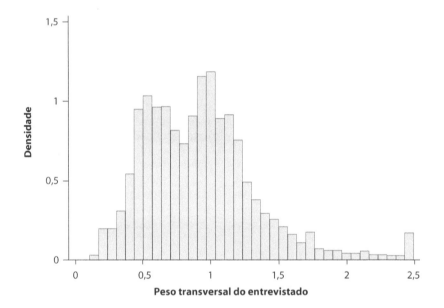

Nota: A densidade é a altura da distribuição para que a figura inteira em cor tenha uma área de 1. O peso do entrevistado é ajustado para não resposta, estratificação e agrupamento. Ele se chama "transversal", porque permite que o peso em um ano específico seja correto, mas não é ajustado para o desgaste de um ano para outro. Os pesos longitudinais não são exibidos aqui.

FIGURA 34.1

Histograma dos pesos no BHPS. A variável XRWGHT refere-se ao ano 2007, o eixo vertical representando a frequência de cada peso.
Fonte: Cálculos do próprio autor, British Household Panel Survey, 2007.
Reproduzido com permissão do Institute for Social Economic Research.

LEITURAS ADICIONAIS
PARA A PARTE 5

O método de pesquisa de levantamento foi descrito como dependente em primeiro lugar de trabalho prévio conceitual, teórico e essencialmente qualitativo (Bryman, 1988). Ao dedicar uma parte inteira deste livro aos métodos de coleta de dados por pesquisa de levantamento, eu não pretendia insinuar que eles podem existir como um conjunto de habilidades separado das habilidades qualitativas e teóricas. Entretanto, a preparação e análise de dados estatísticos são áreas tão técnicas que elas exigem longo treinamento e múltiplas leituras. É por isso que se desenvolveu uma divisão – que é aparente e geralmente irreal – entre pesquisadores qualitativos e quantitativos.

Bryman e Cramer (2001, 2011), Mukherjee e colaboradores (1998) e Field (2009) oferecem análises úteis da preparação introdutória de dados. Hakim (2000) apresentou uma síntese do projeto experimental para pesquisa social muito adequada para estudos quantitativos. De Vaus (2001) fornece uma análise comparável, porém mais abrangente, de como delinear todo um projeto de pesquisa. Em um artigo curto, Hunt (1994) oferece auxílio com a testagem de hipóteses. Para comparações internacionais, um apanhado geral foi feito por Bulmer e Warwick (1993). Lewis-Beck (1995) é um bom ponto de partida para análise. Field (2009) oferece uma visão geral dos métodos de preparação e descrição de dados. Breen (1996), Hair e colaboradores (2005) e Tabachnik e Fidell (1996) oferecem auxílio detalhado com modelos estatísticos. Esses incluem modelos explicativos sob o título de estatísticas confirmatórias e testagem de hipóteses. Entretanto, pode ser útil ir mais fundo, usando MacKinnon (2008) ou Kaplan (2008) para pesquisa estatística exploratória, caso se pretenda ligar pesquisa com metodologia mista à análise qualitativa. Nos exemplos empíricos nesta parte do livro, as leituras relacionadas incluem Beyerlein e Hipp (2006) e Schlozman e colaboradores (1995, 1999). Para unir todas essas habilidades, um texto útil e muito avançado é Danermark e colaboradores (2002). A melhor ideia é sempre ganhar experiência usando as habilidades mais básicas de cada área geral, incluindo estatísticas, antes de tentar realizar um estudo sofisticado com métodos mistos. O próximo capítulo aborda algumas técnicas de coleta de dados com métodos mistos.

parte 6

Coleta de dados nos estudos de caso

35
Pesquisa de estudo de caso

Existem três principais abordagens à pesquisa de estudo de casos: Yin (1989, 1993) recomenda uma abordagem factual de métodos mistos; Ragin (1987) e outros apoiam uma análise configuracional; ao passo que as feministas argumentariam em favor de uma abordagem exclusivamente qualitativa ou mesmo dialógica – por exemplo, o realismo estratégico de Harding (1999); ver George e Bennett (2005) para uma abordagem longitudinal usando dados qualitativos. Este capítulo se inicia explicando a abordagem factual mais tradicional dos estudos de caso. Depois ele passa para as complexidades das outras abordagens.

De acordo com Yin (1989, 2003), um caso precisa ser estudado holisticamente usando uma ampla variedade de fontes de dados. Os fatos devem ser reunidos de múltiplas fontes para garantir que declarações inexatas sejam compensadas por outras opiniões. Os casos podem ser diversos, e essa diversidade cria um desafio para a coleta de dados. Portanto, uma abordagem flexível é necessária. Por exemplo, se empreendimentos do governo não possuem a mesma estrutura administrativa que os empreendimentos do setor privado, a amostragem dos gerentes para entrevistar precisa se adaptar a essa realidade da estrutura interna. O trabalho inicial de Yin tendia a argumentar que métodos mistos ajudariam a confirmar resultados verdadeiros por triangulação dos dados. Yin, como outros autores, recentemente passou a reconhecer os aspectos exploratórios e retrodutivos* da pesquisa. Seu argumento em prol da amostragem intencional, passando dos casos conhecidos para casos contrastantes inusuais ou surpreendentes, é coerente com ambas as metodo-

---

* N. de R.T.: Método retrodutivo é aquele em que o pesquisador parte de um conjunto de elementos empíricos (fatos, aspectos observados, etc.) para buscar em maior profundidade as suas causas.

logias gerais. Pesquisadores modernos se distanciarão de um foco exclusivo nos "fatos" sobre os casos. Hoje reconhecemos que o modo como teorizamos a mudança e como formulamos nossas interpretações dos textos (p. ex., de entrevistas) são fatores formadores decisivos para os resultados. Como explicado alhures (ver Cap. 10), nem todos os resultados da pesquisa social são de natureza factual. Em outras palavras, o conteúdo factual não esgota o conteúdo explicativo ou científico dos resultados. Também existe riqueza no modo como as coisas são teorizadas, nos significados encontrados nos dados e na interpretação dada aos eventos. Apenas nesse sentido, o trabalho inicial de Yin tornou-se obsoleto em sua abordagem dos fatos.

Entretanto, Yin (p. ex., 1993, 2004) forneceu muitos exemplos de pesquisa com estudos de caso, e eles oferecem indicações úteis. Além disso, sociólogos ampliaram o escopo da pesquisa de estudo de casos para incluir em primeiro lugar a questão de como um caso é delineado (ver Gomm et al., 2000; Ragin e Becker, 1992). Byrne (2005) discute em nível teórico como casos são embutidos em um mundo repleto de complexidade real. Consequentemente, argumentaríamos, a análise da causalidade provavelmente não envolve fórmulas matemáticas redutivas simples, mas uma descrição substantiva de como a causalidade funciona dentro de diferentes conjuntos de casos (Byrne et al., 2009). O método de estudos de caso é ilustrado por numerosos exemplos em Rihoux e Grimm (2006).

Ragin (2000) estende a análise de dados dos estudos de caso enfatizando o papel da teoria dos conjuntos. A teoria dos conjuntos é abstrata e se vale das características essenciais selecionadas dos casos. Os nomes dos conjuntos se referem a essas características reais. Ragin sugere que o uso de conjuntos pode ajudar tanto para análise causal quanto para projetos de pesquisa comparativa mais simples que buscam contrastar grupos de casos semelhantes (ou diferentes). Um caso está em um "conjunto", diz Ragin, se ele corresponde qualitativamente às características daquele conjunto.

Na metodologia de conjuntos de casos nítidos (*crisp*), os casos podem estar "dentro" ou "fora" de conjuntos especificados, e esses conjuntos tornam-se os descritores dimensionais para o espaço configuracional de todas as possibilidades. Nas abordagens nebulosas (*fuzzy*), os casos podem estar "parcialmente em" um determinado conjunto, e números são usados para representar o grau ordinal de pertencimento de cada caso em cada conjunto (Ragin, 2000). Os números não refletem a mensuração de uma probabilidade, mas são, em vez disso, marcadores do grau de pertencimento ou não pertencimento a um conjunto. Cada conjunto pode ser representado como um eixo em um diagrama, e os casos são então medidos quanto a seu grau de pertencimento a um conjunto de tais eixos. Análise Comparativa Qualitativa (ACQ) é o método usado para examinar padrões de pertencimento comum no espaço vetorial de todas as condições que definem configurações nos dados qualitativos. Os livros didáticos de ACQ incluem Rihoux e Ragin (2009) e Ragin (2008). A controvérsia em torno da ACQ precisa ser abordada não apenas examinando o quanto ela está fundamentada no conhecimento de casos concretos, nem apenas seus procedimentos de amostragem, mas também examinando suposições metodológicas mais profundas sobre o papel da teoria (e como a teoria pode ser gerada) no estabelecimento de estudos sociais. Essas questões são tratadas cuidadosamente em diversas partes de Byrne e Ragin (2009).

Os casos podem estar em conjuntos aninhados, tais como crianças em salas de aula em escolas. Às vezes, contudo, casos em diferentes níveis não estão aninhados. Um exemplo é como professores escolares (como casos) lidam com uma série de crianças diferentes em uma relação *N-to-N*, porque as crianças passam de uma sala de aula para outra. Uma vez que as crianças não estão aninhadas dentro de uma sala de aula de um único professor, a ACQ de dados em múltiplos níveis pode ser muito complexa. Ao explorar essa questão na Índia, reparei que as classes sociais também penetram nos domicílios por meio do emprego que um único indivíduo tem e que, portanto, a ACQ de classe ignoraria importantes características da experiência pessoa de classe. Um indivíduo (como um caso) está simultaneamente em sua própria classe social, em virtude de seu emprego e das relações empregatícias em que se envolve, e ao mesmo tempo na classe social geral de seu domicílio, que pode ser diferente. Um empregado poderia estar em um domicílio de autônomos (i. e., pequena burguesia) ou um autônomo com empregados residir em um domicílio que está predominantemente ganhando dinheiro por meio de emprego assalariado. Estudos de casos homogêneos em um nível precisam levar em conta o que está acontecendo entre casos de nível mais baixo e mais alto, mesmo que os casos não estejam aninhados e sejam bastante complexos em suas inter-relações. A ACQ não foi desenvolvida de uma maneira detalhada em *software*, ao passo que a estatística em múltiplos níveis é bastante sofisticada (Hair et al., 2005).

Em um nível superior de sofisticação qualitativa, feministas e pesquisadores-ação com frequência definem um projeto de pesquisa com estudo de caso em termos de aproximar-se de um caso e interagir com pessoas e organizações naquele cenário. Carroll (2004) dá conselhos para observação de profissionais, observação participante e pesquisa-ação que poderiam se qualificar como pesquisa de estudo de caso ao mesmo tempo. A diferença é que a sofisticação está nos aspectos hermenêuticos e éticos, ao passo que, com a ACQ, a sofisticação está nos aspectos de sistematização e retrodução causal. Esses métodos podem ser combinados, mas é importante reconhecer o que as feministas e os pesquisadores-ação estão tentando realizar com seus estudos de caso. Eles tentam envolver-se na práxis – intervenções ativas em que os processos são em si reuniões dialógicas saudáveis e éticas. Seus resultados não se restringem a seus "achados" (ver Caps. 2, 17, 18 e 40). Realismo estratégico, como descrito por Harding (1999), é a atividade de nomear os objetos de um estudo a fim de envolver-se com esses objetos do modo como eles realmente interagem dentro de uma situação social. Harding (1999) sugere que não podemos apenas ser realistas em nome do realismo, mas sempre com um propósito social ou ético em mente. Feministas são um bom exemplo porque a maioria das feministas busca, por definição, alcançar mais igualdade de gênero. A pesquisa de estudos de caso é, consequentemente, um meio muito flexível de realizar uma variedade de atividades de pesquisa.

36
Pesquisa comparativa

Nos debates sobre pesquisa comparativa histórica, podemos encontrar uma escola quantitativa e uma escola histórica qualitativa. Na atualidade, a "divisão" entre as duas vem se desgastando, porque tanto dados quantitativos quanto evidências históricas agora são amplamente aceitos como auxílios úteis à análise comparativa. Neste capítulo, então descrevo a posição intermediária, na qual a comparação de "unidades" diferentes é feita de forma um tanto sistemática usando uma variedade de métodos diferentes. A primeira questão é como determinar qual é o objetivo de um estudo comparativo; depois determinar quais são as unidades e como escolher aquelas que você está de fato estudando; e, por fim, reunir e analisar as evidências.

Escolher um tópico para pesquisa comparativa é como delinear seu campo de estudo no espaço e no tempo. Ser resoluto ajuda. Fazer leituras sobre um assunto predileto é um bom ponto de partida. De alguma forma, entre todas as possibilidades, um pesquisador comparativo tem de escolher um tema e um conjunto de casos para examinar. Esses casos têm de ser comparáveis de alguma forma. Ser comparável pode implicar que eles são semelhantes em alguns aspectos mas não em todos. Ser comparável não implica que eles têm muitas características em comum. Por exemplo, vamos supor que um estudo de escolas constata que no setor público (governamental) não existem taxas escolares. Isso não significa que essas escolas devem ser excluídas do estudo, mas simplesmente que, no quesito das taxas, as escolas públicas não são comparáveis. Ser incompatível em algumas condições não impede que o conjunto de "escolas sem taxas" esteja dentro do âmbito da pesquisa. A pesquisa comparativa é conhecida por ser arbitrária nos limites que impõe à geografia de um estudo. Se você estuda países, você omite países de baixa renda? Você omite a China? Se você estuda empresas, você omite as microempresas geridas pelo proprietário? Você estabelece um limite de

10 empregados para que uma empresa seja aceitável para o estudo? O nível do limite é o aspecto que parece arbitrário aos observadores. Pesquisadores comparativos aprendem a ser resolutos ao selecionarem um delineamento de pesquisa, os objetivos e uma abordagem de coleta de dados que atenda a seus objetivos.

A próxima questão é designar como "unidades" os diversos casos no estudo. Ragin (2009) chamou isso de *casing*, ou seja, decidir o que vai contar como casos. Darei três exemplos para ilustrar. Primeiro, McCutcheon e Nawojczyk (1995) compararam a Pesquisa de Levantamento Social Geral dos Estados Unidos (US General Social Survey) com uma pesquisa de levantamento nacionalmente representativa semelhante da Polônia para descobrir como as atitudes em relação ao aborto diferem entre católicos e não católicos nesses dois países. Seu delineamento comparativo tinha como seus casos "os adultos dos Estados Unidos e da Polônia", dos quais apenas uma amostra aleatória foi incluída no delineamento de pesquisa. No delineamento comparativo, um fator fundamental aqui era que cada país tinha uma gama de adultos católicos e não católicos. Dessa forma, uma comparação justa poderia ser feita entre os católicos dos dois países.

O segundo exemplo é mais ambicioso, mas não é internacional. O estudo de Snow e Cress (2000) da representação e das organizações de pessoas sem moradia optou por trabalhar em oito cidades dos Estados Unidos, nas quais, constataram, 17 organizações estavam trabalhando com a falta de moradia. Essas organizações do movimento social tornaram-se os "casos" no projeto. Contudo, o delineamento inicial foi estreitado escolhendo-se oito cidades. Esperava-se que essas oferecessem uma ampla gama de contrastes, bem como pontos em comum. Até aqui esses dois exemplos mostraram que alguns estudos comparativos são internacionais e outros não. Eles também mostram que o conceito de um "caso" não é aplicado em um nível único, mas em vários níveis (países, cidades, organizações e tipos de pessoas). Um livro de Rihoux e Ragin (2009) nos ajuda com a montagem de um projeto experimental de estudo comparativo de casos. Um capítulo útil de Berg--Schlosser e De Meur (2009) explica como selecionar casos nesse tipo de situação.

Um terceiro exemplo de um estudo comparativo é Baker e colaboradores (2009). Nesse estudo, dois tipos diferentes de casamentos de casais da Louisiana são examinados usando tanto dados de pesquisa de levantamento quanto de entrevistas. Os casais são selecionados a partir do registro de casamentos e são combinados da seguinte maneira. Primeiro, escolhe-se um casal que tenha registrado um "pacto matrimonial"; então o casamento seguinte na lista de registro é escolhido como uma união comparável sem pacto matrimonial, e este é rotulado de casamento normal. Os pactos matrimoniais constituem cerca de 2% de todos os casamentos no estado da Louisiana. O estado tinha aprovado uma lei em 1997 autorizando esses casamentos. Eis a seguir um pequeno histórico dos pactos matrimoniais.

Algumas subpopulações [dos Estados Unidos] aderem a ideologias de gênero mais tradicionais devido à sua maior preocupação com o que percebem como um declínio da sociedade na conduta responsável de homens e mulheres no casamento... Os cristãos evangélicos são um desses grupos. O discurso evangélico foca rotineiramente na autoridade dos homens e na necessidade de uma hierarquia conjugal baseada na subordinação das mulheres... Formas rígidas desse discurso muitas vezes conflitam com as atitudes cada vez mais igualitárias da sociedade dominante em relação aos papéis dos sexos no casamento. Neste estudo, usamos uma perspectiva interacionista simbólica para examinar se e como casais evangélicos recém-casados usam a nova reforma legal sobre pacto matrimonial como um dispositivo simbólico para sinalizar suas crenças sobre os benefícios de uma hierarquia de gênero no casamento e suas intenções de reforçar o casamento como uma instituição pública (Baker et al., 2009, p. 148).

Nesse excerto, o contraste de casais evangélicos com outros casais é declarado como sendo o objetivo do estudo. Contudo, entre evangélicos cristãos, devido a questões de viabilidade, mostrou-se possível obter como subgrupo somente aqueles que tinham se casado sob a lei de pacto matrimonial. Em contraste com eles são definidos todos os outros casamentos na Louisiana.

Como descrito por Baker e colaboradores (2009, p. 151), o propósito de um pacto matrimonial é enfatizar e ser explícito sobre papéis conjugais de gênero.

Princípios evangélicos com frequência invocam o marido a ser o chefe da família e a esposa a submeter-se à liderança de seu marido. Como chefe da família, o marido possui mais autoridade nas decisões referentes à sua família; seu dever é garantir a saúde física, espiritual e emocional de sua família. Esses estudos indicam que os evangélicos não acreditam apenas na importância de Deus no direcionamento de suas famílias, mas também na necessidade de que o marido escute a Deus.

Os pesquisadores fizeram contato com os casais selecionados, acompanhando-os durante uma etapa quantitativa e qualitativa da pesquisa. A questão de desenvolver uma estratégia comparativa de seleção de casos é muito vívida no caso do estudo de casamentos. O pesquisador precisa seguir um caminho entre as possibilidades. Em vez de um escopo amplo ambicioso, houve uma decisão estratégica de ter um escopo bastante estreito (pacto matrimonial *versus* todos os outros casamentos, em um estado no período até 2007). Essa decisão estratégica ajuda o resto da pesquisa a funcionar sem problemas. Em especial, empreendeu-se uma análise interacionista simbólica das entrevistas, uma pesquisa de levantamento foi realizada e uma análise estatística foi feita. Constatou-se que existiam fortes diferenças entre os dois grupos quanto às suas opiniões sobre o cristianismo, os papéis de gênero e o domicílio.

Se o estudo vai ter uma etapa quantitativa, como neste terceiro exemplo, é preciso haver uma harmonização dos dados (ver também Caps. 3, 15 e 17).

A conduta de estudos comparativos após as etapas iniciais pode adotar uma ampla variedade de delineamentos de pesquisa. Por exemplo, ele pode ser conduzido usando principalmente métodos quantitativos, como em Powdthavee (2009), que comparou homens casados com suas cônjuges em uma análise estatística estruturada. Estudos mais tradicionalmente comparativos fazem uma comparação regional dentro de um país ou abrangem um conjunto de países. Alternativamente, uma análise histórica de apenas dois ou alguns países ou setores da economia pode ser conduzida de modo comparativo. Além disso, é possível fazer pesquisa qualitativa comparativa. A pesquisa qualitativa comparativa estabelece uma tabela de dados altamente estruturados como parte do método de pesquisa (ver Caps. 37 e 38).

37
Configurações

Uma configuração é um conjunto de condições. Muitas vezes é difícil explicar o conjunto inteiro de circunstâncias, e assim especialistas em configuração – muitos dos quais estão fazendo pesquisa de estudo de casos – focam em algumas circunstâncias-chave que são nomeadas na teoria e sustentadas pelas evidências como concatenadas de maneiras importantes. Para alguns especialistas em configuração, pode haver vínculos entre as unidades de texto, que juntas fazem sentido em padrões que podemos descobrir e explicar usando métodos científicos (Rantala e Hellström, 2001). Para muitos outros, o sentido de observar as configurações é ver os diferentes efeitos que elas têm (Ragin, 2008). Consequentemente, faz-se pesquisa causal observando configurações causais. Segundo ambas as visões, se um aspecto de uma configuração é irrelevante, ele pode ser ignorado. Desse modo, podemos passar do detalhe descritivo completo para uma análise mais parcimoniosa (Rihoux e Ragin, 2009).

A análise de configurações tem sido ativamente promovida por Byrne e Ragin (2009) e Byrne (2005, 2009), porque o contexto local desempenha um papel-chave para um desfecho. Embora muitos cientistas sociais queiram generalizar entre diferentes contextos, Byrne e Ragin dizem que precisamos prestar muita atenção no contexto em toda a sua detalhada diferenciação. A abordagem configuracional afeta as decisões sobre o método e a amostragem da pesquisa comparativa. Concluirei usando uma "análise causal suficiente" para ilustrar. O tema dessa ilustração são os desfechos educacionais de escolas e ela mostra que podemos descobrir fatores facilitadores fundamentais que superam explicações normais se usarmos métodos de coletas de dados primários inovadores.

O contexto para um desfecho ou qualquer configuração inclui o idioma, os costumes locais, as tradições, o sistema escolar e a história que ele ensina, a qual contribui com mitos e histórias para os discursos, os corpos e sua vestimenta habitual e os conjuntos de estilos que ajudam a sustentar os novos grupos sociais. Na maioria dos países existem tanto escolas públicas como privadas, com suas culturas organizacionais, e existem escolas apoiadas por organizações religiosas, assim como escolas do governo com diferentes sistemas de regulação. No estudo de escolas, os desfechos em níveis pessoal, da sala de aula, da escola, regionais e do tipo de escola foram objeto de muito estudo estatístico. Contudo, a abordagem configuracional evita métodos estatísticos e, em vez disso, procura colher dados qualitativos ou de métodos mistos.

Os fatores contextuais não podem ser facilmente separados de causas mais imediatas dos resultados. É importante compreender que as causas funcionam em cadeias, também conhecidas como processos causais, e que geralmente existe uma série de causas distais (isto é, distantes) e imediatas (isto é, próximas). Filiar-se a uma nova associação e passar a seguir suas regras e diretrizes seria um exemplo de um longo processo causal. Saber quais causas são fatores-chave é crucial. Assim, poderíamos perguntar o que fez uma escola afiliar-se a uma determinada associação, caso consideremos que "afiliar-se" é o elemento-chave de mudança.

Um exemplo da demografia pode ser usado para ilustrar causas imediatas e distais. Vamos supor que quiséssemos estudar a idade de ter nosso primeiro ou único filho – ou seja, se temos um filho e quando. Os mecanismos incluem assistência pré-natal e obstetrícia, as quais facilitam um nascimento bem-sucedido de uma criança viva; fazer sexo; talvez suspender o uso de anticoncepcionais e assim possibilitar a concepção; ter um parceiro para sexo se não para a criação de um filho; talvez casamento; e ter uma base econômica para planejar ter um filho. Nem todos esses mecanismos se aplicam a todos os casos, pois existem diferentes padrões de gravidez. Quando estamos falando sobre a primeira gravidez, em especial, pode haver três tipos amplos – acidental, planejada fora do casamento e planejada dentro do casamento. A amplitude de-

corre do afrouxamento do casamento como instituição. Segundo Baker e colaboradores (2009), ele está se "desinstitucionalizando" nos países ocidentais, tais como os Estados Unidos. Por isso, o casamento como um mecanismo não está intimamente relacionado com ter filhos. Porém, ele é uma causa importante para alguns casais. Uma configuração é um conjunto de várias circunstâncias contextuais e imediatas, todas levando à gravidez e ao nascimento. A razão pela qual é difícil separar elementos específicos para uma comparação geral entre países ou subpopulações é que seu modo de operar não é igual, mesmo que a rotulação pareça sugerir um tipo coerente consolidado. O casamento católico não é interpretado da mesma maneira que o casamento protestante. O uso de contraceptivos entre estudantes que estão se divertindo não é o mesmo que o uso dos mesmos contraceptivos no contexto de um casamento de um casal com dupla renda. Não apenas os contraceptivos têm um significado diferente nesses dois contextos diferentes. Sua força causal também será diferente, em conjunção com fatores intimamente relacionados, tais como "força de vontade", "convicção sobre adiar a gravidez" e "coerência".

A abordagem comparativa no estudo da causalidade argumenta que podemos aprender quais causas realmente fazem diferença comparando tanto casos semelhantes quanto diferentes. Um caso é uma "coisa" ou objeto, designado como tal, com seu conjunto de condições configuracionais. Por exemplo, uma escola é particular, seletiva, situada em uma área carente, sem o apoio de uma organização religiosa e coeducacional. A descrição das condições, argumenta Ragin (1994), pode ser feita com parcimônia em uma tabela depois que os dados qualitativos detalhados foram estudados. Uma configuração é então uma linha naquela tabela. Se os casos forem meio homogêneos, para uma linha podemos contar o número de casos semelhantes dentro daquela configuração (N casos). Uma "tabela da verdade" é uma lista de todas as configurações existentes, ou permutações de combinações possíveis de circunstâncias, cobrindo todos os casos conhecidos. Além da tabela ou lista da verdade, podemos também numerar as restantes "configurações ausentes". Essas são permutações potenciais que, na verdade, não foram observadas e para elas $N = 0$.

Em pesquisa comparativa, tanto métodos de coleta de dados históricos quanto sistemáticos podem ser usados. A amostragem para pesquisa comparativa será restringida por limites de tempo se dados históricos ou qualitativos detalhados são desejados. Se estivermos restringidos a apenas quatro ou 10 casos, a escolha de casos torna-se crítica para os resultados gerais. Ter uma clara questão de pesquisa e um foco bem fundamentado ajudará esses pesquisadores comparativos com N pequeno a escolherem e dispor suas configurações com cuidado.

Se pretendemos fazer uma coleta de dados com toque mais leve, tal como preencher tabelas com uma mistura de expressões qualitativas e números, o número de casos pode ser maior e o método de seleção pode ser mais sistemático. Pode-se usar amostragem por quotas, amostragem em bola de neve ou amostragem por julgamento. A orientação da tradição da teoria fundamentada é útil aqui. Na teoria fundamentada, a expressão "amostragem teórica" refere-se a escolher primeiro um caso, depois um caso fortemente contrastante, depois outro caso que contrasta em um fator-chave, e assim por diante. Isso não é amostragem em bola de neve porque ela não depende do que os agentes nos casos pensam.[*] Ela é conduzida pelo pesquisador cujo foco requer contrastes em uma série de aspectos fundamentais. A amostragem teórica tem muita flexibilidade e requer raciocínio durante todo o processo. O delineamento de pesquisa pode ser redigido em sua forma final *depois* que a pesquisa tiver sido feita. Um exemplo de pesquisa qualitativa comparativa com amostragem teórica é Eldar-Avidan e olaboradores (2009). Todos os casos naquele estudo estavam em Israel, mas

dentro daquele limite havia grande variedade na experiência do divórcio dos pais de um entrevistado. Uma boa amostragem permite contrastes e ajuda o pesquisador a isolar contrastes em meio a um cenário que tem algumas semelhanças. Geralmente existe uma quantidade limitada de diversidade (Ragin, 2000). Portanto, podemos saturar uma categoria que é mais comum e depois assegurar a cobertura, ao menos um pouco, das categorias mais raras na medida em que elas forem interessantes.

Para ilustrar isso, considere o método usado por Byrne (2009) em um estudo de todas as escolas secundárias na região Nordeste da Inglaterra. Byrne escolheu-as todas, sem haver, portanto, amostragem seletiva. Por causa do limite regional, nenhuma generalização além do Nordeste pode ser feita. Um estudo sistemático dos relatórios de inspeção do governo para todas essas escolas levou à criação de uma base de dados NVivo com métodos mistos. Esse conjunto de dados continha os resultados das provas escolares, os indicadores das condições da escola (religião, carência de sua localidade, admissões seletivas, se de um único sexo ou mista, e assim por diante). Entre os fatores registrados estavam as dimensões fundamentais tidas como causadoras de bons resultados escolares, bem como os principais obstáculos. Estar localizada em uma área carente, por exemplo, era uma parte das configurações que eram obstáculos para bons resultados de provas nas etapas de 16 (GCSE)[*] e 18 (A-level) anos.[1]

Byrne examinou os padrões de causalidade nos dados das escolas para descobrir quais eram as causas do bom desempenho das escolas. Curiosamente, um fator que era importante para resultados elevados era ter muitos alunos com necessidades educativas especiais (NEE). Essas necessidades podem

---

[*] N. de R.T.: Na amostragem por bola de neve se pede para respondentes indicarem ou levarem a pesquisa para outros.

---

[*] N. de R.T.: GCSE é abreviação de General Certificate of Secondary Education (equivalente à 2ª série do ensino médio) e A-Level de Advanced Level (equivalente ao 1º ano do ciclo básico do ensino superior). São estágios do sistema curricular na Inglaterra.

ser registradas ("declaradas"), depois que recursos extras serão disponibilizados para a escola conforme o número de alunos registrados. Ao que parece, as escolas com elevado número de alunos com NEE também tiveram elevados resultados em provas. As ligações causais aqui são sutis, e não pode simplesmente ser que os fundos para a NEE causam melhores resultados nas provas, pois os recursos de ensino são usados com os alunos com desempenhos mais baixos. Pode ser que a presença de assistentes de ensino na escola como consequência das NEE possibilite que uma gama de alunos tenha melhores resultados em provas ou que escolas bem organizadas para lidar com alunos com NEE também sejam bem organizadas para promover bons resultados. Em outras palavras, mesmo quando sabemos que uma configuração é suficiente para estar associada a um desfecho, ainda temos de investigar a causalidade qualitativamente.

Byrne investigou o que fez com que algumas escolas na pesquisa de levantamento (cerca de 12 delas) em uma configuração de baixo desempenho tivessem alto desempenho em provas. Em outras palavras, o modelo teria predito que essas 12 escolas teriam baixos escores médios nas provas, mas elas tiveram altos escores. Em análise comparativa qualitativa, esse tipo de configuração é conhecido como *configuração contraditória*, com desfechos mistos. Examinando mais detidamente o texto dos relatórios de inspeção do governo, Byrne descobriu que uma dessas escolas saiu-se bem por meio do uso de um amplo sistema de monitoramento de pares. Pode haver outras razões pelas quais outras escolas saíram-se bem. Mas, segundo Byrne, mesmo se encontrarmos um único caso com um novo fator facilitador, teremos feito uma descoberta inovadora. O uso de métodos retrodutivos foi fundamental para essa descoberta. A tutoria está agora sendo promovida na Grã-Bretanha, porque se revelou que não apenas Byrne, mas também outros pesquisadores constataram que a tutoria de colegas é um incentivo útil para bons resultados em provas de nível secun-

dário. A retrodução (perguntar por que os dados parecem ter o aspecto que têm) feita por Byrne funcionou da seguinte maneira:

✓ Reunir os dados dos relatórios do governo – um momento indutivo.
✓ Analisar as partes sistematizáveis dos dados – um momento de análise em busca de padrões.
✓ Examinar as contradições e os casos discordantes – um momento exploratório.
✓ Reler os textos dos relatórios para explorar o que pode ter causado o resultado ímpar – um momento retrodutivo.
✓ Concluir com enunciados gerais sobre educação que se referem a casos concretos estudados – um momento indutivo.

A validade dos resultados pode ser verificada e reverificada, mas provavelmente será alta, porque são firmemente fundamentados. Discussões da fundamentação da pesquisa centrada em casos podem ser encontradas em Byrne e Ragin (2009). O momento retrodutivo foi crucial, segundo Byrne. Não podemos apenas interpretar os dados sem ter algum foco na investigação. As questões que fazemos fornecem um foco e nos ajudam a dirigir a investigação. Blaikie (2000) explica a retrodução em pormenor.

O argumento de Byrne é que a tutoria de alunos por alunos é suficiente para causar melhores resultados em provas em um caso único. Ele então sugere que se isso foi suficiente em um caso, em que havia privação social na localidade e de outro modo a configuração não era conducente a alto desempenho em provas, essa pode ser uma intervenção fundamental para ajudar as escolas a melhorarem seu ensino. A circunstância especial de "tutoria" é um modo especial de resolver um problema de baixo desempenho. De modo geral, o estudo de Byrne é um exemplo de raciocínio configuracional. Ele se refere a causas, ele é retrodutivo, ele se beneficiou de ter dados de métodos mistos e ele está concretamente fundamentado em uma região nomeada específica de um país (Reino Unido).

Esses métodos são típicos de estudos de raciocínio configuracional.

NOTA

1. Uma média dos resultados pode ser obtida, mas somente para os que fizeram conjuntos de provas. Alguns alunos não recebem notas máximas, sendo assim difícil fazer uma comparação nos grupos etários mais elevados. As comparações feitas são apenas entre as escolas que tiveram desfechos comparáveis, e escores médios são tipicamente calculados apenas entre os alunos que fizeram as provas.

38
Contingência

Eventos contingentes estão relacionados simplesmente por acidente ou de alguma outra forma mais complexa por meio de uma série de incidentes ou processos. A palavra "contingência" também se refere a permitir múltiplos possíveis resultados. Em pesquisa social, contingência é uma parte importante do desenvolvimento de explicações causais. Se o resultado (que podemos designar como Y) sempre seguirá X, aconteça o que acontecer, o estudo da causalidade não pode utilmente examinar X como uma causa possível. X seria uma "causa necessária" nos termos introduzidos há muito tempo e pesquisados por Bhaskar (1975). Em contraste, Bhaskar exorta o pesquisador a reconhecer causas contingentes como aquelas às quais nos referimos quando explicamos as coisas. (A distinção básica entre causalidade necessária e causalidade contingente remonta a Aristóteles (1988, 2007), assim como a muitas outras fontes filosóficas. Mas ela é com frequência esquecida quando alguém inicia um novo projeto de pesquisa.) Se X está necessariamente sempre com Y e também é suficiente para Y, então, com efeito, X simplesmente faz parte de Y. O exemplo que Aristóteles dá é que a sudorese é um sinal de febre, e pode ser citada como uma causa de febre, mas isso é confundido com causalidade porque as duas aparecem juntas em casos de febre. Para chegar à causalidade contingente, precisamos localizar casos de sudorese sem febre (p. ex., em exercício intenso). Explorando mais, podemos também encontrar casos de febre sem sudorese (p. ex., em uma determinada etapa de desidratação). Tanto Aristóteles quanto Bhaskar gostavam de aplicar lições de causalidade contingente às questões práticas de fazer pesquisa e desenvolver argumentos verdadeiros convincentes. Para esse propósito, um projeto poderia não olhar para a sudorese, mas em causas muito mais distais de febre, tais como contrair o vírus da aids ou ser exposto ao vírus da Hepatite C, e como isso ocorre.

De acordo com esses especialistas sobre causalidade, o estudo de causas não pode ser limitado a causas imediatas. Existem implicações para o delineamento de pesquisa. Afora o estudo de casos contrastantes ou de entrevistados em pesquisas de levantamento, pode ser igualmente necessário explicar como alguns desfechos em algum nível das unidades (ou casos) dependem de uma conjuntura historicamente única no nível global ou macro. Layder (1993) explica que geralmente existem níveis psicológicos, pessoais, organizacionais e macro na maioria dos estudos. Desses, ele diz, deve-se focar em apenas um nível, mas sem tornar-se ignorante sobre os outros níveis. Em estatística, um ramo crescente de habilidades técnicas, conhecido como modelagem multiníveis, permite que indivíduos, casais, domicílios, redes sociais e outros "níveis" sejam estudados em termos de seus efeitos, todos ao mesmo tempo. A modelagem multiníveis se sobressai na derivação de estimativas de efeitos entre níveis depois de levar em conta efeitos dentro de cada nível. Essa conclusão especial na pesquisa quantitativa também pode ser imitada e seguida em pesquisa qualitativa. Assim, o estudo da contingência leva a alegações fortemente inovadoras.

Para ilustrar um efeito contingente de uma causa mediadora em um contexto qualitativo multinivelado, vamos supor que um professor decide tentar uma nova rotina dos deveres de casa, porque as culturas organizacionais da escola valorizam a inovação. O professor sabe que precisa explicar o objetivo do dever de casa tanto para os alunos quanto para os gerentes de área. Ele então aguarda os resultados. Um ano depois ele sente que as notas melhoraram. Mas alguém precisa fazer um estudo profundo dos dados para descobrir se essas melhorias só ocorreram por causa do novo regime dos deveres de casa ou em uma escala mais ampla devido à maior disciplina ou a algum outro incentivo dado aos alunos para aprenderem melhor. A contingência po-

de funcionar tanto em causalidade imediata quanto em causalidade distal. As relações X-Y mais próximas, tais como casamento e divórcio (o casamento sendo necessário para divórcio, mas não vice-versa), tendem a ter mais necessidade e menos contingência. Não obstante, a pergunta fundamental é "que tipo de casamento menos tende a terminar em divórcio?". Essa pergunta é diferente de "que tipos de casamentos têm as pessoas que se divorciam?". A primeira pergunta é ampla, sobre as contingências que levam ao divórcio, e terá uma resposta complexa referente às diversas configurações (ver Cap. 35 e 37). A segunda pergunta tem um foco mais estreito e pode tentar isolar alguns elementos fundamentais nos casamentos dos divorciados. As duas perguntas podem parecer muito semelhantes, mas, em suas nuances, elas implicam estratégias de amostragem muito diferentes. Examine as quatro estratégias de amostragem na Tabela 38.1. Duas delas são inferiores e estão marcadas em itálico. Uma discussão dessa questão é oferecida em Ragin (2009).

As questões de amostragem são uma etapa essencial ao longo de um projeto de pesquisa bem-sucedido. Independentemente de ser principalmente um projeto quantitativo, qualitativo ou de metodologia mista, é preciso levar à amostragem a sua faixa e cobertura ideal. O tamanho da amostra também precisa ser ajustado para ser uma faixa viável e ideal de entrevistados (ou casos; ver também Caps. 5 e 35). Uma excelente abordagem heurística da amostragem escalonada é oferecida por Levi-Faur (2006).

Depois que as questões de amostragem estiverem resolvidas, é importante determinar quais evidências são necessárias para demonstrar que existe causalidade entre algum fator ou fatores e o principal desfecho selecionado. Dois métodos utilizados com frequência são análise de mediação estatística (MacKinnon, 2008) e comparação internacional com dados estatísticos (Jowell et al., 2007). Efeitos contingentes podem ser separados de efeitos necessários e aleatórios usando estatísticas, de acordo

☑ TABELA 38.1

Relação entre amostragem e questão de pesquisa sob causalidade contingente

Questão de pesquisa	Que tipo de casamento é menos propenso a terminar em divórcio?	Que tipos de casamentos as pessoas que se divorciam têm?
Amostragem sobre o resultado	Casamentos antes do divórcio e casamentos depois do divórcio.	Divórcios de todos os tipos, gerando uma ampla gama de tipos conjugais.
Amostragem sobre a causa	*Casamentos de diversos tipos que levam e não levam ao divórcio (esse método de amostragem fugiria da questão de o que causa o divórcio).*	*Casamentos de diversos tipos que levam ao divórcio (este método de amostragem não pode fazer a pergunta sobre o que causa o divórcio).*

com MacKinnon, se existem dados interseccionais com clara separação de causa e efeito ou dados longitudinais para um conjunto de entrevistados que podem isolar a causa e o efeito no tempo. Idealmente teríamos os dois, e isso implica boa operacionalização. Pensamento claro é necessário para desenvolver um argumento desse tipo:

> A e B juntos são suficientes para causar Y, mas nenhum deles é necessário para que Y ocorra.
>
> Além disso, D é uma causa necessária de Y.

> Em contraste com a literatura existente, E nem sempre é necessário para Y, mas E é necessário na maioria dos casos onde A e B estão operando.

Jowell e colaboradores (2007) fornecem exemplos, tais como as causas dos efeitos de certas atitudes sociais nos diferentes contextos de países.

Em suma, o estudo da contingência dá ênfase à distinção de causas que não estão necessariamente sempre presentes para um desfecho Y, mas que podem ser causais sozinhas ou em conjunção com outros fatores (ver também Caps. 29, 37 e 39).

39
Mecanismos causais

O conceito de um mecanismo causal é um acréscimo útil aos repertórios padrão de investigação que foram discutidos anteriormente. Neste capítulo, espero esclarecer o que é um mecanismo causal para que alguns mecanismos possam ser operacionalizados. Por "mecanismo causal", Pawson e Tilley (1997) se referem à circunstância particular que aumenta a probabilidade de que algum resultado aconteça ou tenha a tendência de ocorrer. O modelo oferecido por Pawson e Tilley é

> contexto + mecanismo → resultado

Esse modelo conceitual presume que os pesquisadores tenham clareza quanto a distinguir um fator contextual de um resultado e este de um mecanismo, em vez de confundi-los. Dois breves exemplos ajudam a ilustrar essa distinção e criar uma base para uma avaliação crítica do conceito de "mecanismo":

> estereótipos de gênero + discriminação → menor remuneração para mulheres no mesmo emprego

e

> divisão doméstica do trabalho + aceitar um emprego em tempo integral → dupla carga sobre as mulheres

Em cada caso existe muito mais acontecendo, é claro. Em ambos os casos, existe uma suposição de que o principal foco de atenção é nas mulheres, mas que contrastes com os homens (e algum compartilhamento de trabalho com homens) fazem parte do contexto. Em ambos os casos, existe também um fenômeno ligeiramente mais estreito desempenhando o papel de mecanismo – um evento ou um determinado tipo de ação. A discriminação, por exemplo, é difícil de reconhecer com acurácia, operacionalizar e mensurar porque as pessoas com frequência tentam esconder seus atos de discriminação e podem nem sequer reconhecer seus atos como discriminatórios. Portanto, para operacionalizar a "discriminação", será necessário especificar ainda mais estreitamente (e cuidadosamente) quais atos, processos ou desfechos devem ser incluídos aqui. Não é uma atitude discriminatória que está sendo registrada como um mecanismo, porque isso é muito mais amplo e pode ser inerente ao contexto. No segundo exemplo, aceitar um emprego em tempo integral impõe uma dupla carga sobre às mulheres (o que significa que sua carga então inclui responsabilidade pelos afazeres domésticos e responsabilidades no trabalho remunerado) se as mulheres forem o principal foco da pesquisa. (Do contrário, podemos interpretar que o segundo exemplo se aplica tanto a homens quanto a mulheres.) Mas, como assinalado ao discutir o conceito-chave de configurações, também é importante ter homens no plano, seja no plano de amostragem para oferecer contrastes ou no plano qualitativo para permitir uma investigação mais completa da relacionalidade e das interações. Assim, a segunda alegação causal se concentra nas mulheres e poderia-se considerar que elas invocam o estudo do gênero antes que a "dupla carga sobre as mulheres" possa ser compreendida com profundidade. Essas características básicas do delineamento de pesquisa são extremamente importantes. Pode-se redigir os conjuntos de contexto-mecanismo-desfecho de antemão e definir a amostragem ou um modo de investigação que permita muitos contrastes e comparações entre grupos relevantes. Não há necessidade de que o conjunto contexto-mecanismo-desfecho siga um padrão de inferência semelhante à lei, universal ou supergeneralizado.

O que Pawson e Tilley querem dizer é que o contexto faz parte do que permite que o mecanismo realmente funcione. Eles não encorajam separar um único mecanismo por muito tempo. Em vez disso, eles assinalam que cada mecanismo pode ser visto dessa forma, mas que também existem mui-

tos mecanismos situados no contexto. Em um mundo complexo, esses diversos fatores contrabalançam e obstruem uns aos outros. Os resultados são infradeterminados em certo sentido, pois não há certeza de que um dado mecanismo realmente levará a um resultado na presença de muitos outros mecanismos. Em outro sentido, se afirmarmos que o mecanismo é uma tendência real para que a presença dessa coisa leve ao desfecho e que existem vários mecanismos, os desfechos também são supradeterminados – mas somente se considerarmos que os mecanismos operam de maneira determinista. Pawson e Tilley não defendem pensar as causas de uma maneira determinista. Elas podem determinar desfechos em uma combinação pequena, encapsulada e estrita no tempo e espaço, mas tais circuitos fechados são raros. A maior parte da sociedade, dizem eles, é um sistema aberto com propriedades orgânicas. Essas ideias levam de modo geral a algumas conclusões sobre causalidade:

- ✓ Um mecanismo pode ser suficiente para provocar um resultado em algumas circunstâncias.
- ✓ Um grupo de condições juntas pode ser suficiente para provocar um resultado, mas cada uma delas pode não ser suficiente por si só.
- ✓ Os dados reunidos *ex post* provavelmente vão mostrar uma mistura do resultado de tendências causais suficientes e não suficientes. Portanto, é preciso ter cuidado para não exagerar na "definitividade" das conclusões que podem ser alcançadas usando conjunções constantes nos dados.

O raciocínio usado na abordagem de "tendências" da causalidade repousa principalmente em dois conceitos subjacentes de promoção e inibição. Um fator promotor tende a fazer com que alguma coisa aconteça. Um mecanismo – ou alguma característica que faz parte do contexto – pode promover futuros eventos. Este não faz definitivamente que ele aconteça, mas ele o torna mais possível do que na ausência do mecanismo. Um mecanismo – ou alguma característica que faz parte do contexto – também pode fazer com que uma coisa seja propensa a fazer ou não fazer alguma coisa. A ideia de propensão leva em consideração a obstrução de desfechos, os motivos e instintos (as casas de crédito privadas são propensas a assegurar a cobrança de maiores taxas de juros), as tendências que nos preocupam (a classe governante é propensa a impor medidas autoritárias para restaurar a ordem se anarquistas ou terroristas agirem com violência nas ruas).

Os dois exemplos acima podem ser reformulados em termos de promoções e propensões. No contexto de fortes estereótipos de gênero sobre os papéis domésticos das mulheres, e qual tende a ser sua evolução no emprego por causa de sua licença-maternidade, os gerentes propendem a discriminar contra elas na etapa de contratação, tanto evitando oferecer-lhes empregos quanto oferecendo-lhes menor remuneração do que a um homem com experiência semelhante. E isso pode tender a causar menores salários para mulheres no mesmo cargo, por meio de dois mecanismos – algumas mulheres ficam desesperadas para conseguir qualquer emprego, por terem sofrido algumas rejeições, e algumas aceitam uma oferta de remuneração mais baixa no emprego que estão aceitando por temerem ficar no mercado de trabalho não receptivo.

Essa reformulação do primeiro exemplo definitivamente leva a questões de delineamento de pesquisa interessantes. Uma pesquisa de levantamento ou entrevista podem ser montados para explorar as nuances detalhadas de como a propensão dos gerentes a discriminar afeta seu comportamento? Devemos testar se essa propensão está presente? Quão forte ela é? O mesmo projeto, ou outro diferente, pode explorar a busca de emprego e os comportamentos de aceitação de emprego das mulheres posteriormente? Pawson e Tilley sugeririam que o pensamento claro sobre causalidade ajuda na montagem de um processo de coleta de dados.

No contexto de uma divisão de trabalho doméstico fortemente calcada em gênero, na qual as mulheres assumem a responsabilidade por muito mais afazeres domésticos do que os homens, se uma mulher aceita um emprego em tempo integral, ela tem condições de pagar por uma creche, mas ainda propende a sentir-se responsável tanto pelo pagamento da creche, quanto pela administração da maior parte dos cuidados infantis e domésticos, e isso tende a criar uma dupla carga sobre mulheres que trabalham fora e têm filhos dependentes, o que não é vivenciado pelas crianças.

Esse segundo exemplo agora é melhor especificado e inclui referência a crianças. Ter filhos dependentes, poderíamos dizer, é um segundo mecanismo que ocasiona o fenômeno de dupla carga. Esse exemplo agora está pronto para um estudo comparativo que contrasta no grau de divisão doméstica de trabalho baseada em gênero. Assim, não apenas o mecanismo, mas também o contexto pode ser explorado em um projeto de pesquisa.

Textos que ajudam com o delineamento de pesquisa e a análise da causalidade em projetos explicativos como estes incluem Rihoux e Grimm (2006), Rihoux e Ragin (2009), para a abordagem configuracional, e de Vaus (2001) para a abordagem estatística. Ver também Mahoney e Rueschemeyer (2003).

Até aqui afirmei que a causalidade reside na realidade e que tentativas explicativas de extrair uma explicação causal podem focar em parte em mecanismos e em parte em características específicas do contexto. Como argumentado anteriormente, o uso de retrodução dos dados à explicação é útil para este método de pesquisa. Coletam-se dados relevantes em torno da hipótese ou alegação geral e, então, examinam-se os dados e pergunta-se como deve ser o mundo para que esses padrões e essas configurações de dados tenham aparecido. As interpretações dos dados não são atemporais, mas elas podem assumir um modo definido (com referência a um lugar e tempo concreto, i.e., descritivo) ou um modo inferencial (com referência a uma população mais ampla, da qual uma amostra representativa pode ser explorada). Aconselha-se que métodos mistos complementem o estudo estatístico de causalidade. Causas também não esgotam o que se descobre. Mas é possível e viável estudar causalidade. (Não seria importante defender esse ponto, não fosse por alguns autores pós-estruturalistas e pós-modernos cujo trabalho parece sugerir que causalidade é simplesmente uma questão de histórias e representação e não existe de nenhuma forma real. Ver Sayer, 2000.)

LEITURAS ADICIONAIS PARA A PARTE 6

A visão de Ragin de que abordagens de estudo de caso podem unificar e esclarecer várias das ciências sociais, superando alguns defeitos dos métodos estatísticos, também foi desenvolvida em um livro prático e útil por Byrne (2002). Byrne e Ragin (2009) recentemente colaboraram para editar um livro sobre pesquisa centrada em casos. Contudo, essas fontes no método de estudos de caso não esgotam a questão da causalidade que é tão central nos métodos de estudo de caso. Um artigo básico de Ekstrom (1992) e o livro completo de Sayer (1992) sobre metodologia realista ajuda a preencher essa lacuna. No livro de Sayer, os Capítulos 1, 2 e 8 são úteis para entender o problema de que os métodos estatísticos sozinhos não podem tratar da causalidade de uma forma adequada, mas as pessoas compreendem a causalidade. O produto estatístico é um insumo para um processo interpretativo. Esses princípios então precisam ser aplicados aos métodos baseados em casos com modificações adequadas. Por exemplo, se uma inferência a uma população não está sendo extraída, algumas das objeções de Sayer são menos salientes Mas quando se faz um enunciado geral sobre vá-

rios casos concretos em um grupo (p. ex., que existe um "tipo" aqui), é preciso ter cuidado em relação ao que é insinuado como causal e ao que é insinuado como natureza essencial do tipo. As pessoas precisam reavaliar ou desenvolver teorias que sustentem nossa compreensão de cada fenômeno social. Qualquer tentativa simplista de despersonalizar métodos estatísticos por meio de sustentáculos metodológicos positivistas cria problemas, e os autores citados aqui nos ajudam a superar tais problemas. Para pessoas com experiência em metodologia de pesquisa qualitativa, a questão não aparece tão vividamente.

Para coleta de dados em pesquisas de levantamento, Kent (2007) é um guia útil. Fink (1995) é um excelente guia para criar pesquisas de levantamento. Bryman e Cramer (2001) é útil para a etapa de análise de dados. Para os que querem reunir dados por meio de pesquisas de levantamento *on-line*, Best e Krueger (2004) oferecem sugestões úteis.

Quer o método de estudo de casos ou o método comparativo sejam usados ou não, cada pesquisador qualitativo precisa de auxílio prático nas primeiras etapas. Miles e Huberman (1994) oferecem um excelente apanhado geral de como programas de computador podem ser úteis. Gibbs (2002, 2007) e Bazeley e Richards (2000) entram em mais detalhes usando os últimos tipos de *software*. É preciso aumentar o aconselhamento técnico com um guia mais interpretativo: ou Miles e Huberman (1994), que encorajam a criatividade e a inovação em interpretação qualitativa, ou conselhos gerais sobre construir um argumento que encoraja o escritor a evitar numerosas armadilhas comuns (Weston, 2002).

parte 7

Sugestões finais sobre os conceitos de coleta de dados

40
Fatos

Nos capítulos anteriores, apresentei conceitos que aparecem nos processos de coleta de dados qualitativos, quantitativos e de metodologia mista. Referi-me a fatos algumas vezes como algo que pode resultar do processo de coleta de dados padrão. Nesse ponto, quero fazer uma pausa e refletir por um instante sobre o *status factual* dos resultados. É útil saber sobre os fatos a fim de ter confiança na construção de argumentos científicos ou éticos. Ter clareza sobre "fatos" tem várias vantagens. Por exemplo, se você tem "fatos", você pode ser um autor mais convincente para certos públicos, tais como jornalistas ou especialistas em políticas governamentais. Outra vantagem de ter fatos é sentir confiança sobre seu próprio argumento e deixar os fatos desempenharem um papel de apoio a argumentos mais complexos sobre os quais você pode não sentir tanta certeza. Neste capítulo, exploro a existência de fatos, discuto os tipos de fatos sobre os quais podemos sentir confiança, e concluo com a atitude de questionamento que me faz pensar que a maior parte da boa ciência é "falível" mesmo que faça referência a fatos.

O desafio atual para aqueles que alegam ter "fatos" ou ciência factual vem daqueles que se preocupam sobre a licença de agir que pode ser derivada desta base "factual". Isso exige explicações adicionais para que certos tipos de fatos possam ser considerados verdadeiros, enquanto argumentos – que não são fatos – são estipulados de maneira mais saudável. Uma alegação é uma sentença de um argumento mais longo que afirma que alguma coisa é verdade; alegações podem ser um mistura de alegações sobre o mundo e alegações de que algo é verdade em geral. Aquelas são mais testáveis, ao passo que estas tendem a incluir algumas asserções normativas ou éticas e a serem mais gerais ou mesmo universais (Weston, 2002). Alegações devem basear-se em raciocínio, e raciocinamos por meio de diversos métodos em vez de apenas afirmar que algo é "factual" quando o que realmente pretendemos é formular um argumento complexo. Dois exemplos podem ser usados para ilustrar enunciados factuais simples que precisam ser expressados de uma maneira concreta e rigorosa:

1. Um feto nas seis primeiras semanas de seu desenvolvimento no útero não tem consciência humana.
2. Estimativas estatísticas indicam que o aumento de salário associado à educação não é obtido por homens e mulheres na mesma medida.

Para os fins desse exercício, vamos supor que dispomos de um dicionário consensual de psicologia com uma definição amplamente aceita de consciência humana e que alguns dados realmente apoiam uma regressão do tipo geral mencionada no segundo enunciado. Existem três principais razões pelas quais afirmativas como 1 e 2 com frequência *não* são consideradas factuais.

A primeira razão é que elas são muito amplas em sua aparente abrangência para funcionar bem como alegações factuais universais ou muito gerais. Como alegação, o primeiro enunciado parece se aplicar a qualquer lugar em que encontramos seres humanos, mas uma definição dicionarizada de consciência humana – ou qualquer definição normativa de consciência humana – tende a ser inclinada em uma ou em outra direção pelas normas locais embutidas parcialmente na linguagem daquele dicionário. O primeiro enunciado poderia funcionar como uma declaração factual se ele pretendesse se referir apenas a uma população linguística, cultural e regional específica. Mas ele precisaria ser revisado, talvez como mostrado a seguir.

1a. Considerou-se que um feto nas seis primeiras semanas de seu desenvolvimento no útero não tem consciência humana como reconhecido por ateus nos Estados Unidos no século XX.

Uma vez que não ateus nos Estados Unidos no século XX não definiriam "cons-

ciência humana" da mesma maneira que seus equivalentes ateus, a afirmativa não seria verdadeira sem a cláusula específica "por ateus". Ofereço essa revisão apenas como uma ilustração aproximada e temporária de como podemos tornar um enunciado mais concreto, local e particular para que possamos passar de uma alegação "geral falsa" para uma alegação factual "verdadeira, mas estreita". O enunciado 1a é realmente sobre o mundo. Ele pode ser testado. O enunciado 1, contudo, é meio abstrato. Prosseguiríamos para uma busca por evidências relevantes se quiséssemos pesquisar mais. Poderíamos, por exemplo, começar a estudar as evidências para uma alegação semelhante:

1b. Um feto nas seis primeiras semanas de seu desenvolvimento no útero não apresenta sinais de consciência humana como definida por cientistas nos Estados Unidos no século XX.

Deve estar claro agora que a natureza "factual" de um enunciado concreto como 1a e 1b poderia ser considerada tanto por ateus como por não ateus uma questão que poderia ser resolvida por referência a dados. Se uma declaração não é concreta e tem uma qualidade universal ou temporal, ela propende mais a ser fundamentalmente contestável.

Uma segunda questão é que os dados subjacentes à declaração podem ser questionados de muitas formas. O segundo enunciado pode ser usado para ilustrar esse problema. Os dados sobre salários podem ser questionados em termos do registro dos salários. Poderia-se examinar se os salários dos homens e das mulheres são registrados ou fixados de maneira diferente, talvez para compensar as horas extras não remuneradas que as mulheres não fazem. Se houvesse mais horas extras não remuneradas para homens do que para mulheres e os salários fossem ajustados para cima para levar isso em conta, os salários dos homens pareceriam mais altos – mas os salários dos homens por hora *realmente trabalhada* poderiam não ser mais altos. Outra questão poderia ser se algum fator externo explica e causa a diferença e se, depois de controlar esse fator (p. ex., esforço, talento, desejo de promoção ou capacidade de planejar), os salários das mulheres seriam vistos como justos. O alcance da declaração – que deriva de uma amostra, uma conclusão sobre uma ampla população – também poderia ser exagerado. O ponto de referência factual é mais limitado do que o enunciado geral parece implicar. Mais uma vez, uma revisão da declaração poderia ajudar muito a torná-la mais factual.

2a. As estimativas estatísticas para o Reino Unido entre 2004 e 2007 mostram claramente que o aumento nos salários (por hora de trabalho remunerado) associado à educação não é obtido na mesma medida pelas mulheres que pelos homens, *ceteris paribus*.

Mais uma vez, esse enunciado tem uma clara referência ao mundo real. Ele é concreto e pode ser testado. A expressão *ceteris paribus* pode ser lida de duas maneiras. Ela deve ser traduzida do latim como "mantidas inalteradas todas as outras coisas". Isso significa que os salários dos homens excedem os das mulheres depois de controlarmos fatores que foram colocados na estimativa estatística. Mas *ceteris paribus* também pode ser interpretada como "podendo todos os outros fatores variarem como acontece na população real", os quais, na verdade, não são iguais. Assim, muitas mulheres são trabalhadoras domésticas não remuneradas e por isso não são incluídas na população de trabalhadores assalariados; muitos homens têm diversas promoções que as mulheres não têm, e assim por diante.

A pretendida referência ao mundo deve realmente ser limitada à situação exata que foi o escopo da coleta de dados. Com seu ponto de referência concreto, informando o país e as datas, o enunciado revisado 2a é muito mais claro e poderia ser defendido com mais facilidade como factual – e, sem dúvida, alguns dados o apoiam.

O terceiro problema em chamar alguma coisa de "factual" é que você pode ofender alguém com as nuances da declaração (Olsen, 2007b). Em ambas as declarações 1 e 2, existem pistas sobre o que é justo e correto – a primeira declaração parece talvez se relacionar às operações em gestantes, e a segunda declaração parece se relacionar a uma injustiça sobre a desigualdade salarial. Os críticos dos "discursos factuais" receariam que o uso de fatos em argumentos leve o argumentador para um território por eles moldado e mapeado com os truques discursivos das declarações. Desse ponto de vista, quase todas as declarações são potencialmente controversas. Possíveis respostas seriam oferecer uma declaração concorrente, rejeitar a ética embora aceitando o fato se ele for verdade ou talvez criar um espaço diferente para um tipo diferente de argumento. Foucault (1980) e Harding (1999) fornecem excelentes descrições sobre por que os debates sobre o enquadramento dos fatos importam tanto. Outra fonte útil é Fairclough (2001), que explica como fazer análise do discurso. Não é muito útil simplesmente alegar que "não existem declarações factuais" sem desenvolver um modo alternativo de obter conhecimento e expressar tal conhecimento em palavras. Do contrário, nada poderia ser verdade e jamais saberíamos se qualquer afirmativa é verdadeira ou falsa!

Até aqui, apresentei três argumentos contra a existência de fatos. O terceiro é o mais convincente. Os dois primeiros ajudaram a dar conselhos sobre a coleta de dados. Se você quer reunir ou desenvolver alguns fatos, esteja preparado para citar esses fatos de forma concreta como estritamente verdadeiros em um determinado tempo e espaço, apoiados por evidências e cuidadosamente formulados para limitar a ambiguidade sobre a quem eles se referem. É adequado analisar um conjunto de fatos, antever críticas, verificar as evidências e trabalhar sobre como elas se encaixam – esperando que não haja inconsistências – como uma forma de fazer progresso em um projeto de pesquisa.

Mas fatos não são suficientes para bons argumentos científicos. Talvez surpreendentemente, fatos não são tudo que constitui os argumentos. Um bom argumento tem uma forma ou estrutura e existem muitos tipos deles (Fisher, 1988, 2001). Existem argumentos persuasivos que encorajam o leitor a tomar uma determinada posição. Eles geralmente passam das premissas para fatos e evidências, concluindo com um juízo de valor e uma exortação. Em um argumento persuasivo, algumas premissas geralmente evocam uma posição normativa. Outro tipo de argumento é a discussão de explicações teóricas concorrentes que concluem que uma é melhor do que outra. Existem diversas variações nesse tema argumentativo: que a melhor teoria é aquela que abrange todas as outras; que a pior teoria tem fatos falsos que os embasam de forma crucial; que a abrangência de uma teoria de má qualidade é muito limitada; e que a teoria precisa ser revisada para abarcar uma ampla gama de casos; e assim por diante.

Um terceiro tipo de argumento é um teste científico. A estrutura desse argumento poderia ser mais ou menos assim:

> Reunimos dados compatíveis com a teoria A e seu subelemento B.
>
> Organizamos os dados para testar B.
>
> O teste falha, e B é falseado.
>
> Desde que A implica B, e B é falso, A deve ser falso.
>
> Portanto, uma nova teoria será necessária quando uma alternativa para B for examinada cuidadosamente.

O problema com esse argumento é meio óbvio. Observe-o atentamente e veja se você é capaz de encontrar seu ponto fraco. Leia Fisher (1988) e Weston (2002) para mais ajuda com a construção de argumentos científicos sólidos. Eles aconselham que você especifique com muito cuidado e talvez retorne e teste ou reavalie eventuais premissas fracas. Como resultado, você desenvolve uma cadeia de raciocínio explícito.

O problema com o argumento científico oferecido é que toda a teoria A não foi testada. A continua sem teste enquanto B, seu subproduto, foi falseado. Um exemplo seria se um teste do enunciado 1a fosse executado verificando se fetos nas seis primeiras semanas de seu desenvolvimento eram capazes de responder a estímulos sonoros externos. (Esse é um teste melhor para a afirmativa 1b do que 1a.) A teoria A seria desde o início uma teoria consensual de definição da consciência humana retirada de um dicionário. B poderia ser um enunciado implícito: bebês, como todos os seres humanos, devem responder a estímulos sonoros externos mesmo nas seis primeiras semanas de seu crescimento no útero. Se eles não respondem, B é refutada. Mas A ainda não foi refutada. Podemos modificar A porque ela não depende muito de B e ainda tem a alegação de que A é verdadeira, mas B foi refutada. Quine e Duhem (Quine, 1953) argumentaram que como os argumentos de falseabilidade ou refutação científica tipicamente possuem uma estrutura como a apresentada acima, eles são fracos. Enquanto mantém os cientistas ocupados com experimentos, a falseabilidade ou refutação não resolve o maior problema de chegar à verdade na ciência. Um resumo é dado por Smith (1998, cap. 3), e uma discussão adicional é dada por Sayer (1992, capítulos 1, 2 e especialmente 8).

Em geral, bons "argumentos" contêm uma série consistente de declarações das quais algumas são premissas e algumas são conclusões. Um argumento, diz Fisher, tem tanto informações intermediárias como finais. O conselho de Fisher surge de diversas fontes, incluindo lógica simbólica e alguns dos escritos filosóficos de Aristóteles, notavelmente *Retórica* escrito em torno de 300 a.C (Aristotle, 2007). Fisher analisa alguns textos mais longos para identificar os elementos essenciais de seu argumento. Entre seus exemplos de argumentos, Fisher oferece algumas declarações abrangentes que geralmente caem na lista de premissas. O leitor de um "fato" dentro de um argumento, ou argumento factual, precisará estar pronto para concordar com todas as premissas, senão será necessário que o autor do argumento retroceda e prove suas premissas.

Em muitos argumentos científicos, certas premissas são difíceis senão impossíveis de provar. Exemplos de declarações abrangentes incluem "o modelo de escolha racional das decisões humanas é correto" como um ponto de partida na economia, e "o id e o ego operam juntos de maneiras implícitas para gerar saúde psicológica" na psicologia freudiana. Na política, uma declaração comum é "os governos dos países atuam somente e sempre para proteger seus interesses básicos". Essas premissas básicas só serão aceitáveis para uma parte do público mundial. Muitos autores compilam fatos para um público limitado, por exemplo, para as pessoas em sua disciplina ou em um determinado local de trabalho. Um relato anual é um conjunto de fatos sobre uma empresa escrito pelos contadores daquela empresa. Eles são factuais naquele contexto, mas são vistos como um construto social por aqueles que fazem contabilidade crítica e a sociologia das finanças. A natureza factual de uma declaração ou de um argumento é em grande parte referente ao ponto de vista do grupo que recebe ou interpreta todo o argumento.

Tomando muito cuidado em sua construção, podemos criar bons argumentos que são muito difíceis de questionar. Bons argumentos científicos têm uma dependência crítica de evidências sólidas. Evidências factuais desempenham um papel de reforço aos argumentos, mas não são suficientes para tornar um argumento forte. Um argumento justificado é aquele que tem fortes premissas, faz referência ao mundo real e tem algumas evidências nele que foram reunidas e podem ser expostas para escrutínio de modos compatíveis com o argumento (Olsen and Morgan, 2005).

41
Realidade

É importante lembrar que fazendo coleta de dados estamos tentando representar a realidade, não apenas nossos conceitos e nossas suposições prévios. Não adianta simplesmente ter uma forte suposição sobre algumas coisas, operacionalizando-as, e depois provar que o mundo funciona exatamente como você achava que ele funcionava.

Contudo, para entender a etapa de coleta de dados, é preciso refinar a questão de pesquisa em uma etapa anterior para que qualquer marco conceitual que supõe ser verdadeiro *não* esteja sendo testado. Um conjunto tão amplo de suposições deve ser sensato. Para a maioria dos pesquisadores qualitativos, isso implica tentar iniciar quase com uma lousa vazia e estar preparado para aceitar quase qualquer nova descoberta. A razão é que cada situação social é única e mostrará diferenças comparada com generalizações do passado. Cada projeto qualitativo é único em seus resultados.

Por outro lado, quando tratamos de projetos de base mais sistemática, geralmente existe um conjunto de alegações que precisa ser aceito desde o princípio, tais como "o suicídio resulta de uma mistura de fatores sociais, institucionais e psicológicos".

Para um pesquisador qualitativo, o próprio "suicídio" é destrinchado e explorado imediatamente e a validade da generalização inicial não pode ser dada como certa. Mas para a etapa quantitativa ou estatística de um projeto, pode ser útil aceitar essa declaração como natural e então formular uma hipótese interessante dentro desse quadro de referência. É preciso estipular definições sensatas para conceitos básicos, tais como suicídio. Explicitá-los tende a aperfeiçoar a pesquisa.

Uma hipótese interessante não surgiria simplesmente por "dedução", como uma previsão semelhante a uma lei a partir da declaração inicial. Em vez disso, a hipótese poderia surgir durante a revisão da literatura a partir de alguma esquisitice, exceção, diferença de experiência ou supersimplificação eticamente preocupante geralmente aceita na literatura. Por exemplo, se perseguirmos o projeto à procura de explicações para o suicídio, poderíamos ter isso como a hipótese controversa: "Os suicídios das mulheres são com frequência erroneamente tomados como psicológicos, precisando, em vez disso, serem pluralisticamente vistos como influenciados por fatores institucionais e estruturais, e não simplesmente como tragédias pessoais".

Para continuar com isso, uma hipótese detalhada sobre os homens poderia ser apropriada, ou talvez focalizássemos em mulheres jovens ou em algum outro subgrupo. Considere a seguinte extensão da hipótese: "Os suicídios dos homens se dividem em dois grupos: homens jovens atingidos por questões de *status* e dignidade em um ambiente social consumista, e homens mais velhos angustiados por conflitos intrafamiliares". Se houvesse dados disponíveis para explorar essas hipóteses, a questão de pesquisa geral poderia ser reformulada para envolver todo o projeto.

Você pode transformar esse exercício em uma questão de pesquisa: "Como fatores de gênero e grupos etários influenciam a causalidade do suicídio, uma vez que as causas do suicídio em geral possuem múltiplos níveis, são complexas e incluem fatores sociais holísticos, institucionais locais e psicológicos pessoais?". Agora um projeto interessante vai dar resultados. Penso nessa etapa como de preparação para que o projeto reflita a realidade. Existem três técnicas de coleta de dados que podem ajudar tanto pesquisadores de orientação qualitativa quando de orientação quantitativa a desenvolverem seu conhecimento da realidade concreta durante seu projeto de pesquisa. As técnicas são: manter um diário de campo, desenvolver informantes especializados e estudar tendências históricas e organizacionais.

Manter um diário de campo é normal em antropologia, mas raramente são ensinados bons hábitos de operação aos alunos em cursos em que análise de dados secundários é usual.

Um diário de campo é uma coleção de pensamentos escritos à mão sobre o cenário da coleta de dados. Para um pesquisador de campo, esses incluirão notas de conversas, endereços dos entrevistados e comentários sobre como antigas teorias estão sendo refutadas por eventos sobre os quais futuros detalhes serão coligidos.

O diário de campo geralmente inclui *brainstorming* e ideias para tarefas posteriores. Ele é um livro de capa dura ou encadernado em espiral, não um computador portátil. Inclui notas sobre erros, problemas, traduções, mal-entendidos, linguagem leiga e gírias comparadas com conceitos acadêmicos e respostas políticas ou práticas à pesquisa. O diário de campo pode conter, no início, um resumo do projeto em uma folha e, no fim, uma cópia do termo de consentimento informado padrão. Ao encontrar novas pessoas, o pesquisador de campo simplesmente mostra esses documentos para remover qualquer dúvida sobre o que está sendo feito. Pode-se obter consentimento verbal dos entrevistados antes de iniciar o processo de entrevistas a sério. Uma cópia impressa da carta de consentimento informado pode ser fornecida ao entrevistado ou pode-se fazê-lo assinar uma cópia. O consentimento verbal bem-informado significa aprovação ética e, uma vez concedido, a pesquisa pode, na maioria dos casos, seguir adiante.

Para um pesquisador secundário, pode-se dizer: não há "campo" de estudo; "não há campo de trabalho". Alguns poderiam dizer que nesse caso tampouco há necessidade de aprovação ética. Esses juízos errôneos tendem a nos dar uma imagem que coloca o pesquisador em outro planeta estudando a esquisitice conhecida como Terra. Em vez disso, é melhor considerar que podemos ler os jornais, as revistas, as publicações do governo e outras fontes sobre as localidades abrangidas pelos dados. Um diário de campo então registra notas coligidas dessas diversas "vozes" ou "fontes". O modo como sua perspectiva difere daquela obtida na pesquisa levanta várias questões sobre a serventia, a compreensibilidade e a validade da pesquisa – ou pode sugerir que escritores leigos estão na verdade errados. O analista de dados secundários também pode realizar pesquisa com metodologia mista. Ele pode visitar locais de pesquisa específicos sob exame, com aprovação ética, evidentemente, para poder discutir a pesquisa com pessoas que são típicas daqueles locais nos dados secundários. Em campo, pode-se executar grupos de foco e outra pesquisa suplementar. Para um pesquisador com metodologia mista conduzida por dados secundários, um diário de campo é necessário. Ele também ajuda no registro de erros de percepção comuns que podem, posteriormente, precisar ser redigidos.

O uso de informantes especializados também é típico de antropólogos de campo e em estudos do desenvolvimento (Thomas et al., 1998).

Qualquer pessoa pode ser um informante especializado, mas não pode haver muitos. É importante que essas pessoas possam e encontrem tempo para se reunir com os pesquisadores durante múltiplas visitas para que diversos pontos de interpretação possam ser esclarecidos. Todos os pesquisadores precisam de informantes especializados, e pesquisadores qualitativos e de metodologia mista são os que mais precisam deles.

Ao utilizar informantes especializados, anotações e concordância em relação aos resultados são importantes. Ninguém deve coletar dados veladamente, pois isso não seria ético. A aprovação ética para um projeto deve incluir o modo como os pesquisadores abordam outros especialistas. Informantes especializados muitas vezes não desejam ser citados. Eles podem ter seus motivos pessoais para isso. Eles podem, contudo, oferecer seus *insights* sem estarem formalmente ligados ao projeto. Eles podem atuar como mentores ou oferecer colaboração.

Mas cuidado com quem são seus informantes. Os habitantes locais provavelmente não possuem experiência de pesquisa, e pessoas de organizações podem ter agendas prementes. Isso exige um tratamento ético escrupuloso. Por outro lado, outro grupo útil é o de especialistas acadêmicos – possivelmente pode haver alguns em seu local de estudo. Acadêmicos são amplamente conhecidos por serem intelectuais públicos preparados para que suas ideias fiquem registradas (Fuller, 2005). É de boa educação conferir com eles alguma citação, mas eles não são como outros entrevistados que podem ter pouco poder público ou voz própria. Em conclusão, adquirir conhecimento profundo discutindo sua pesquisa ou os seus resultados com especialistas locais e outros é uma excelente maneira de ampliar a base de validade dos resultados. Isso também pode ajudar com nuances e sutilezas que talvez você não tenha de antemão considerado importantes.

Muitos sociólogos promovem a ideia do pesquisador como um intelectual público que assim pode escrever cartas para jornais, fazer palestras públicas, participar de diálogo participativo ou democrático, levar evidências para comitês oficiais e integrar instituições públicas como especialista. O diário de campo é um modo de desenvolver seu conhecimento especializado como intelectual público – ensaiando discussões com adversários ou outros, explicando ideias de modo que elas possam ser compreendidas por leigos, reinterpretando o que os jornais dizem em uma linguagem mais clara e mais concisa para verificar se elas são corretas.

Entre acadêmicos, pode não haver necessidade do consentimento informado usual por escrito. Se você entrevista um especialista publicamente, pode ser mais como jornalismo do que como pesquisa. De qualquer forma, você pode obter consentimento informado no início de um encontro dizendo educadamente: "Estou fazendo um projeto sobre ————. Você se importaria se eu citasse algumas de suas declarações nesta entrevista? Em caso afirmativo, eu lhe garanto que uma cópia do texto lhe será enviada antes de sair da minha mesa, quer seja uma paráfrase ou uma citação textual. Ou você prefere que eu cite seu trabalho publicado?". Esse pedido educado oferece-lhes um modo de prestar informações secretamente, caso queiram.

Também é importante estudar a história e a cultura organizacional que cercam sua área de estudo. Os estudos estatísticos, em especial, às vezes carecem de um embasamento histórico. A maioria das "razões para as coisas que estão acontecendo" tem sua origem nos eventos históricos que estão atrás das estruturas e instituições de hoje. Fazer leituras sobre a história política e econômica de um país ou região é absolutamente imprescindível para qualquer bom estudo. Leituras adicionais sobre fatores sociais, culturais e étnicos também são muito úteis. Durante essa leitura de base, não procure apenas por fatos. Observe os pontos de vista, as perspectivas e os marcos conceituais utilizados pelos diversos autores. Leia extensamente. Contate jornalistas ou historiadores se puder. Discuta o passado recente com decisores políticos – a conversa pode ser muito útil!

A cultura organizacional é um fator sutil, porém, importante, que influencia os resultados a longo prazo. As diferenças de experiência – por exemplo, diferenciando grupos étnicos – com frequência são grandes, mas mascaradas pelos discursos "oficiais" de igualdade. Leia sobre as diferenças entre grupos sociais diferentes. Quais são visivelmente diferenciados? Quais são minorias? Quais são dominantes? Quais porventura são isolados – talvez deliberadamente? Por que e como isso está acontecendo? Essas notas de base podem ser úteis quando você estiver interpretando seus próprios resultados.

Assim, para resumir: por mais que o projeto de pesquisa seja bem planejado, ele geralmente pode se beneficiar de algumas técnicas investigativas extras. Estas conectam o pesquisador a uma realidade social contínua em vez de deixá-lo em sua torre de marfim. Existe inclusive o perigo de que um estudo excessivo em torre de marfim pode deixa-lo enfadado. É por isso que neste capítulo enfatizei uma polaridade entre ideias puras exploradas por um acadêmico isolado em uma torre de marfim e ideias fundamentadas testadas em campo que são compatíveis com a realidade social em um sentido concreto mais particular. Mantenha em mente as três técnicas de testagem da realidade apresentadas acima:

- ✓ Mantenha um diário de campo para rastrear seus erros e suas surpresas.
- ✓ Use informantes especializados como mentores que lhe dizem coisas que você não sabia antes.
- ✓ Leia sobre a história de seu assunto para adquirir uma noção de como as coisas se desenvolveram até o momento de sua pesquisa.

Esses ponteiros são na verdade apenas bom senso, mas eles também resultam do ponto de vista "realista". Realistas alegam que a realidade – com todos os seus discursos leigos confusos – deve ser valorizada em si mesma e que ideias acadêmicas devem ser capazes de serem testadas, pois devem refletir e representar a realidade.

42
Retrodução

A etapa de coleta de dados de um projeto de pesquisa precisa permitir que ocorra retrodução. Retrodução significa, resumidamente, "perguntar por que", e já foi mencionada várias vezes neste livro (ver Caps. 10 e 35). Talvez seja preciso colocar a retrodução em contexto e compará-la com indução e dedução, de modo que a estratégia de coleta de dados sugerida aqui possa ser vista como coerentemente capaz de mesclar todas essas três abordagens de pesquisa. Neste capítulo, explico uma abordagem coerente da indução e dedução que tornará o contexto muito claro.

Em primeiro lugar, nenhum projeto de pesquisa pode ou deve ser totalmente indutivo. Já defendi esse ponto em certa profundidade alhures (Olsen e Morgan, 2005; Morgan e Olsen, 2008), assim como fizeram outros anteriormente. Teoricamente, um projeto totalmente indutivo reuniria muitos pequenos detalhes e depois desenvolveria uma teoria geral ou uma série de pequenas generalizações fundamentadas nos detalhes. Tanto a teoria fundamentada quanto a análise de conteúdo com frequência são retratadas como se fossem totalmente indutivas.

De acordo com meu modo de pensar, é um excelente acréscimo a essas metodologias aumentar a indução acrescentando-se retrodução. Assim, faríamos uma pausa a meio caminho do projeto, revisaríamos o que foi aprendido até então e depois reconsideraríamos a etapa de coleta de dados. Queremos manter a coleta de dados para responder a perguntas dos seguintes tipos:

1. O que fez com que os dados originais apresentassem os padrões que apresentaram? Essa pergunta inclui: por que eu parti do tema que tinha definido no início? Houve razões teóricas? Nesse caso, elas foram boas ou aquela teoria apresenta alguns problemas? Ou houve razões éticas e, neste caso, que mais preciso saber a fim de desenvolver um bom argumento ético sobre o tema?

2. O que faz com que casos únicos, inusuais, desviantes ou inexplicáveis assim se revelem? Aqui, pode inicialmente parecer que é preciso especular. Mas a especulação científica também é um tipo mais formal de lógica que é muito mais semelhante ao discernimento. Precisamos indagar (a) se as teorias usuais podem explicar o inusual e, neste caso, por que inicialmente isso não foi percebido? e (b) se as teorias usuais não explicam o inusual, o que poderia fazê-lo? Que tipo de nova teoria eu preciso? Que nova adição ao léxico me ajudaria a discernir significados, explicações ou uma interpretação global que ajude a dar sentido a esses casos incomuns?

3. Quais são os complexos pontos de vistas e as perspectivas que estão por trás dos resultados contraditórios nessa pesquisa? Ou, em outras palavras, quais são as fontes de tensão e o que aprendemos que já não se sabia sobre essas tensões? Como outras pessoas interpretam os mesmos dados (ou eventos)? Por que até aqui suas interpretações são diferentes dos resultados dos pesquisadores?

A primeira dessas perguntas está sondando os dados. A segunda está evitando o excesso de generalização, mas buscando razões e causas. A terceira das questões está levando em conta vozes contraditórias. Essas três perguntas são todas formas específicas de retrodução.

Tradicionalmente, discutiu-se retrodução sobretudo com respeito aos modelos explicativos (Sayer, 1992, 2000; Bhaskar, 1975). Retrodução implica diversas formas de investigação que não se encaixam facilmente com um método indutivo simples. Para ver o método indutivo arquetípico, consulte a abordagem de indução de Blaikie (2000), a qual ele rotula como uma de quatro "estratégias" de pesquisa. Em sua parábola dos pesquisadores do espaço sideral, ele presume que o grupo indutivo não usa métodos retrodutivos, o grupo retrodutivo não usa métodos dedutivos, e assim por diante. Contudo, se simplesmente redefinirmos "retrodução" e "indução" como modos de análise a curto prazo, e não como "estratégias" ou metodologias inteiras de pesquisa, evitamos muitos problemas na pesquisa. Em resumo, as três perguntas são simplesmente tipos de análise a curto prazo e podem nos levar a outros tipos, tais como dedução, testagem de hipóteses, mais coleta de dados e mesmo de volta à indução. Parece mais sábio misturar momentos indutivos e retrodutivos em vez de vê-los como mutuamente excludentes.

Um breve resumo das três perguntas é uma maneira útil de analisar a retrodução. O pesquisador pergunta: por que estes dados, por que estas coisas aconteceram desta forma e como as pessoas interpretam as coisas – o que significa também perguntar por que as pessoas veem as coisas como veem. Ao operar dessa maneira, o usuário de retrodução não é apenas um cientista, mas também um ser humano. Ele se importa com o que as pessoas pensam, mas ele não se deixa cegar pelo que as pessoas dizem. Ele se importa com os dados, mas não se limita a um único tipo ou a um único conjunto de dados. Ele é um investigador.

De todas as três maneiras, a retrodução é apenas mais uma técnica em um arsenal. Ela é uma técnica que desperta a curiosidade do pesquisador; ela não oferece um protocolo simplificador mas uma guia frente à complexidade. Retrodução também é muito diferente de dedução.

De acordo com a apresentação usual da dedução como uma "estratégia" de pesquisa, partimos de uma teoria e formulamos algumas previsões. Os dados são então coletados (compatíveis com a teoria), e as previsões são comparadas com os dados. Caso elas não combinem, a dedução é falsificada. Ainda mais do que no caso da dedução, esse é um método de pesquisa fraco. Ele é muito limitado porque ele não aconselha sobre como criar uma teoria. A maioria dos autores aconselha que indução é um método de geração de teorias e dedução é um método de testagem de teorias. Neste livro, apresentei o caso de indução e dedução trabalhando paralelamente à retrodução em uma abordagem investigativa geral. Os três modos de análise podem ser usados em qualquer ordem, repetidamente, com retornos aos dados (ou a novos dados) em qualquer etapa. Como Danermark e colaboradores (2002), sugiro que as etapas da pesquisa não precisam ser uma linha do tempo, e sim uma guia de atividades. Portanto, a coleta de dados pode acontecer até os últimos momentos de redação do estudo. Em um estudo com dados primários, as últimas semanas podem ser usadas para repassar leis relevantes, ao passo que em um estudo com dados secundários pode-se decidir fazer uma visita de campo antes de finalizar a redação dos resultados. A dedução em si pode desempenhar um papel na redação do estudo, pois é útil saber quais hipóteses ou alegações são apoiadas e quais são falsificadas por um dado conjunto de resultados de pesquisa. Ela é um modo útil de apresentar resultados, mas não é suficiente como metodologia inteira de pesquisa.

Blaikie (1993, 2000) acrescenta uma discussão séria de "abdução" ("capturar o fenômeno" de dentro, o que é semelhante às abordagens etnográficas) que não vou reproduzir aqui. Também é interessante assinalar que Potter (1999) vê os quatro modos como mutuamente excludentes. Isso porque existem disciplinas e subdisciplinas inteiras baseadas em apenas um dos quatro modos de análise. A antropologia geralmente se baseia na abdução, e a psicologia animal ou a economia poderiam ser vistas como baseadas na dedução. As razões pelas quais esse é um modo insensato de ministrar "disciplinas de ciências sociais" foram mencionados várias vezes neste livro e podem ser rapidamente resumidas aqui.

Em primeiro lugar, as disciplinas devem ser coerentes umas com as outras, e não contraditórias. Em segundo, as disciplinas devem ter temas de pesquisa que possam ser mesclados em todas as suas fronteiras sobrepostas, e por isso o treinamento dos pesquisadores não deve se restringir a apenas um ou dois modos de análise. Em terceiro lugar, retrodução é uma técnica geral tão boa auxiliando no planejamento da pesquisa, na execução do projeto e na redação, que ela não deve ser negligenciada por qualquer pesquisador. Em quarto lugar,

uma disciplina inteira baseada na "indução" seria contraditória porque ela obviamente estaria treinando seus alunos em teorias que foram passadas por outros métodos que não a indução. Quinto, uma disciplina inteira baseada exclusivamente em dedução não teria como produzir uma teoria e tampouco poderia lidar com anomalias reais. Por fim, uma disciplina inteira totalmente baseada em abdução, se com isso quisermos dizer imersão em situações sociais, careceria do conhecimento que vem de conhecer diversos pontos de vista e, ao mesmo tempo, ser capaz de explicar aquilo que pessoas de dentro de uma situação não podem ver com clareza porque estão um pouco cegas por seu próprio ponto de vista.

A coleta de dados é uma parte importante da pesquisa social porque temos a oportunidade de reunir evidências empíricas para serem aplicadas a problemas sociais. Pensar sobre os dados e retornar às fontes de evidência são etapas importantes da pesquisa, e por isso a coleta de dados pode estender-se por mais tempo do que inicialmente você havia pensado. Ela pode continuar em conjunto com pensamento, análise, interpretação, compreensão, aprendizagem, atuação, expressão e compartilhamento. A coleta de dados sustenta muitos projetos de pesquisa.

LEITURAS ADICIONAIS PARA A PARTE 7

Nesta parte do livro, resumi argumentos sobre ciência e o desenvolvimento de um argumento explicativo. Minha abordagem é muito ambiciosa e eu espero principalmente apresentar uma discussão consistente aqui, não inovar nesta importante área da ciência. Já se dedicou muito esforço no esclarecimento dessas questões. Smith (1998) apresenta uma história das principais escolas do pensamento em ciência. Smith explica o prolongado ataque ao positivismo e dá uma explicação convincente de por que o pós-estruturalismo e o realismo hoje são tão populares nas ciências sociais. Na prática, eles substituíram o positivismo. Smith (1998) oferece o melhor apanhado geral de como parte da ciência social pós-moderna começou a ganhar a fama de ser confusa e permeada de inconsistências.

Para superar acusações de um cisma, alguma coisa precisa ser feita em relação ao paradoxo de que indução e dedução (como metodologias) são incompatíveis. Pior ainda, argumentei, cada uma delas é incompleta se muito mais esforço não for dedicado a um delineamento de pesquisa e à combinação de formas de análise. Blaikie (2000) oferece uma excelente parábola de pesquisadores marcianos que se lançam de pára-quedas na Terra para fazer um projeto de pesquisa e depois se dividem em quatro equipes. Essa história é um lembrete útil de que a indução sozinha não é suficiente para pesquisa.

Para ler o contexto sobre as escolhas do delineamento de pesquisa, vale a pena dedicar tempo a um dos livros metodológicos de alta qualidade. Um livro de fácil leitura é o de Bryman (1988). Como muitos dos outros livros mencionados aqui, este livro foi reimpresso desde sua publicação original por conta de sua popularidade. Ele oferece uma base sólida para metodologia mista. Um amplo apanhado geral para pesquisadores de avaliação, também apropriado para pesquisa de mercado, é oferecida por Pawson e Tilley (1997). Para pesquisa de estudo de casos, Ragin (1994) é indispensável.

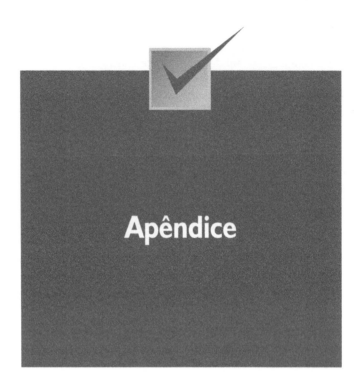

O apêndice tem duas partes. Em primeiro lugar, apresentamos um aviso básico de saúde e segurança para membros de equipes de pesquisa que trabalham em um ambiente rural. Segundo, apresentamos um formulário básico de um termo de consentimento informado que os participantes de um projeto de pesquisa podem ser solicitados a assinar. Estes modelos podem ser usados como base para documentos mais cuidadosamente talhados para ajudar na etapa de aprovação ética de coleta de dados em um projeto que envolve trabalho de campo.

DOCUMENTO A1. PROTOCOLO PARA MANEJO DA SAÚDE, DA SEGURANÇA E DO RISCO

| Referente ao Projeto sobre ABC (Ref %$£"%) | LOGOTIPO DA INSTITUIÇÃO AQUI | DATA AQUI |

A segurança pessoal de cada pesquisador neste projeto está sujeita ao treinamento e à orientação deste protocolo.

1. Treinamento

O Assistente de Pesquisa neste projeto e os eventuais assistentes de pesquisa adicionais que vierem a trabalhar com ele devem ler sobre "ética e consentimento informado" antes de iniciarem o trabalho de campo. Por exemplo, eles podem ler a orientação ética da Associação Britânica de Sociologia e, se quiserem, podem ler também as orientações éticas da Associação de Pesquisa Social.

Qualquer assistente de pesquisa empregado que deixa a CIDADE X a fim de realizar trabalho de campo neste projeto deve preencher um termo de avaliação de risco de acordo com os procedimentos normais da UNIVERSIDADE Y.

Além disso, as seguintes orientações sobre segurança devem ser abordadas entre os membros da equipe de pesquisa ao sair em campo.

2. Orientação sobre segurança

Ao planejar o trabalho em aldeias, providencie o transporte antes de sair para a aldeia e certifique-se de ter água suficiente e tempo suficiente para retornar antes do anoitecer. Se você decidir passar a noite na aldeia, certifique-se de providenciar acomodação adequada antes de anoitecer.

Ao trabalhar no ambiente da aldeia, atente para os conflitos que possam ter precedido sua visita. Se você souber de conflito violento, esteja ciente das implicações que isso pode ter para sua própria segurança. Além disso, se você tiver contato com policiais, seguranças ou qualquer pessoa que esteja portando uma arma, por favor, assegure-se de que pode prontamente sair da área se necessário para garantir sua segurança. Por outro lado, colabore com a polícia se ela lhe pedir alguma informação.

Estrangeiros às vezes precisam visitar as delegacias de polícia da LOCALIDADE. Você deve levar seu passaporte nesta visita. Esteja preparado fazendo fotocópias de seu passaporte antes de ir. Esteja preparado para mostrar evidências de seu projeto e argumentar corretamente que suas atividades de fato correspondem à descrição que aparece em seu passaporte. Isso pode ser um visto de turista ou de pesquisa.

Durante sua entrevista, esteja ciente das vulnerabilidades das pessoas à sua volta. Se alguém parecer ofendido ou magoado, você precisa encontrar um modo de evitar conflitos e resolver a situação para não se envolver em mais conflitos. Isso inclui conflitos verbais assim como físicos. Você pode não ser responsável pelo conflito que está acontecendo. Entretanto, você é responsável por não piorar a situação. Isso pode significar encerrar uma entrevista, sair do local ou prometer não prosseguir com uma parte da pesquisa.

3. Incidentes

Em caso de algum incidente que ameace o próprio projeto de pesquisa, por favor contate Z na CIDADE Y assim que possível. Por favor, certifique-se de sair da aldeia até ouvir as orientações das autoridades locais ou do pessoal da UNIVERSIDADE Y para garantir sua própria proteção e a dos outros.

Obrigado.

| NOME | INSTITUIÇÃO | DATA |
| AQUI | AQUI | AQUI |

DOCUMENTO A2. MODELO DE CONSENTIMENTO INFORMADO PARA

Assinaturas

Termo de permissão

A (*o pesquisador*) está fazendo mais pesquisa sobre a agricultura de LOCALIDADE. Ele observou a escassez de água. Ele está escrevendo sobre isso e ensina seus alunos sobre irrigação, arrendamento de terras, bombas d'água, escassez de lenha e como os bancos concedem empréstimos para agricultura. Ele quer entrevistar os arrendatários, e o estudante B concordou em ajudá-lo neste trabalho. Depois B iniciará seu próprio trabalho. Ele quer que você concorde com os seguintes pontos:

- ✓ que você permita que coloquemos seus dados no computador;
- ✓ que podemos citar suas palavras quando escrevermos;
- ✓ que você seria anônimo nestes relatos (a menos que você peça para ser identificado);
- ✓ que sua aldeia será normalmente citada nos relatos;
- ✓ que se A ou seus alunos tirarem fotografias, elas serão para uso privado, a menos que:
- ✓ sua permissão será solicitada antes que qualquer foto seja usada em um lugar público, tais como um relatório anual ou

uma apresentação pública. As fotografias ajudam os estrangeiros a entenderem como os problemas da água ou do combustível/lenha são compartilhados pelas pessoas nas aldeias;

✓ você provavelmente será entrevistado, e seu cônjuge também pode ser entrevistado, e estas entrevistas serão traduzidas em inglês. Estudantes estudarão estas entrevistas na UNIVERSIDADE Y.

Como você pode imaginar, também é possível que A ou B escrevam um livro posteriormente. Esperamos que você concorde que você e sua CIDADE/COMUNIDADE/ÁREA sejam descritas neste livro. Assinando este documento, você concorda que seu envolvimento é com plena informação e com seu consentimento.

Muito obrigado.

Você não precisa participar! Você pode se retirar a qualquer momento!

Esta pesquisa é financiada pelo Conselho B. A verba é chamada de "VERBA A". Mais detalhes podem ser encontrados procurando na internet em "*SITE* DA INSTITUIÇÃO FINANCIADORA".

Assinatura: ——————— Data: ————

Nome por extenso: ————————————

No. ————————————————————

Uma cópia deste acordo fica com o entrevistado. A cópia assinada fica junto ao questionário e é devolvida à UNIVERSIDADE Y.

Os IDIOMAS Z1 ou Z2 podem ser usados para esta assinatura. Para analfabetos, é possível deixar uma impressão digital acima para indicar concordância. Ou eles podem dar consentimento verbal e a equipe assina o documento para indicar que a aprovação foi explícita.

Referências

Alcoff, L. and Potter, E. (eds) (1993) *Feminist Epistemologies*. New York and London: Routledge.

Alfonso, A.I., Kurti, L. and Pink, S. (eds) (2004) *Working Images: Visual Research and Representation in Ethnography*. London: Routledge.

Alvesson, M. and Deetz, S. (2000) *Doing Critical Management Research*. London: Sage.

Antcliff, V. (2000) Television industry contractual terms. Interview text, 15 March. Mimeo, Manchester University.

Antcliff, V. and Saundry, R. (2005) Individualisation, collectivism and the management of risk in a freelance labour market: the case of the UK television industry. Paper presented at the British Sociological Association Conference, York, 21–23 March. http://www.britsoc.co.uk/user_doc/05BSAAntcliffValerie.pdf (accessed July 2010).

Antcliff, V, Saundry, R. and Stuart, M. (2007) Networks and social capital in the UK television industry: the weakness of weak ties. *Human Relations*, 60 (2): 371–93.

Aristotle (1925) *The Nicomachean Ethics*. Oxford: Oxford University Press.

Aristotle (1988) The Politics, with an introduction by S. Everson. Cambridge: Cambridge University Press.

Aristotle (2007) *On Rhetoric: A Theory of Civic Discourse*, with an introduction by G.A. Kennedy. Oxford: Oxford University Press.

Babbitt, S. (1993) Feminism and objective interests: the role of transformation experiences in rational deliberation. In L. Alcoff and E. Potter (eds), *Feminist Epistemologies*. New York and London: Routledge.

Baker, E.H., Sanchez, L.A., Nock, S.L. and Wright, J.D. (2009) Covenant marriage and the sanctification of gendered marital roles. *Journal of Family Issues*, 30 (2): 147–78.

Banks, M. (2007) *Using Visual Data in Qualitative Research*. London: Sage.

Barnett, V. (2002) Sample Survey: Principles and Methods. London: Arnold.

Bauer, M.W. (2000) Classical content analysis: a review. In M.W. Bauer and G. Gaskell (eds), *Qualitative Researching with Text, Image and Sound* (pp. 131–49). London: Sage.

Bauer, M.W. and Gaskell, G. (eds) (2000) *Qualitative Researching with Text, Image and Sound*. London: Sage.

Bazeley, P. and Richards, L. (2000) *The NVivo Qualitative Project Book*. London: Sage.

Berg-Schlosser, D. and De Meur, G. (2009) Comparative research design: case and variable selection. In B. Rihoux and C. Ragin (eds), *Configurational Comparative Analysis*. Thousand Oaks, CA: Sage.

Best, S. and Krueger, B.S. (2004) *Internet Data Collection*. London: Sage.

Beyerlein, K. and Hipp, J.R. (2006) From pews to participation: the effect of congregation activity and context on bridging civic engagement. *Social Problems*, 53 (1): 97–117.

Bhaskar, R. (1975) *A Realist Theory of Science*. Leeds: Leeds Books.

Bhaskar, R. (1989) *The Possibility of Naturalism: A Philosophical Critique of Contemporary Human Sciences*. Hemel Hempstead: Harvester Wheatsheaf.

Blaikie, N. (1993) *Approaches to Social Enquiry*. Cambridge: Polity.

Blaikie, N.W.H. (2000) *Designing Social Research: The Logic of Anticipation*. Cambridge: Polity Press.

Blaikie, N.W.H. (2003) Analyzing Quantitative Data. London: Sage.

Breen, R. (1996) *Regression Models: Censored, Sample-Selected, or Truncated Data*. Thousand Oaks, CA: Sage.

British Sociological Association (2002) Statement of Ethical Practice for the British Sociological Association. http://www.britsoc.co.uk/equality/Statement+Ethical+Practice.htm (accessed July 2010).

Brockington, D. and Sullivan, S. (2003) Qualitative research. In R. Scheyvens and D. Storey (eds), *Development Fieldwork: A Practical Guide* (pp. 57–76). London: Sage.

Bryman, A. (1988) *Quantity and Quality in Social Research*. London: Routledge.

Bryman, A. and Bell, E. (2007) *Business Research Methods*. Oxford: Oxford University Press.

Bryman, A. and Cramer. D. (2001) *Quantitative Data Analysis with SPSS Release 10 for Windows*. London: Routledge.

Bryman, A. and Cramer, D. (2011) *Quantitative Data Analysis with IBM SPSS 17, 18 and 19: A Guide for Social Scientists*. London: Sage.

Bulmer, M. and Warwick, D.P. (1993) *Social Research in Developing Countries: Surveys and Censuses in the Third World*. London: UCL Press.

Burnham, P., Lutz, K.G., Grant, W. and Layton-Henry, Z. (2008) *Research Methods in Politics*. Basingstoke: Palgrave Macmillan.

Byrne, D. (2002) *Interpreting Quantitative Data*. London: Sage.

Byrne, D. (2005) Complexity, configuration and cases. *Theory, Culture and Society*, 22 (10):95–111.

Byrne, D. (2009) Using cluster analysis, qualitative comparative analysis and NVivo in relation to the establishment of causal configurations with pre-existing large-N data sets – machining hermeneutics. In D. Byrne and C. Ragin (eds), *The Sage Handbook of Case-Based Methods*. London: Sage.

Byrne, D. and Ragin, C. (eds) (2009) *The Sage Handbook of Case-Based Methods*. London: Sage.

Byrne, D., Olsen, W.K. and Duggan, S. (2009) Causality and interpretation in qualitative policy-related research. In D. Byrne and C. Ragin (eds), *The Sage Handbook of Case-Based Methods*. London: Sage.

Carroll, W.K. (ed.) (2004) *Critical Strategies for Social Research*. Toronto: Canadian Scholars' Press.

Charmaz, K. (2006) *Constructing Grounded Theory: A Practical Guide*. London: Sage.

Chiapello, E. and Fairclough, N. (2002) Understanding the new management ideology: a transdisciplinary contribution from critical discourse analysis and the new sociology of capitalism. *Discourse & Society* 13 (2).

Cooke, B. and Kothari, U. (eds) (2001) *Participation: The New Tyranny?* London: Zed Books.

Creswell, J.W. (2003) *Research Design: Qualitative, Quantitative, and Mixed-Methods Approaches*. London: Sage.

Creswell, J.W. (2009) *Research Design: Qualitative, Quantitative, and Mixed Methods Approaches*, 3rd edition. London: Sage.

Creswell, J.W. and Plano Clark, V.L. (2007) *Designing and Conducting Mixed Methods Research*. Thousand Oaks, CA: Sage.

Crompton, R. and Harris, F. (1998) Explaining women's employment patterns: 'orientations to work' revisited. *British Journal of Sociology*, 49 (1): 118–49.

Crompton, R., Brockmann, M. and Lyonette, C. (2005) Attitudes, women's employment and the domestic division of labour: a cross-national analysis in two waves. *Work, Employment and Society*, 19: 213–33.

Dale, A., Fieldhouse, E. and Holdsworth, C. (2000) *Analyzing Census Microdata*. London: Arnold.

Danermark, B., Ekström, M., Jakobsen, L. and Karlsson, J.Ch. (eds) (2002) *Explaining Society: Critical Realism in the Social Sciences*. London: Routledge.

De Vaus, D.A. (2001) *Research Design in Social Research*. London: Sage.

Economic and Social Research Council. (2005) *Postgraduate Training Guidelines: A Guide to Provision for Postgraduate Advanced Course and Research Students in the Social Sciences*. London: Economic and Social Research Council. http://www.esrc.ac.uk/ESRCInfoCentre/Images/Postgraduate_Training_Guidelines_2005_tcm6-9062.pdf (accessed January 2010).

Ekström, M. (1992) Causal explanation of social--action – the contribution of Weber, Marx and of critical realism to a generative view of causal explanation in social-science. *Acta Sociologica*, 35 (2): 107–22.

Eldar-Avidan, D., Haj-Yahia, M.M. and Greenbaum, C.W. (2009) Divorce is a part of my life ... resilience, survival, and vulnerability: young adults' perceptions of the implications of parental divorce. *Journal of Marital & Family Therapy*, 35 (1).

Engels, F. and Kelley, F. (1892) *The Condition of the Working-Class in England in 1844*. London: S. Sonnenschein & Co.

Fairclough, N. (2001) *Language and Power*, 2nd edition. Harlow: Longman.

Fals-Borda, O. (1988) *Knowledge and People's Power: Lessons with Peasants in Nicaragua, Mexico and Colombia*. Delhi: Indian Social Institute (in association with ILO).

Fals-Borda, O. and Rahman, M.A. (1991) *Action and Knowledge: Breaking the Monopoly with Participatory Action-Research*. New York: Apex Press.

Field, A. (2009) *Discovering Statistics Using SPSS*, 3rd edition. London: Sage.

Fink, A. (1995) *The Survey Handbook*. Thousand Oaks, CA and London: Sage Publications.

Fisher, A. (1988) *The Logic of Real Arguments*. Cambridge: Cambridge University Press.

Fisher, A. (2001) *Critical Thinking: An Introduction*. Cambridge: Cambridge University Press.

Flyvbjerg, B. (2001) *Making Social Science Matter: Why Social Inquiry Fails and How It Can Succeed Again*. Cambridge: Cambridge University Press.

Foucault, M. (1977) *Discipline and Punish: The Birth of the Prison* (trans. A. Sheridan). London: Allen Lane.

Foucault, M. (1980) *Power/Knowledge: Selected Interviews and Other Writings, 1972–1977* (ed. and trans. C. Gordon). New York: Pantheon Books.

Frankfort-Nachmias, C. and Nachmias, D. (2000) *Research Methods in the Social Sciences*. New York: Worth.

Freire, P. (1993) *Pedagogy of the Oppressed*. New York: Continuum.

Friere, P. (1996) *Pedagogy of Hope: Reliving Pedagogy of the Oppressed*. New York: Continuum.

Fuller, B., Caspary, G., Kagan, S.L., Gauthier, C., Huang, D.S.C., Carroll, J. and McCarthy, J. (2002) Does maternal employment influence poor children's social development? *Early Childhood Research Quarterly*, 17: 470–97.

Fuller, S. (2003) *Kuhn vs. Popper: The Struggle for the Soul of Science*. New York: Columbia University Press.

Fuller, S. (2005) *The Intellectual*. Thriplow: Icon Books.

George, A.L. and Bennett, A. (2005) *Case Studies and Theory Development in the Social Sciences*. London and Cambridge, MA: MIT Press.

Gershuny, J.I. (2000) *Changing Times: Work and Leisure in Postindustrial Society*. New York: Oxford University Press.

Gibbs, G. (2002) *Qualitative Data Analysis: Explorations with NVivo*. Buckingham: Open University Press.

Gibbs, G. (2007) *Analyzing Qualitative Data*. London: Sage.

Glaser, B.G. (1978) *Theoretical Sensitivity: Advances in the Methodology of Grounded Theory*. Mill Valley, CA: Sociology Press

Glaser, B.G. and Strauss, A.L. (1967) *The Discovery of Grounded Theory: Strategies for Qualitative Research*. Hawthorne, NY: Aldine de Gruyter.

Gomm, R., Hammersley, M. and Foster, P. (eds) (2000) *Case Study Method: Key Issues, Key Texts*. London: Sage.

Greene, W.H. (2003) *Econometric Analysis*, 5th edition. Upper Saddle River, NJ: Prentice Hall.

Greenwood, D.J. and Levin, M. (2004) Local knowledge, cogenerative research, and narrativity. In W.K. Carroll (ed.), *Critical Strategies for Social Research* (pp. 281–91). Toronto: Canadian Scholars' Press.

Hair, J.F., Black, B., Babin, B., Anderson, R.E. and Tatham, R.L. (2005) *Multivariate Data Analysis*. Upper Saddle River, NJ: Pearson Prentice Hall.

Hakim, C. (2000) *Research Design: Successful Designs for Social and Economic Research*. London: Routledge.

Hamilton, L.C. (2004) *Statistics with STATA*. London: Thomson Learning.

Hammersley, M. and Gomm, R. (1997) Bias in social research. *Sociological Research Online*, 2 (1). http://www.socresonline.org.uk/socresonline/2/1/2.html (accessed January 2010).

Haraway, D. (1988) Situated knowledges: the science question in feminism and the privilege of partial perspective. *Feminist Studies*, 14 (3).

Harding, S. (1993a) Rethinking standpoint epistemology: what is 'strong objectivity'? In L. Alcoff and E. Potter (eds), *Feminist Epistemologies*. New York and London: Routledge.

Harding, S. (1993b) *The 'Racial' Economy of Science: Toward a Democratic Future*. Bloomington, IN: Indiana University Press.

Harding, S. (1999) The case for strategic realism: a response to Lawson. *Feminist Economics*, 5 (3): 127–33.

Harrison, J.S. and Freeman, R.E. (1999) Stakeholders, social responsibility, and performance: empirical evidence and theoretical perspectives. *The Academy of Management Journal*, 42 (5): 479–85.

Heron, J. (1999) *The Complete Facilitator's Handbook*. London: Kogan Page.

Heron, J. (2000) *Co-operative Inquiry: Research into the Human Condition*. London: Sage.

Heron, J. (2001) *Helping the Client: A Creative Practical Guide*. London: Sage.

Hickey, S. and Mohan, G. (eds) (2004) *Participation: From Tyranny to Transformation? Exploring New Approaches to Participation in Development*. London: Zed Press.

Holland, J. and Campbell, J. (eds) (2005) *Methods in Development Research: Combining Qualitative and Quantitative Approaches*. London: ITDG.

Hunt, S. (1994) A realist theory of empirical testing: resolving the theory-ladenness/objectivity debate. *Philosophy of Social Sciences*, 24 (2).

International Social Survey Programme (2006) Role of Government module IV. http://zacat.gesis.org/webview/index.jsp (accessed September 2009).

Inter-University Consortium for Political and Social Research (1990) *Demographics and Non-Traditional Civic Participation: A Data-Driven Learning Guide*. Ann Arbor, MI: Inter-university Consortium for Political and Social Research [distributor], 2009-04-16. doi:10.3886/demcivpart.

Jowell, R., Roberts, C., Fitzgerald, R. and Eva, G. (eds) (2007) *Measuring Attitudes Cross-Nationally: Lessons from the European Social Survey*. London: Sage.

Kaplan, D.W. (2008) *Structural Equation Modelling: Foundations and Extensions*, 2nd edition. London: Sage.

Kendall, G. and Wickham, G. (1999) *Using Foucault's Methods*. London: Sage.

Kent, R. (2007) *Marketing Research: Approaches, Methods and Applications in Europe*. London: Thomson Learning.

King, I. (2008) RBS chief Fred is not dead. *The Sun*, 23 April.

Kirkpatrick, G. (2009) Technology: Taylor's play between worlds. In F. Devine and S. Heath (eds), *Doing Social Science: Evidence and Methods in Empirical Research*. Basingstoke: Palgrave Macmillan.

Kozinets, R.V. (2010) *Netnography: Doing Ethnographic Research Online*. London: Sage.

Krieger, N. (1994) Epidemiology and the web of causation: has anyone seen the spider? *Social Science and Medicine*, 39 (7): 887–903.

Kuhn, T.S. (1970) *The Structure of Scientific Revolutions*. Chicago: University of Chicago Press.

Kvale, S. (1996) *InterViews: An Introduction to Qualitative Research Interviewing*. Thousand Oaks, CA: Sage.

Lamont, M. (2000) *The Dignity of Working Men: Morality and the Boundaries of Race, Class, and Immigration*. Cambridge, MA: Harvard University Press.

Lamont, M. (2005) Peer evaluation in the social sciences and the humanities compared: the United States, the United Kingdom, and France. Report prepared for the Social Sciences and Humanities Research Council of Canada. Online mimeo, http://www.wjh.harvard.edu/~mlamont/SSHRC-peer.pdf (accessed 2006).

Laws, S., with Harper, C. and Marcus, R. (2003) *Research for Development*. London: Sage (in association with Save the Children).

Lawson, T. (1989) Abstraction, tendencies and stylised facts – a realist approach to economic analysis. *Cambridge Journal of Economics*, 13 (1): 56–78.

Lawson, T. (1997) *Economics and Reality*. London and New York: Routledge.

Layder, D. (1993) *New Strategies in Social Research*. Cambridge: Polity Press.

Lenin, V.I. (1964) *The Development of Capitalism in Russia*. Moscow: Progress Publishers.

Levi-Faur, D. (2006) A question of size? A heuristics for stepwise comparative research design. In B. Rihoux and H. Grimm, H. (eds), *Innovative Comparative Methods for Policy Analysis: Beyond the Quantitative-Qualitative Divide*. New York: Springer.

Lewins, A. and Silver, C. (2007) *Using Software in Qualitative Research: A Step-by-Step Guide*. Los Angeles: Sage.

Lewis-Beck, M.S. (1995) *Data Analysis: An Introduction*. London: Sage.

Lobe, B. (2008) *Integration of Online Research Methods*. Ljubljana: Faculty of Social Sciences Press.

MacIntyre, A. (1985) *After Virtue: A Study in Moral Theory*. London: Duckworth.

MacKinnon, D.P. (2008) *Introduction to Statistical Mediation Analysis*. New York: Lawrence Erlbaum Associates.

Mahoney, J. and Rueschemeyer, D. (eds) (2003) *Comparative Historical Analysis in the Social Sciences*. Cambridge: Cambridge University Press.

Marx, K. (1969) Theses on Feuerbach. In *Marx/Engels Selected Works*, Volume 1 (pp. 13–15). Moscow: Progress Publishers.

Marx, K. and Engels, F. (1998) *The German Ideology: Including Theses on Feuerbach and Introduction to The Critique of Political Economy*. Amherst, NY: Prometheus Books.

Mason, J. (2002) *Qualitative Researching*, 2nd edition. London: Sage.

May, V. (2009) Family: Bengtson et al.'s How Families Still Matter. In F. Devine and S. Heath (eds), *Doing Social Science: Evidence and Methods in Empirical Research*. Basingstoke: Palgrave Macmillan.

McCutcheon, A.L. and Nawojczyk, M. (1995) Making the break: popular sentiment toward legalised abortion among American and Polish Catholic laities. *International Journal of Public Opinion Research*, 7 (3): 232–52.

McNiff, J. and Whitehead, J. (2009) *Doing and Writing Action Research*. London: Sage.

Mikkelsen, B. (1995) *Methods for Development Work and Research*. London: Sage.

Mikkelsen, B. (2005) *Methods for Development Work and Research: A New Guide for Practitioners*, 2nd edition. New Delh: Sage.

Miles, M.B. and Huberman, A.M. (1994) *Qualitative Data Analysis: An Expanded Sourcebook*. Thousand Oaks, CA: Sage.

Morgan, J. and Olsen, W.K. (2008) Objectivity as a second-order 'bridging' concept, Part 2: Bridging into action. *Journal of Critical Realism*, 7: 107–32.

Mukherjee, C., White, H. and Wuyts, M.E. (1998) *Econometrics and Data Analysis for Developing Countries*. London and New York: Routledge.

Office for National Statistics (2005) 2001 Census for England. http://www.statistics.gov.uk/census2001/census_form.asp (accessed September 2009).

Olsen, W.K. (2005) Poverty and Problems in Salford (mimeo), Salford, The Community Network. 56 pages.

Olsen, W.K. (2006) Globalisation, liberalisation and a paradox of social exclusion in Sri Lanka. In A.H. Carling (ed.), *Globalisation and Identity: Development and Integration in a Changing World* (pp. 109–30). London: I.B. Tauris.

Olsen, W.K. (2007a) Structure, agency, and strategy among tenants in India. Global Poverty Research Group Working Paper GPRG-WPS-080. http://www.gprg.org/pubs/workingpapers/pdfs/gprgwps-080.pdf (accessed February 2011).

Olsen, W.K. (2007b) Pluralist methodology for development economics: the example of moral economy of Indian labour markets. *Journal of Economic Methodology*, 14 (1), 57–82.

Olsen, W.K. (2010a) Realist methodology: a review. In W.K. Olsen (ed.), *Realist Methodology*, Vol. 1 (pp. xix–xlvi). Los Angeles: Sage.

Olsen, W.K. (2010b) 'Poverty' as a malaise of development: a discourse analysis in its global context. In A. Boran (ed.), *Poverty: Malaise of Development?* Chester: Chester University Press.

Olsen, W.K. and Morgan, J. (2005) A critical epistemology of analytical statistics: addressing the sceptical realist. *Journal for the Theory of Social Behaviour*, 35 (3): 255–84.

Olsen, W.K. and Neff, D. (2007) Informal agricultural work, habitus and practices in an Indian context. Global Poverty Research Group Working Paper GPRG-WPS-079. http://www.gprg.org/pubs/workingpapers/pdfs/gprg-wps-079.pdf (accessed February 2011).

Olweus, D. and Alsaker, F.D. (1994) Assessing change in a cohort-longitudinal study with hierarchical data. In D. Magnusson, L.R. Bergaman, G. Rudinger, and B. Törestad (eds), *Problems and Methods in Longitudinal Research: Stability and Change*. Cambridge: Cambridge University Press.

Outhwaite, W. (1987) *New Philosophies of Social Science: Realism, Hermeneutics and Critical Theory*. Basingstoke: Macmillan Education.

Pawson, R. (1998) *A Measure for Measures: A Manifesto for an Empirical Sociology*. London: Routledge.

Pawson, R. and Tilley, N. (1997) *Realistic Evaluation*. London: Sage.

Payne, G. and Payne, J. (2004) *Key Concepts in Social Research*. London: Sage.

Pink, S. (2006) *The Future of Visual Anthropology: Engaging the Senses*. London: Routledge.

Pink, S. (2007) *Doing Visual Ethnography*. London: Sage.

Pink, S. (2009) *Doing Sensory Ethnography*. Los Angeles: Sage.

Popper, K.R. (1963) *Conjectures and Refutations: The Growth of Scientific Knowledge*. London: Routledge.

Potter, G. (1999) The *Philosophy of Social Science: New Perspectives*. Harlow: Longman.

Potter, J. and Wetherell, M. (1987) *Discourse and Social Psychology: Beyond Attitudes and Behaviour*. London: Sage.

Powdthavee, N. (2009) 'I can't smile without you': Spousal correlation in life satisfaction. *Journal of Economic Psychology*, 30: 675–89.

Prosser, J. (1998) *Image-Based Research: A Sourcebook for Qualitative Researchers*. London: Falmer.

Quine, W.V.O. (1953) *Two Dogmas of Empiricism from a Logical Point of View*. Cambridge, MA: Harvard University Press.

Ragin, C.C. (1987) *The Comparative Method: Moving beyond Qualitative and Quantitative Strategies*. Berkeley: University of California Press.

Ragin, C.C. (1994) *Constructing Social Research: The Unity and Diversity of Method*. Thousand Oaks, CA: Pine Forge Press.

Ragin, C.C. (2000) *Fuzzy-Set Social Science*. Chicago: University of Chicago Press.

Ragin, C.C. (2008) *Redesigning Social Inquiry: Fuzzy Sets and Beyond*. Chicago: University of Chicago Press.

Ragin, C.C. (2009) Reflections on casing and case-oriented research. In D. Byrne and C. Ragin (eds), *The Sage Handbook of Case-Based Methods* (pp. 522–34). London: Sage.

Ragin, C.C. and Becker, H.S. (eds) (1992) *What is a Case? Exploring the Foundations of Social Inquiry*. Cambridge: Cambridge University Press.

Ramachandran, V.K. (1990) *Wage Labour and Unfreedom in Agriculture: An Indian Case Study*. Oxford: Clarendon Press.

Rantala, K. and Hellström, E. (2001) Qualitative comparative analysis – a hermeneutic approach to interview data. *International Journal of Social Research Methodology*, 4 (2): 87–100.

Reason, P. and H. Bradbury (2009) *The Sage Handbook of Action Research: Participative Inquiry and Practice*, 2nd edition. London: Sage.

Reason, P. and Rowan, J. (1981) Human Inquiry: *A Sourcebook of New Paradigm Research*. Chichester: Wiley.

Richards, L. and Morse, J.M. (2007) *Readme First for a User's Guide to Qualitative Methods*. London: Sage.

Ricouer, P. (2003) *The Rule of Metaphor*. London: Routledge.

Rihoux, B. and Grimm, H. (eds) (2006) *Innovative Comparative Methods for Policy Analysis: Beyond the Quantitative – Qualitative Divide*. New York: Springer.

Rihoux, B. and Ragin, C. (eds) (2009) *Configurational Comparative Analysis*. Thousand Oaks, CA: Sage.

Risseeuw, C. (1991) *The Fish Don't Talk about the Water: Gender Transformation, Power and Resistance among Women in Sri Lanka*. Delhi: Manohar.

Sayer, A. (1992) Method in Social Science: *A Realist Approach*. London: Routledge.

Sayer, A. (2000) *Realism and Social Science*. London: Sage.

Scheyvens, R. and Storey, D. (eds) (2003) *Development Fieldwork: A Practical Guide*. London: Sage.

Scheyvens, R., Scheyvens, H. and Murray, W.E. (2003) Working with marginalised, vulnerable or privileged groups. In R. Scheyvens and D. Storey (eds), *Development Fieldwork: A Practical Guide* (pp. 167–96). London: Sage.

Schlozman, K.L., Burns, N., Verba, S. and Donahue, J. (1995) Gender and citizen participation: is there a different voice? *American Journal of Political Science*, 39 (2): 267–93.

Schlozman, K.L., Burns, N. and Verba, S. (1999) 'What happened at work today?': A multistage model of gender, employment, and political participation. *Journal of Politics*, 61 (1): 29–53.

Scott, J. (1990) *A Matter of Record: Documentary Sources in Social Research*. Cambridge: Polity Press.

Silverman, D. (2000) *Doing Qualitative Research: A Practical Handbook*. London: Sage.

Silverman, D. (2001) *Interpreting Qualitative Data: Methods for Analyzing Talk, Text and Interaction*. London: Sage.

Smith, M.J. (1998) *Social Science in Question*. London: Sage.

Snow, D. and Cress, D. (2000) The outcome of homeless mobilization: the influence of organization, disruption, political mediation, and framing. *American Journal of Sociology*, 105 (4): 1063–1104.

Stanley, L. and Wise, S. (1993) *Breaking Out Again: Feminist Ontology and Epistemology*. London: Routledge.

STATA (2003) STATA *8 Reference Manual*. College Station, TX: STATA Corporation.

Tabachnik, B.G. and Fidell, L.S. (1996) *Using Multivariate Statistics*. New York: HarperCollins College Publishers.

Taylor M.F., with Brice, J., Buck, N. and Prentice-Lane, E. (2001) *British Household Panel Survey User Manual: Volume A: Introduction, Technical Report and Appendices*. Colchester: ESRC

Research Centre on Micro-Social Change. http://www.esds.ac.uk/longitudinal/access/bhps/L33196.asp (accessed July 2010)

Teddlie, C. and Tashakkori, A. (2009) *Foundations of Mixed Methods Research: Integrating Quantitative and Qualitative Approaches in the Social and Behavioral Sciences*. London: Sage.

Thomas, A., Chataway, J. and Wuyts, M. (1998) *Finding Out Fast: Investigative Skills for Policy and Development*. London: Sage.

Treanor, J. (2008) RBS chief's £1.2m salary deal revealed. *The Guardian*, 5 November.

Wetherell, M., Taylor, S. and Yates, S.J. (eds) (2001) *Discourse as Data: A Guide for analysis*. London: Sage.

Weston, A. (2002) *A Rulebook for Arguments*, 4th edition. Indianapolis, IN: Hackett Publishing.

Williams, M. (2000) *Science and Social Science: An Introduction*. London and New York: Routledge.

Wisker, G. (2008) *The Postgraduate Research Handbook*. Basingstoke: Palgrave Macmillan.

Wodak, R. and Meyer, M. (2009) *Methods of Critical Discourse Analysis*, 2nd edition. London: Sage.

Wolfe, A. (1989) *Whose Keeper? Social Science and Moral Obligation*. Berkeley: University of California Press.

Wooldridge, J.M. (2002) *Econometric Analysis of Cross Section and Panel Data*. Cambridge, MA: MIT Press.

Yin, R.K. (1989) *Case-Study Research: Design and methods*. London: Sage.

Yin, R.K. (1993) *Applications of Case Study Research*. Newbury Park, CA: Sage.

Yin, R.K. (2003) *Applications of Case Study Research*. London: Sage.

Yin, R.K. (2004) *The Case Study Anthology*. Thousand Oaks, CA: Sage.

Índice

A

acurácia 90-93
a ética dos voluntários 131-132
amostragem 35-39
amostragem aleatória 37
amostragem em bola de neve 36-37
amostragem sistemática, 37
análise de conteúdo 69-72
análise de discurso 46, 55-56, 68-70, 114-115
análise de documentos 87-89
arquivos de dados 22
atitudes 146

B

bancos 73-74
British Household Panel Survey (BHPS) 32, 156-157, 176-177

C

cadernos de notas de campo 24-25, 210-213
causalidade 153-155
causalidade da depressão 115
causalidade no câncer de mama 30
causas 29-34, 153-155
  como mecanismos 30

causas estruturais 144-146, 153-154
Censo 149-150, 172
ciência 116
ciência e argumento científico 15-16, 208-209
cisma qualitativo-quantitativo 66-67, 92-94
citações, uso de 58-59
classe social 110-111
coautoria 18-19
codificação de questionário 125-126, 156-160
codificação qualitativa 54-56, 69-70, 86
cogeração de conhecimento 134-135
coleções de dados 27-28
coleta de dados *on-line* 120-122
confiança, mensuração da 145-146
configurações 191-195
conhecimento 78-79
consentimento de processo 115
consentimento informado 96, 106-107, 115, 132
construção de identidade 59-60
contingência 196-198

D

dados 20-28, 156-165, 171-175
dados, confiabilidade dos, 26-27

230 ÍNDICE

dados censurados 150
dados de estudos de caso sistemáticos 136,
138-139
dados discrepantes 166-170
dados experimentais 127-132
dados longitudinais 121-122, 128
dados qualitativos 41, 93-94
dados secundários 133-134
gratuitos 138-139
dados visuais 119
delineamento de questionários 125-126
dicionário para dados 23-24
diretrizes de proteção de dados 96-98
discurso da disciplina 68
discursos 80-81
divisão digital 121-122
doutorado 16

E

ensaios clínicos controlados randomizados
127-128
entrevista conjunta 46
entrevista estruturada 43-44
entrevistas 21-22, 43-47
entrevistas, plano de 24-26
enumerador 43-44
envolvimento 101-117
escravidão 50-52
escritores-fantasma 18-19
estímulos, em entrevistas 43, 45-46
estipular significados 21, 27-28, 59-60
ética 95-99, 131-132
excerto de Gana 49
exemplos de dados dos Estados Unidos 59-60
expressões idiomáticas 46, 50-53
extração de dados 161-165

F

facilitador 106-107, 116-117
falseabilidade ou refutação 19, 207-208
falsidades 17-18
fatos 76-77, 91, 205-209
Foucault 69-70
fronese 111-112
FTP (protocolo de transferência de arquivo) 28

G

gerenciamento de projeto 11
gostos, mensuração de 133-135
grupos de foco 85-86

H

harmonização 91-92, 104
hermenêutica 50-52, 59-63, 66-67, 81

hipóteses 109
história oral 50-52
homogeneidade 22

I

idealistas 65-66, 111
ideias (e significados) 22
imparcialidade 25-26
Índia, excerto de entrevista na 25-26, 58-59
Índia, *site* de dados gratuitos 138-139
informação 78-79
informantes 24-25
interpretação 58-59, 64-72
falso 61-62
ISSP 144

L

laboratório de microdados virtual
(LMV) 163
limpeza de dados 156-160
literais (transcrições) 52-53

M

manejando dados de tratamento 127-130
marginalização 103-106
Marx 110-113
materialistas 111
mecanismos causais 199-201
mensuração 149-152
metáforas 46, 50-53
métodos de estudo de caso 183-187,
191-201
métodos de observação 118-119
momento catártico 115

N

não resposta 37-38
narrativa 50-52, 80-81
NESSTAR 161-165
"normalidade" 69-70
números aleatórios 37
NVivo 50-52, 54-55, 87-88

O

operacionalização 143-148
"outro" 59-62

P

palavreado de perguntas 144
paradigmas 18-19
participação 40, 103-109
perguntas em entrevistas 43
período de ocupação, moradia 149-150

Índice

perspectivas 27-28, 74-79
pesquisa-ação 114-117
pesquisa comparativa 188-190
pesquisa das partes interessadas 134-135
pesquisa de doutorado 16
pesquisa de estereótipos 59-60, 104
pesquisa em Manchester 108-109
pesquisa laboratorial 128
pesquisa velada 96-97, 118-119
pesquisas de levantamento *on-line* 120-121
pilotos 91-92
placebos 131-132
planilhas 136, 138
pluralismo 19
pobreza 154
pobreza, análise do discurso da 70-71
ponderação em pesquisas de levantamento 176-180
ponderações 38-40
pontos de vista 76-77, 152
pós-estruturalista e 67-68, 92-93
pós-modernistas 66-67
práticas de pesquisa 15-16, 110-113
práxis 110-113
privação 108-109
processo de aprovação ética 95-99
processo dialógico 109
protocolo, participativo 106-107
protocolo, testagem de hipótese 33-34
prova, falta de 66-67
pseudônimos 48-49
públicos 81

Q

quadro de referência 75
questão de pesquisa 17-18

R

racismo institucional 104-105, 152
ramo de televisão 20-21, 44-46
realidade 81-83, 210-213
realistas 65-66, 68-69
reflexividade 57-58
regras 68-70
representações 80-83
representatividade 38-39
resultados 17-19

retrodução 214-216
riscos 95-96

S

significado 57-63
significado, criação de 67-68
sistematização dos dados 16
software, Microsoft Excel 37
    outros 50-52, 54-55, 87-88, 126, 147-148, 162-163
SPSS 162-163
    software de autor 126
Sri Lanka 67-69
STATA 147-148, 154
subconjuntos de dados 171-175
subculturas 58
suborno 143-147

T

técnicas de pesquisa de mercado 133-135
tendenciosidade na entrevista 68-69, 73-74, 75-77
teoria fundamentada 55, 61-62, 69-71, 77-78, 99
testagem de hipóteses 67-68
texto 80-81
tipos de arquivo 22-24
trabalho assistencial 150-151
trabalho em equipe 59-60
transcrição 44-45, 48-53
transformação dos dados 151-152
tropos 50-52, 70-71

U

UK Question Bank 138-139
universalismo 22

V

validade 25-28
valores 19, 74
variável de proporção 150-151
variáveis, tipos de 32-33
vídeo, uso de 85-86
viés do observador 73-79
virar nativo 59-60
vozes 103-104, 106-107